DR. OETKER

SCHNELL UND SCHLANK

VON A–Z

DR. OETKER

SCHNELL UND SCHLANK

VON A–Z

Dr. Oetker Verlag

Abkürzungen

EL	=	Esslöffel
TL	=	Teelöffel
Msp.	=	Messerspitze
Pck.	=	Packung/Päckchen
g	=	Gramm
kg	=	Kilogramm
ml	=	Milliliter
l	=	Liter
evtl.	=	eventuell
Fl.	=	Fläschchen
geh.	=	gehäuft
gestr.	=	gestrichen
TK	=	Tiefkühlprodukt
°C	=	Grad Celsius

Kalorien-/Nährwertangaben

E	=	Eiweiß
F	=	Fett
Kh	=	Kohlenhydrate
kJ	=	Kilojoule
kcal	=	Kilokalorie
BE	=	Broteinheiten

Hinweise zu den Rezepten

Lesen Sie vor der Zubereitung – besser noch vor dem Einkauf – das Rezept einmal vollständig durch. Oft werden Arbeitsabläufe oder -zusammenhänge dann klarer. Die Anzahl der Portionen, der Kuchen- und Tortenstücke ist in jedem Rezept angegeben.

Zutatenliste

Die Zutaten sind in der Reihenfolge ihrer Bearbeitung angegeben.

Arbeitsschritte

Die Arbeitsschritte sind einzeln hervorgehoben, in der Reihenfolge, in der sie von uns ausprobiert wurden.

Zubereitungszeiten

Die Zubereitungszeit ist ein Anhaltswert für die Dauer der Vorbereitung und die eigentliche Zubereitung. Längere Wartezeiten, wie Kühl- oder Abkühlzeiten, Auftau- und Durchziehzeiten sind, sofern parallel keine weitere Tätigkeit erfolgt, nicht in der Zubereitungszeit enthalten. Die Gar- und Backzeiten werden gesondert ausgewiesen.

Backofeneinstellung und Back- und Garzeiten

Die in den Rezepten angegebenen Backofentemperaturen, Back- und Garzeiten sind Richtwerte, die je nach individueller Hitzeleistung des Backofens über- oder unterschritten werden können. Die Temperaturangaben in diesem Buch beziehen sich auf Elektrobacköfen. Die Möglichkeiten der Temperatureinstellung für Gasbacköfen variieren je nach Hersteller, sodass wir keine allgemeingültigen Angaben machen können. Bitte beachten Sie deshalb bei der Einstellung des Backofens die Gebrauchsanleitung des Herstellers. Ein Backofenthermometer eignet sich dabei gut, um die Backofentemperatur im Blick zu haben.

Infos zu den Auswahlkriterien für die Rezepte

	Kochen	Backen	Desserts
Zubereitungszeit	bis zu 30 Minuten und eventuell zusätzlicher Garzeiten, z. B. im Backofen	bis zu 45 Minuten und eventuell zusätzlicher Kühl- und/oder Backzeiten	bis zu 20 Minuten und eventuell zusätzlicher Kühl- und/oder Gefrierzeiten
Kilokalorien	pro Portion: bis etwa 400 kcal	pro Stück: bis etwa 300 kcal	pro Portion: bis etwa 250 kcal
Fett	pro Portion: bis etwa 15 g	pro Stück: bis etwa 10 g	pro Portion: bis etwa 10 g

Vorwort

Schnell zubereitete Gerichte, fett- und kalorienarm – das ist ab jetzt kein Wunschtraum mehr. So sind die Rezepte in „Schnell und schlank von A-Z“.
Die Zeit zum Kochen und Backen wird immer knapper. Aber auch mit wenig Zeit können Sie fit werden und gut in Form bleiben.
Ausgewogene und abwechslungsreiche Ernährung aus der eigenen Küche, das heißt zu wissen, was man isst. Bereits beim Einkauf entscheiden Sie, welche Lebensmittel Sie in welcher Qualität verarbeiten und genießen.
Frischkäse-Melonen-Müsli oder Knusper-Obstsalat zum Frühstück, Gemüsetopf „Sterntaler“ oder Hähnchenfilet auf buntem Gemüse zum Familienmittagessen, Kichererbsen-Sambal oder Rohkostplatte mit Schmand-Kräuter-Dip zum Abendbrot – die Auswahl ist vielfältig.
Für Mahlzeiten, die im Büro, in der Schule oder unterwegs gegessen werden, bieten sich Doppeldecker-Sandwiches oder Nudelsalat mit Schinkenröllchen an.
Natürlich haben wir die Liebhaber von Kuchen nicht vergessen. Mit selbstgebackenem Himbeer-Minz-Kuchen, Amaretti-Kirsch-Torte und Mandarinen-Quark-Muffins wird die beliebte Kaffeetafel nicht zum Sündenfall.
Und wer sich ein Dessert oder zwischendurch etwas Süßes gönnen möchte, der verfällt dem Apfelmusgrieß mit Mandelsplittern oder dem Vanille-Kirsch-Quark ganz ohne Reue.
Probieren Sie unsere schnellen, schlanken Rezepte und finden Sie das genussvolle Wohlgefühl.
Das Bild zum Rezept und die Nährwertangaben helfen Ihnen bei der Auswahl der Rezepte. Schrittweise Koch- und Backanleitungen erleichtern Ihnen die Zubereitung der von uns ausprobierten Rezepte.
Wenn Sie dann noch Fragen zu alltagstauglichen Kalorienspartipps haben, hilft Ihnen der Ratgeber auf den Seiten 280/281 weiter.
Gutes Gelingen und leichten Genuss wünscht Ihnen der Dr. Oetker Verlag!

Amaretti-Kirsch-Torte

Etwas Besonderes

16 Stücke

Pro Stück: E: 2,9 g, F: 5,6 g, Kh: 31,3 g, kJ: 795, kcal: 190, BE: 2,5

Für den Boden:

60 g Halbfett-Butter (39 % Fett)
80 g Zwieback
80 g Amaretti (ital. Mandelmakronen)

Für die Puddingcreme:

4 Blatt weiße Gelatine
700 ml fettarme Milch (1,5 % Fett)
90 g Zucker
2 Pck. Dr. Oetker Pudding-Pulver Sahne-Geschmack
400 g saure Sahne (10 % Fett)

Für den Belag:

1 Glas Sauerkirschen (Abtropfgewicht 370 g)

Für den Guss:

500 ml (1/2 l) Kirschsaft aus dem Glas, mit Wasser aufgefüllt
2 Pck. ungezuckerter Tortenguss, klar
4 gestr. EL Zucker

Für den Rand:

2 EL gehobelte Mandeln

Zubereitungszeit: 40 Minuten, ohne Kühlzeit
Backzeit: etwa 7 Minuten

1. Den Backofen vorheizen.
Ober-/Unterhitze: etwa 180 °C
Heißluft: etwa 160 °C

2. Für den Boden die Butter zerlassen und in eine Rührschüssel geben. Zwieback und Kekse in einen Gefrierbeutel geben, diesen fest verschließen. Kekse und Zwieback mit einer Teigrolle fein zerbröseln. Die Brösel gut durchmischen und zur Butter in der Rührschüssel geben, mit Handrührgerät mit Knethaken gut verrühren.

3. Die Bröselmasse in eine Springform (Ø 26 cm, mit Backpapier belegt) füllen und mit einem Löffel gleichmäßig als Boden andrücken.

4. Die Form auf dem Rost im unteren Drittel in den vorgeheizten Backofen schieben. Den Tortenboden etwa 7 Minuten backen.

5. Den Tortenboden in der Form auf einem Kuchenrost erkalten lassen.

6. Für die Puddingcreme Gelatine nach Packungsanleitung einweichen. Aus Milch, Zucker und Pudding-Pulver (mit den hier angegebenen Mengen) nach Packungsanleitung einen Pudding zubereiten. Gelatine leicht ausdrücken und in den heißen Pudding einrühren, bis die Gelatine vollständig gelöst ist.

7. Den Pudding etwa 5 Minuten unter gelegentlichem Rühren abkühlen lassen, danach saure Sahne unterrühren. Die Puddingcreme auf dem Gebäckboden verstreichen und etwa 3 Stunden in den Kühlschrank stellen.

8. Für den Belag Kirschen in einem Sieb gut abtropfen lassen, Saft dabei auffangen und mit Wasser auf 500 ml auffüllen. Kirschen auf der Puddingcreme verteilen.

9. Für den Guss aus Tortengusspulver, dem abgemessenen Kirschsaft und Zucker nach Packungsanleitung einen Guss zubereiten und vorsichtig auf der Tortenoberfläche verteilen. Guss fest werden lassen. Torte in den Kühlschrank stellen.

10. Gehobelte Mandeln in einer Pfanne ohne Fett unter Rühren goldbraun rösten und auf einen Teller geben. Springformrand lösen und entfernen. Den Tortenrand mit Mandeln bestreuen.

Tipp: Im Kühlschrank hält die Torte 2–3 Tage frisch.

Amarettini-Kuchen

Mit Alkohol

16 Stücke

Pro Stück: E: 3,8 g, F: 8,6 g, Kh: 23,7 g, kJ: 810, kcal: 194, BE: 2,0

Zum Vorbereiten:

1 Glas Sauerkirschen (Abtropfgewicht 370 g)

Für den All-in-Teig:

200 g Weizenmehl
2 TL Dr. Oetker Backin
80 g Zucker
1 Pck. Dr. Oetker Vanillin-Zucker
1 Prise Salz
3 Eier (Größe M)
2 EL gemahlene Mandeln
3 EL Amaretto (ital. Mandellikör)
125 g Joghurt-Butter (65 % Fett)
75 g Amarettini (ital. Mandelmakronen)

2 EL ganze, abgezogene Mandeln

Zubereitungszeit: 15 Minuten
Backzeit: etwa 40 Minuten

1. Kirschen zuerst in einem Sieb, dann auf Küchenpapier gut abtropfen lassen.

2. Den Backofen vorheizen.
Ober-/Unterhitze: etwa 180 °C
Heißluft: etwa 160 °C

3. Für den Teig das Mehl mit dem Backpulver in einer Rührschüssel gut vermischen. Zucker, Vanillin-Zucker, Salz, Eier, Mandeln, Likör und Butter hinzufügen. Die Zutaten mit Handrührgerät mit Rührbesen zunächst kurz auf niedrigster, dann auf höchster Stufe in etwa 2 Minuten zu einem glatten Teig verarbeiten. Amarettini und abgetropfte Kirschen vorsichtig unterheben.

4. Den Teig in eine Springform (Ø 26 cm, mit Backpapier belegt) füllen und glatt streichen.

5. Die Form auf dem Rost im unteren Drittel in den vorgeheizten Backofen schieben. Den Kuchen etwa 10 Minuten backen. Dann den Kuchen mit den Mandeln bestreuen. Den Kuchen **bei gleicher Backofeneinstellung weitere etwa 30 Minuten backen.**

6. Den Kuchen nach dem Backen in der Form etwas abkühlen lassen, dann aus der Form lösen und auf einem mit Backpapier belegten Kuchenrost erkalten lassen.

Tipps: Den Kuchen nach dem Erkalten mit 1 Teelöffel Puderzucker bestäuben. Ganze, abgezogene Mandeln gibt es nur selten zu kaufen, sie können sie aber leicht selbst abziehen. Dafür die ganzen Mandeln kurz in kochendes Wasser legen. Anschließend mit kaltem Wasser abschrecken und die Schale abziehen. Abgezogene Mandeln auf Küchenpapier gut abtropfen lassen.

Amaretti-Pfirsiche | Mit Alkohol

4 Portionen

Pro Portion: E: 2,0 g, F: 3,9 g, Kh: 14,5 g, kJ: 440, kcal: 106, BE: 1,0

4	*reife Pfirsiche (je etwa 125 g)*
1	*Bio-Zitrone (unbehandelt, ungewachst)*
1	*Vanilleschote*
200 ml	*halbtrockener Weißwein oder Traubensaft*
75 ml	*Wasser*
1 EL	*Zucker*
einige Blättchen	*frische Minze*
200 g	*frische Himbeeren oder Johannisbeeren*
4 leicht geh. TL	*Crème fraîche*
etwa 8	*Amarettini (ital. Mandelmakronen)*

Zubereitungszeit: 20 Minuten, ohne Abkühlzeit

1. Pfirsiche mit kochendem Wasser übergießen und kurz ziehen lassen. Dann die Pfirsiche mit kaltem Wasser abschrecken und enthäuten. Pfirsiche halbieren und entsteinen. Zitrone gründlich unter heißem Wasser abwaschen, abtrocknen und in dünne Scheiben schneiden. Vanilleschote längs aufschneiden.

2. Wein oder Traubensaft mit Wasser, Zucker, Vanilleschote und Zitronenscheiben in einem weiten Topf zum Kochen bringen. Pfirsichhälften hinzugeben, kurz aufkochen lassen und von der Kochstelle nehmen. Minze abspülen, trocken tupfen, in Streifen schneiden und in den Weinsud geben. Pfirsiche im Weinsud erkalten lassen.

3. Himbeeren verlesen, kurz abspülen und gut abtropfen lassen oder Johannisbeeren abspülen, abtropfen lassen und entstielen. Pfirsichhälften aus dem Weinsud nehmen, abtropfen lassen und mit Himbeeren oder Johannisbeeren auf Tellern anrichten. Jeweils 1 Teelöffel Crème fraîche daraufgeben.

4. Amarettini in einen Gefrierbeutel geben. Beutel fest verschließen und die Amarettini mit einer Teigrolle zerbröseln. Die Pfirsichhälften mit den Amarettini-Bröseln bestreuen und sofort servieren.

Tipp: Die Pfirsichhälften können schon einen Tag vorher zubereitet werden.

Amaretto-Muffins | Mit Alkohol

12 Stück

Pro Stück: E: 3,7 g, F: 6,1 g, Kh: 28,7 g, kJ: 802, kcal: 192, BE: 2,5

Zum Vorbereiten:

2 säuerliche Äpfel (etwa 400 g, z. B. Boskop)
2 EL Zitronensaft
75 g Trockenpflaumen ohne Stein
2 EL Orangensaft
3 EL Amaretto (ital. Mandellikör)

Für den Rührteig:

3 Eiweiß (Größe M)
75 g weiche Joghurt-Butter (65 % Fett)
100 g Zucker
1 Pck. Dr. Oetker Vanillin-Zucker
3 Tropfen Bittermandel-Aroma (aus dem klassischen Röhrchen)
1/2 TL gemahlener Zimt
3 Eigelb (Größe M)
175 g Weizenmehl
3 gestr. TL Dr. Oetker Backin

Für die Form:

etwa 1 1/2 EL Semmelbrösel (12–15 g)

Zum Bestäuben:

1 EL Puderzucker (etwa 5 g)

Zubereitungszeit: 40 Minuten, ohne Abkühlzeit
Backzeit: etwa 30 Minuten

1. Zum Vorbereiten Äpfel schälen, halbieren und entkernen. Die Apfelhälften in je 3 gleich große Stücke schneiden, mit Zitronensaft beträufeln.

2. Trockenpflaumen klein schneiden, mit Orangensaft und Amaretto in einen hohen Rührbecher geben und fein pürieren.

3. Den Backofen vorheizen.
Ober-/Unterhitze: etwa 180 °C
Heißluft: etwa 160 °C

4. Für den Teig Eiweiß mit Handrührgerät mit Rührbesen auf höchster Stufe steif schlagen, der Schnee muss so fest sein, dass ein Messerschnitt sichtbar bleibt. Joghurt-Butter mit Handrührgerät mit Rührbesen auf höchster Stufe geschmeidig rühren. Nach und nach Zucker, Vanillin-Zucker, Aroma und Zimt unterrühren. So lange rühren, bis eine gebundene Masse entstanden ist.

5. Eigelb nach und nach unterrühren (jedes Eigelb knapp 1/2 Minute). Pflaumen-Saft-Mischung unterrühren. Mehl mit Backpulver mischen, portionsweise auf mittlerer Stufe unterrühren. Eischnee vorsichtig unterheben.

6. Jeweils 1 Esslöffel des Teiges in je 1 Förmchen einer Muffinform (für 12 Muffins, gefettet, mit Semmelbröseln ausgestreut) geben. Je ein Apfelstück darauflegen und den restlichen Teig darauf verteilen.

7. Die Form auf dem Rost auf mittlerer Einschubleiste in den vorgeheizten Backofen schieben. Die Muffins etwa 30 Minuten backen.

8. Die Muffins etwa 10 Minuten in der Form stehen lassen, anschließend aus der Form lösen und auf einen Kuchenrost stürzen. Muffins erkalten lassen und dann mit Puderzucker bestäuben.

Tipps: Besonders dekorativ sehen die Muffins aus, wenn von den Äpfeln (abgespült und abgetrocknet) 12 schmale, lange Streifen mit einem Sparschäler abgeschält und dekorativ auf die Amaretto-Muffins gelegt werden. Für Kinder ersetzen Sie den Amaretto durch Orangensaft.

Amerikanische Pfeffersuppe

Raffiniert

4 Portionen

Pro Portion: E: 10,9 g, F: 7,5 g, Kh: 14,6 g, kJ: 719, kcal: 172, BE: 0,5

1 Gemüsezwiebel
1 Stange Staudensellerie (etwa 200 g)
1 Stange Porree (Lauch, etwa 200 g)
2 grüne Paprikaschoten (je etwa 200 g)
2 EL Speiseöl (z. B. Olivenöl, 20 g)
1 l Gemüsebrühe
100 g Kochschinken ohne Fettrand
100 g Spätzle (aus dem Kühlregal)
2 EL grüne Pfefferkörner (in Lake eingelegt, etwa 20 g)
1 EL gehackte Petersilie
Salz
frisch geriebene Muskatnuss

Zubereitungszeit: 30 Minuten

1. Gemüsezwiebel abziehen, halbieren und in Ringe oder Streifen schneiden. Sellerie putzen, die harten Außenfäden abziehen, abspülen und abtropfen lassen. Sellerie in feine Scheiben schneiden.

2. Porree putzen, längs halbieren, gründlich waschen, abtropfen lassen und in schmale Streifen schneiden. Paprikaschoten halbieren, entstielen, entkernen und die weißen Scheidewände entfernen. Schoten abspülen, abtropfen lassen und in Streifen schneiden.

3. Speiseöl in einem großen Topf erhitzen. Das Gemüse darin unter Rühren andünsten. Gemüsebrühe hinzugießen. Die Suppe zugedeckt etwa 15 Minuten bei schwacher Hitze leicht kochen lassen.

4. Kochschinken in feine Streifen schneiden. Schinkenstreifen und Spätzle kurz vor Ende der Garzeit in die Suppe geben, kurz miterwärmen.

5. Pfefferkörner abspülen, abtropfen lassen. Pfefferkörner und Petersilie in die Suppe geben, unterrühren. Die Suppe mit Salz und Muskat abschmecken.

Amerikanischer Salat I

Preiswert

2 Portionen

Pro Portion: E: 6,9 g, F: 2,6 g, Kh: 60,2 g, kJ: 1274, kcal: 307, BE: 4,5

Für das Joghurtdressing:

150 g fettarmer Naturjoghurt (1,5 % Fett)
3 EL gemischte, gehackte Kräuter (z. B. Petersilie, Schnittlauch)
1 EL Obstessig oder Zitronensaft
Salz
frisch gemahlener Pfeffer
Zucker

2 Bananen (je etwa 200 g)
3 rote Äpfel (je etwa 150 g)
150 g Staudensellerie
300 g Eisbergsalat

Zubereitungszeit: 20 Minuten

1. Für das Dressing Joghurt in einer Schüssel glatt rühren. Kräuter abspülen, trocken tupfen, evtl. die Blättchen von den Stängeln zupfen und fein hacken. Kräuter und Obstessig oder Zitronensaft zum Joghurt geben und unterrühren. Dressing mit Salz, Pfeffer und Zucker abschmecken.

2. Bananen schälen und in Scheiben schneiden. Äpfel abspülen, abtrocknen, vierteln, entkernen und ebenfalls in Scheiben schneiden. Sellerie putzen, die harten Außenfäden abziehen, abspülen und abtropfen lassen. Sellerie in feine Scheiben schneiden. Die Bananen-, Apfel- und Selleriescheiben mit dem Joghurtdressing vermischen.

3. Den Eisbergsalat putzen, abspülen, gut abtropfen lassen und in etwa 2 cm breite Streifen schneiden. Salatstreifen unter den Salat mischen und sofort servieren.

Ananastorte | Gut vorzubereiten

16 Stücke

Pro Stück: E: 5,7 g, F: 6,1 g, Kh: 24,2 g, kJ: 743, kcal: 177, BE: 2,0

Zum Vorbereiten:

2 Dosen Ananasscheiben (Abtropfgewicht je 490 g)

Für den Biskuitteig:

2 Eier (Größe M)
50 g Zucker
50 g Weizenmehl
10 g Speisestärke
½ TL Dr. Oetker Backin oder Backin mit Safran

Für die Füllung:

12 Blatt weiße Gelatine
250 g Magerquark
250 g entrahmter Naturjoghurt (0,1 % Fett)
1 Pck. Dr. Oetker Bourbon-Vanille-Zucker
1 Pck. Safran (0,2 g)
2 EL Ananassaft aus der Dose
200 g Schlagsahne
1 gestr. EL Zucker (10 g)

Zum Garnieren:

2 EL Ananaskonfitüre (etwa 60 g)
2 EL Kokosraspel (etwa 30 g)
4 Physalis (Kapstachelbeeren)

Zubereitungszeit: 40 Minuten, ohne Kühlzeit
Backzeit: etwa 20 Minuten

1. Zum Vorbereiten die Ananasscheiben in einem Sieb gut abtropfen lassen, dabei den Saft auffangen. 7 Ananasscheiben zum Garnieren beiseitelegen.

2. Den Backofen vorheizen.
Ober-/Unterhitze: etwa 180 °C
Heißluft: etwa 160 °C

3. Für den Teig Eier in einer Rührschüssel mit Handrührgerät mit Rührbesen auf höchster Stufe in einer Minute schaumig schlagen. Zucker in etwa 1 Minute einstreuen und dann die Masse noch etwa 2 Minuten weiterschlagen. Mehl mit Speisestärke und Backpulver mischen, auf die Eiercreme geben, kurz auf niedrigster Stufe unterrühren.

4. Den Teig in einer Springform (Ø 26 cm, mit Backpapier belegt) verstreichen. Die Form auf dem Rost auf mittlerer Einschubleiste in den vorgeheizten Backofen schieben. Den Biskuitboden etwa 20 Minuten backen.

5. Tortenboden etwas abkühlen lassen, aus der Form lösen und auf einen Kuchenrost stürzen. Backpapier abziehen. Tortenboden erkalten lassen, einen Tortenring darumstellen.

6. Für die Füllung Gelatine nach Packungsanleitung einweichen. Die Ananasscheiben in Stücke schneiden und pürieren. Quark mit Joghurt, Vanille-Zucker und Safran verrühren und unter das Ananaspüree rühren. Die Gelatine leicht ausdrücken und mit 2 Esslöffeln Ananassaft in einem kleinen Topf unter Rühren erwärmen, bis sie vollständig gelöst ist.

7. Zuerst 3 Esslöffel von der Ananas-Quark-Masse mit der Gelatinelösung verrühren, dann mit der restlichen Ananas-Quark-Masse verrühren und in den Kühlschrank stellen.

8. Sahne mit Zucker steif schlagen. Wenn die Ananas-Quark-Masse anfängt dicklich zu werden, Sahne unterheben. Die Masse auf dem Tortenboden verstreichen. Die Oberfläche mit beiseitegelegten Ananasscheiben garnieren und mindestens 4 Stunden in den Kühlschrank stellen.

9. Tortenring lösen und entfernen. Konfitüre in einem kleinen Topf unter Rühren erwärmen. Tortenoberfläche damit bestreichen und mit Kokosraspeln bestreuen. Physalis aus der Hülle zupfen, abspülen, abtrocknen, halbieren und die Torte damit garnieren.

Tipp: Nach Belieben mit einigen Melisseblättchen verzieren.

Apfelkranz | Fruchtig

20 Stücke

Pro Stück: E: 7,3 g, F: 3,9 g, Kh: 31,3 g, kJ: 814, kcal: 195, BE: 2,5

Für die Füllung:

500 g Magerquark
100 g Zucker
1 Pck. Dr. Oetker Vanillin-Zucker
½ Pck. Dr. Oetker Finesse Geriebene Zitronenschale
1 Ei (Größe M)
3 Äpfel (etwa 600 g, z. B. Cox Orange)
1 EL Zitronensaft

Für den Hefeteig:

500 g Weizenmehl
1 Pck. Hefeteig Garant
50 g Zucker
1 Pck. Dr. Oetker Vanillin-Zucker
300 ml fettarme Milch (1,5 % Fett)
50 g weiche Butter oder Margarine

Zum Bestreichen und Bestreuen:

1 Eigelb
1 EL Milch
20 g Pinienkerne

Zubereitungszeit: 35 Minuten, ohne Teiggehzeit
Backzeit: etwa 40 Minuten

1. Für die Füllung Quark, Zucker, Vanillin-Zucker, Zitronenschale und Ei in einer Schüssel gut verrühren. Äpfel schälen, vierteln, entkernen und in kleine Würfel schneiden. Apfelwürfel mit Zitronensaft mischen.

2. Für den Teig Mehl mit Hefeteig Garant in einer Rührschüssel sorgfältig vermischen. Zucker, Vanillin-Zucker, Milch und Butter oder Margarine hinzufügen. Die Zutaten mit Handrührgerät mit Knethaken zunächst auf niedrigster, dann auf höchster Stufe in etwa 2 Minuten zu einem glatten Teig verarbeiten.

3. Den Teig leicht mit etwas Mehl bestäuben, aus der Schüssel nehmen, auf einer leicht bemehlten Arbeitsfläche kurz durchkneten und zu einem Rechteck (etwa 30 x 60 cm) ausrollen.

4. Die Quarkmasse auf den Teig streichen und mit Apfelwürfeln bestreuen, dabei einen etwa 1 cm breiten Rand frei lassen. Den Teig von der langen Seite aus aufrollen. Die Teigenden mit etwas verschlagenem Eigelb bestreichen.

5. Die Teigrolle auf einem Backblech (mit Backpapier belegt) zu einem Kranz zusammenlegen (dazu die Teigrolle evtl. halbieren). Den Kranz etwa 15 Minuten gehen lassen.

6. Den Backofen vorheizen.
Ober-/Unterhitze: etwa 180 °C
Heißluft: etwa 160 °C

7. Restliches Eigelb mit Milch verschlagen. Den Teigkranz damit bestreichen. In die Teigoberfläche mit einem scharfen Messer etwa 4 cm lange Kerben im Abstand von etwa 3 cm einritzen. Den Teigkranz mit Pinienkernen bestreuen.

8. Das Backblech im unteren Drittel in den vorgeheizten Backofen schieben. Den Kranz etwa 40 Minuten backen.

9. Das Backblech auf einen Kuchenrost stellen. Den Apfelkranz erkalten lassen und in Stücke schneiden.

Apfelkuchen

Klassisch

16 Stücke

Pro Stück: E: 3,2 g, F: 2,8 g, Kh: 23,4 g, kJ: 557, kcal: 133, BE: 2,0

Zum Vorbereiten:

5–6 säuerliche Äpfel (etwa 850 g, z. B. Boskop)

Für den Biskuitteig:

2 Eier (Größe M)
100 g Zucker
1 Pck. Dr. Oetker Vanillin-Zucker
250 g Weizenmehl
3 gestr. TL Dr. Oetker Backin
150 g fettarmer Naturjoghurt (1,5 % Fett)
1 1/2 EL Speiseöl (z. B. Sonnenblumenöl, 15 g)

Zum Bestreuen:

25 g gehobelte Mandeln

Zubereitungszeit: 35 Minuten
Backzeit: etwa 45 Minuten

1. Zum Vorbereiten Äpfel schälen, vierteln, entkernen und in Achtel schneiden.

2. Den Backofen vorheizen.
Ober-/Unterhitze: etwa 180 °C
Heißluft: etwa 160 °C

3. Für den Teig Eier mit Handrührgerät mit Rührbesen erst auf höchster Stufe in etwa 1 Minute schaumig schlagen. Dann Zucker und Vanillin-Zucker mischen, in etwa 1 Minute einstreuen, weitere etwa 2 Minuten schlagen.

4. Das Mehl mit Backpulver mischen, die Hälfte davon auf die Eiercreme geben und kurz auf niedrigster Stufe unterrühren. Restliches Mehlgemisch mit Joghurt und Speiseöl auf die gleiche Weise unterarbeiten. Den Teig in eine Springform (Ø 26 cm, mit Backpapier belegt) geben und glatt streichen.

5. Apfelstückchen auf dem Teig verteilen und mit den Mandeln bestreuen. Die Form auf dem Rost im unteren Drittel in den vorgeheizten Backofen schieben. Den Kuchen etwa 45 Minuten backen.

6. Die Form auf einen Kuchenrost stellen. Den Springformrand entfernen. Apfelkuchen auf dem Springformboden erkalten lassen, auf eine Tortenplatte setzen.

Apfel- oder Pflaumenkuchen

Beliebt

je 20 Stücke

Pro Stück Apfelkuchen: E: 3,1 g, F: 4,1 g, Kh: 27,4 g, kJ: 685, kcal: 164, BE: 2,5

Pro Stück Pflaumenkuchen: E: 3,4 g, F: 3,6 g, Kh: 29,7 g, kJ: 716, kcal: 171, BE: 2,5

Für den Hefeteig:

375 g Weizenmehl
1 Pck. Hefeteig Garant
50 g Zucker
1 Pck. Dr. Oetker Vanillin-Zucker
1 Prise Salz
1 Ei (Größe M)
200 ml Milch
50 g weiche Butter oder Margarine

Für den Apfelkuchen:

etwa 1 1/2 kg säuerliche Äpfel (z. B. Boskop)
20 g gestiftelte Mandeln
20 g Rosinen

Zum Aprikotieren:

gut 3 EL Aprikosenkonfitüre (etwa 90 g)
1 EL Wasser

Für den Pflaumenkuchen:

2 1/2 kg Pflaumen
1 EL Zucker (etwa 10 g)

Zubereitungszeit: je 40 Minuten, ohne Teiggehzeit
Backzeit: etwa 25 Minuten je Kuchen

1. Für den Teig Mehl in eine Rührschüssel geben und mit Hefeteig Garant sorgfältig vermischen. Den Zucker, Vanillin-Zucker, Salz, Ei, Milch und Butter oder Margarine hinzufügen. Die Zutaten mit Handrührgerät mit Knethaken zunächst auf niedrigster, dann auf höchster Stufe in etwa 5 Minuten zu einem glatten Hefeteig verarbeiten.

2. Den Teig leicht mit Mehl bestäuben, aus der Schüssel nehmen, auf der leicht bemehlten Arbeitsfläche nochmals kurz durchkneten und zu einer Rolle formen. Den Teig auf einem Backblech (30 x 40 cm, gefettet) ausrollen und zu Apfel- oder Pflaumenkuchen weiterverarbeiten.

3. Den Backofen vorheizen.
Ober-/Unterhitze: etwa 200 °C
Heißluft: etwa 180 °C

4. **Für den Apfelkuchen** Äpfel schälen, vierteln, entkernen und in dicke Spalten schneiden. Die Apfelspalten auf dem Teig verteilen, mit Mandeln und Rosinen bestreuen. Den Teig etwa 15 Minuten an einem warmen Ort gehen lassen.

5. Das Backblech auf mittlerer Einschubleiste in den vorgeheizten Backofen schieben. Den Kuchen etwa 25 Minuten backen.

6. Zum Aprikotieren Konfitüre durch ein Sieb streichen und mit Wasser unter Rühren aufkochen.

7. Den Kuchen sofort nach dem Backen damit bestreichen und auf dem Backblech auf einem Kuchenrost erkalten lassen.

8. Oder **für den Pflaumenkuchen** Pflaumen abspülen, abtrocknen, entsteinen, evtl. einschneiden und dachziegelartig mit der Innenseite nach oben auf den Teig legen. Den Teig etwa 15 Minuten an einem warmen Ort gehen lassen.

9. Das Backblech auf mittlerer Einschubleiste in den vorgeheizten Backofen schieben. Den Kuchen etwa 25 Minuten backen.

10. Den Kuchen auf dem Backblech auf einem Kuchenrost erkalten lassen. Den leicht abgekühlten Pflaumenkuchen mit etwas Zucker bestreuen.

Tipp: Zusätzlich Streusel zubereiten und vor dem Gehen des Teiges auf den Obstbelag streuen. Für die Streuselmischung 100 g Weizenmehl, 50 g Zucker und 75 g weiche Butter oder Margarine in einer Rührschüssel mit einem Handrührgerät mit Rührbesen zu Streuseln verarbeiten (zusätzlich pro Stück: E: 0,5 g, F: 3,2 g, KH: 6,0 g, kJ: 230, kcal: 55, BE: 0,5).

Apfel-Möhren-Salat mit Honig-Sesam-Dressing | Fruchtig

4 Portionen

Pro Portion: E: 3,6 g, F: 8,1 g, Kh: 30,4 g, kJ: 890, kcal: 213, BE: 2,0

je 1 Zitrone und Orange
2–3 TL flüssiger Akazienhonig (etwa 25 g)
1 Prise gemahlener Zimt
1 EL Rapsöl (10 g)
2 Äpfel (je etwa 150 g)
500 g Möhren
3 Sesam-Krokant-Riegel (je 25 g, Fertigprodukt aus dem Reformhaus oder Drogerie-Markt)

Zubereitungszeit: 20 Minuten

1. Zitrone und Orange halbieren, jeweils den Saft auspressen. Zitronen- und Orangensaft in eine Schüssel geben. Honig und Zimt hinzufügen, mit einem Schneebesen gut verrühren. Rapsöl unterschlagen.

2. Die Äpfel waschen, abtrocknen, vierteln, entkernen und in dünne Spalten schneiden. Apfelspalten zu dem Dressing in die Schüssel geben.

3. Möhren putzen, schälen, abspülen, abtropfen lassen und in dünne Scheiben oder Streifen schneiden. Zu den Apfelspalten geben und gut unterrühren.

4. Den Salat in eine Salatschüssel geben. Krokant-Riegel zerbröseln und kurz vor dem Servieren auf den Salat streuen.

Tipp: Der Salat lässt sich, ohne die Krokantbrösel, in gut verschließbaren Kunststoffdosen, prima zur Schule oder ins Büro mitnehmen.

Apfelmusgrieß mit Mandelsplittern | Für Kinder

4 Portionen

Pro Portion: E: 7,2, F: 4,2 g, Kh: 34,6 g, kJ: 866, kcal: 207, BE: 3,0

500 ml (½ l)	*fettarme Milch (1,5 % Fett)*
1 Prise	*Salz*
1 EL	*Zucker (10 g)*
1 Prise	*gemahlener Zimt*
50 g	*Hartweizengrieß*
1	*frisches Eiweiß (Größe M)*
1 Glas	*Apfelmus (360 g)*
1 geh. EL	*gestiftelte Mandeln*

Zubereitungszeit: 20 Minuten

1. Milch mit Salz, Zucker und Zimt in einem Topf unter Rühren zum Kochen bringen. Topf von der Kochstelle nehmen. Den Grieß einstreuen und unter Rühren bei schwacher Hitze nach Packungsanleitung in 5–10 Minuten ausquellen lassen.

2. Topf von der Kochstelle nehmen. Eiweiß steif schlagen und unter den heißen Grießbrei heben. Apfelmus unter den Grieß ziehen.

3. Den Apfelmusgrieß auf 4 Desserttellern anrichten. Mandeln in einer Pfanne ohne Fett leicht bräunen, über den Grieß streuen. Apfelmusgrieß sofort servieren.

Hinweis: Für den Apfelmusgrieß nur ganz frische Eier verwenden, die nicht älter als 5 Tage sind (Legedatum beachten!). Das Dessert im Kühlschrank aufbewahren und innerhalb von 24 Stunden verzehren.

Apfelschnitten

Mit Alkohol

20 Stück

Pro Stück: E: 1,7 g, F: 2,6 g, Kh: 26,7 g, kJ: 608, kcal: 146, BE: 2,0

Für den Belag:

7–8 säuerliche Äpfel (1,2 kg, z. B. Boskop)
Saft von
1 Zitrone (etwa 60 ml)
1 Pck. Dr. Oetker Pudding-Pulver Vanille-Geschmack
150 ml Apfelsaft
200 ml trockener Weißwein
25 g Zucker
1/2 Pck. Dr. Oetker Finesse Geriebene Zitronenschale

Für den Streuselteig:

200 g Weizenmehl
80 g Speisestärke
1 schwach geh. TL Dr. Oetker Backin
1/2 Pck. Dr. Oetker Finesse Geriebene Zitronenschale
80 g Zucker
1 Prise Salz
1 Ei (Größe M)
80 g weiche Halbfett-Butter (39 % Fett)

Zum Bestreuen:

3–4 EL Hagelzucker (etwa 50 g)

Zubereitungszeit: 40 Minuten, ohne Kühlzeit
Backzeit: etwa 30 Minuten

1. Für den Belag Äpfel schälen, vierteln, entkernen und grob raspeln. Apfelraspel mit Zitronensaft beträufeln und in einem Sieb gut abtropfen lassen.

2. Pudding-Pulver mit 6 Esslöffeln des Apfelsaftes anrühren. Restlichen Apfelsaft und Wein mit Zucker in einem Topf zum Kochen bringen. Topf von der Kochstelle nehmen und angerührtes Pudding-Pulver einrühren. Apfelsaft-Wein-Flüssigkeit unter Rühren gut aufkochen lassen. Sofort Apelraspel und Zitronenschale unterheben. Pudding-Apfel-Masse beiseitestellen.

3. Den Backofen vorheizen.
Ober-/Unterhitze: etwa 180 °C
Heißluft: etwa 160 °C

4. Für den Teig Mehl in eine Rührschüssel geben, mit Speisestärke und Backpulver sorgfältig vermischen. Zitronenschale, Zucker, Salz, Ei und weiche Butter hinzufügen. Die Zutaten mit Handrührgerät mit Rührbesen zunächst auf niedrigster, dann auf höchster Stufe zu Streuseln verarbeiten.

5. Die Streusel auf einem Backblech (30 x 40 cm, gefettet) verteilen und mit einem Löffel gleichmäßig zu einem Boden andrücken. Die beiseitegestellte Pudding-Apfel-Masse auf dem Teig verteilen.

6. Das Backblech auf mittlerer Einschubleiste in den vorgeheizten Backofen schieben. Den Kuchen etwa 30 Minuten backen.

7. Das Backblech auf einen Kuchenrost stellen. Den Kuchen erkalten lassen. Den Kuchen vor dem Servieren mit Hagelzucker bestreuen und in 20 Schnitten schneiden.

Tipps: Für Kinder den Weißwein durch die gleiche Menge Apfelsaft ersetzen (pro Stück: E: 1,6 g, F: 2,6 g, Kh: 27,8 g, kJ: 598, kcal: 143, BE: 2,5). Sollte das Backblech einen niedrigen Rand haben, dann stellen Sie einen Backrahmen um den Kuchenboden, bevor Sie die Apfelmasse auf dem Teig geben. Oder backen Sie den Kuchen in einer Fettpfanne, damit kein Belag ausläuft.

Apfel-Sellerie-Rohkost I

Zum Mitnehmen

2 Portionen

Pro Portion: E: 11,6 g, F: 9,9 g, Kh: 31,5 g, kJ: 1130, kcal: 270, BE: 2,5

Für die Marinade:

Saft von
1 Zitrone (50–60 ml)
1 EL flüssiger Honig (etwa 20 g)
Salz
gemahlener Piment

2 Äpfel (300 g)
1 Sellerieknolle (400 g)
50 g Kasseler Aufschnitt oder geräucherter Putenbrustaufschnitt
125 g fettarmer Naturjoghurt (1,5 % Fett)
2 EL gehackte Walnusskerne (20 g)

Zubereitungszeit: 20 Minuten

1. Für die Marinade Zitronensaft mit Honig verschlagen, mit Salz und Piment abschmecken.

2. Äpfel abspülen, abtrocknen, vierteln und entkernen. Sellerie schälen, abspülen und gut abtropfen lassen. Äpfel und Sellerie grob raspeln und unter die Marinade rühren.

3. Kasseler Aufschnitt oder Putenbrust in feine Streifen schneiden. Joghurt glatt rühren und unter die Apfel-Sellerie-Mischung rühren.

4. Apfel-Sellerie-Rohkost mit Aufschnittstreifen und gehackten Walnusskernen servieren.

Tipp: Walnusskerne haben einen hohen Gehalt an Eiweißen, Mineral- und Ballaststoffen. In 100 g Nusskernen sind etwa 14 g Eiweiß, 2 g Mineralstoffe und 6 g Ballaststoffe. Sie haben aber auch einen hohen Ölgehalt.

Apfeltarte mit Sonnenblumenkernen | Für Kinder

12 Stücke

Pro Stück: E: 4,1 g, F: 6,3 g, Kh: 28,5 g, kJ: 786, kcal: 188, BE: 2,5

Zum Vorbereiten:

2 EL Sonnenblumenkerne (etwa 20 g)
4–5 säuerliche Äpfel (etwa 900 g, z. B. Boskop)
1 EL Zitronensaft

Für den Knetteig:

200 g Weizenmehl
1 TL Dr. Oetker Backin
100 g Magerquark
3 EL Sonnenblumenöl (30 g)
50 g Zucker
1 Prise Salz
1 Ei (Größe M)
3 EL fettarme Milch (1,5 % Fett)

Außerdem:

50 g Zucker
30 g weiche Joghurt-Butter (65 % Fett)

Zubereitungszeit: 25 Minuten
Backzeit: etwa 35 Minuten

1. Zum Vorbereiten Sonnenblumenkerne in einer kleinen Pfanne ohne Fett unter Rühren goldbraun rösten, dann auf einen Teller geben. Äpfel schälen, vierteln, entkernen, in Spalten schneiden und mit Zitronensaft beträufeln.

2. Den Backofen vorheizen.
Ober-/Unterhitze: etwa 180 °C
Heißluft: etwa 160 °C

3. Für den Teig Mehl mit Backpulver in einer Rührschüssel mischen. Übrige Teigzutaten hinzufügen und mit Handrührgerät mit Knethaken erst kurz auf niedrigster, dann auf höchster Stufe gut durcharbeiten.

4. Anschließend auf der leicht bemehlten Arbeitsfläche zu einem Teig verkneten (nicht zu lange kneten, da der Teig sonst klebt) und zu einer Kugel formen. (Sollte er kleben, ihn in Folie gewickelt eine Zeit lang in den Kühlschrank stellen).

5. Den Teig auf der leicht bemehlten Arbeitsfläche zu einer runden Platte (Ø etwa 32 cm) ausrollen, in eine Wähen- oder Tarteform (Ø 28–30 cm, gefettet) legen und den Rand andrücken.

6. Die vorbereiteten Apfelspalten kreisförmig auf dem Teigboden verteilen, mit gerösteten Sonnenblumenkernen und Zucker bestreuen. Butter in Flöckchen daraufsetzen.

7. Die Form auf dem Rost im unteren Drittel in den vorgeheizten Backofen schieben. Die Apfeltarte etwa 35 Minuten backen (nach 30 Minuten den Kuchen evtl. mit Alufolie zudecken).

8. Den Kuchen aus dem Backofen nehmen und in der Form erkalten lassen.

Tipps: Dieser Kuchen schmeckt frisch am besten. Rollen Sie die Teigplatte im Durchmesser immer etwa 2 cm größer aus als die Form.

Apfeltorte | Einfach

16 Stücke

Pro Stück: E: 1,2 g, F: 3,6 g, Kh: 27,9 g, kJ: 630, kcal: 151, BE: 2,5

Für den Keksboden:

60 g Halbfett-Butter (39 % Fett)
150 g Butterkekse

Für den Belag:

5 säuerliche Äpfel (750 g, z. B. Boskop)
2–3 EL Zitronensaft
2 Pck. Dr. Oetker Pudding-Pulver Vanille-Geschmack
500 ml (1/2 l) Apfelsaft
100 g Zucker
1 Pck. Dr. Oetker Vanillin-Zucker
75 g flüssiger Honig (z. B. Blütenhonig)

Zubereitungszeit: 40 Minuten
Backzeit: etwa 40 Minuten

1. Für den Boden Butter zerlassen und etwas abkühlen lassen. In der Zwischenzeit Butterkekse in einen Gefrierbeutel geben. Den Beutel fest verschließen. Die Kekse mit einer Teigrolle zerbröseln und in eine Schüssel geben. Butter hinzufügen und gut verrühren.

2. Die Bröselmasse in einer Springform (Ø 26 cm, Boden gefettet, mit Backpapier belegt) verteilen, mit einem Esslöffel gleichmäßig zu einem Boden andrücken, dabei einen kleinen Rand hochdrücken.

3. Für den Belag Äpfel schälen, vierteln, entkernen und in kleine Würfel schneiden. Die Apfelwürfel mit Zitronensaft beträufeln.

4. Den Backofen vorheizen.
Ober-/Unterhitze: etwa 180 °C
Heißluft: etwa 160 °C

5. Das Pudding-Pulver mit 100 ml Apfelsaft anrühren. Restlichen Apfelsaft in einem Topf mit Zucker, Vanillin-Zucker und Honig unter Rühren zum Kochen bringen. Den Topf von der Kochstelle nehmen und angerührtes Pudding-Pulver unterrühren. Alles kurz aufkochen lassen, Apfelwürfel unterrühren. Die Apfelmasse auf den Keksboden geben und glatt streichen.

6. Die Form auf dem Rost im unteren Drittel in den vorgeheizten Backofen schieben. Die Apfeltorte etwa 40 Minuten backen.

7. Die Torte sofort mit einem Messer vom Springformrand lösen, aber in der Form auf einem Kuchenrost etwas abkühlen lassen. Dann die Apfeltorte aus der Form lösen und auf einer Tortenplatte erkalten lassen.

Apfel-Walnuss-Kranz | Preiswert

16 Stücke

Pro Stück: E: 3,7 g, F: 7,1 g, Kh: 30,7 g, kJ: 848, kcal: 203, BE: 2,5

Zum Vorbereiten für die Füllung:

5 säuerliche Äpfel (750 g, z. B. Boskop)
1 Pck. Dr. Oetker Finesse Geriebene Zitronenschale
2 EL Zitronensaft
50 g Walnusskerne
3 Tropfen Bittermandel-Aroma (aus dem klassischen Röhrchen)

Für den Quark-Öl-Teig:

300 g Weizenmehl
3 gestr. TL Dr. Oetker Backin
125 g Magerquark
75 ml fettarme Milch (1,5 % Fett)
75 ml Speiseöl (z. B. Sonnenblumenöl)
100 g Zucker
1 Pck. Dr. Oetker Vanillin-Zucker
1 Prise Salz

Für den Guss:

75 g gesiebter Puderzucker
1–2 EL Zitronensaft

Zubereitungszeit: 40 Minuten, ohne Abkühlzeit
Backzeit: etwa 45 Minuten

1. Zum Vorbereiten Äpfel schälen, vierteln, entkernen und grob raspeln. Apfelraspel mit Zitronenschale und -saft mischen. Walnusskerne grob hacken, zusammen mit dem Aroma unter die Apfelraspel rühren.

2. Den Backofen vorheizen.
Ober-/Unterhitze: etwa 180 °C
Heißluft: etwa 160 °C

3. Für den Teig Mehl mit Backpulver in einer Rührschüssel mischen. Quark, Milch, Öl, Zucker, Vanillin-Zucker und Salz hinzufügen. Die Zutaten mit Handrührgerät mit Knethaken zunächst kurz auf niedrigster, dann auf höchster Stufe in etwa 1 Minute zu einem Teig verarbeiten (nicht zu lange, Teig klebt sonst).

4. Danach auf der leicht bemehlten Arbeitsfläche zu einer Rolle formen. Teigrolle zu einem Rechteck (etwa 30 x 40 cm) ausrollen. Die Apfel-Walnuss-Masse darauf verteilen, dabei rundherum einen etwa 5 cm breiten Rand frei lassen. Den Teig von der längeren Seite aus vorsichtig aufrollen und auf einem Backblech (mit Backpapier belegt) zu einem Kranz zusammenlegen. Die Teigoberfläche mit einem scharfen Messer mehrmals einschneiden.

5. Das Backblech auf mittlerer Einschubleiste in den vorgeheizten Backofen schieben. Den Kranz etwa 45 Minuten backen.

6. Den Gebäckkranz mit dem Backpapier vom Backblech auf einen Kuchenrost ziehen.

7. Den Gebäckkranz etwas abkühlen lassen.

8. Für den Guss Puderzucker mit Zitronensaft zu einer geschmeidigen Masse verrühren. Den Gebäckkranz mit dem Guss besprenkeln. Den Guss fest werden lassen.

Tipp: Der Gebäckkranz kann auch gut eingefroren werden. Dafür den Kranz backen, erkalten lassen und gefriergeeignet verpackt einfrieren. Den Kranz dann erst nach dem Auftauen mit dem Guss überziehen.

Apfel-Zimt-Gugelhupf | Einfach

20 Stücke

Pro Stück: E: 3,3 g, F: 3,6 g, Kh: 26,9 g, kJ: 654, kcal: 156, BE: 2,0

Zum Vorbereiten:

2 säuerliche Äpfel (etwa 400 g, z. B. Cox Orange)

Für den Hefeteig:

375 g Weizenmehl
1 Pck. Hefeteig Garant
125 g Zucker
1 Pck. Dr. Oetker Vanillin-Zucker
1 Prise Salz
2 gestr. TL gemahlener Zimt
2 Eier (Größe M)
200 ml fettarme Milch (1,5 % Fett)
100 g weiche Halbfett-Butter (39 % Fett)

Zum Bestreichen und Bestreuen:

2 EL Aprikosenkonfitüre (etwa 60 g)
50 g Haselnusskrokant

Zubereitungszeit: 20 Minuten, ohne Teiggehzeit
Backzeit: etwa 55 Minuten

1. Zum Vorbereiten Äpfel schälen, vierteln, entkernen und in kleine Stücke schneiden.

2. Für den Teig das Mehl in einer Rührschüssel mit Hefeteig Garant sorgfältig vermischen. Zucker, Vanillin-Zucker, Salz, Zimt, Eier, Milch und Butter hinzufügen. Die Zutaten mit Handrührgerät mit Knethaken zunächst kurz auf niedrigster, dann auf höchster Stufe in etwa 2 Minuten zu einem glatten Teig verarbeiten. Apfelstücke mithilfe eines Teigschabers unterheben.

3. Den Teig in eine Gugelhupf- oder Napfkuchenform (Ø 22 cm, gefettet) geben und glatt streichen. Den Teig etwa 15 Minuten an einem warmen Ort gehen lassen.

4. In der Zwischenzeit den Backofen vorheizen.
Ober-/Unterhitze: etwa 180 °C
Heißluft: etwa 160 °C

5. Die Form auf dem Rost im unteren Drittel in den vorgeheizten Backofen schieben. Den Kuchen etwa 55 Minuten backen.

6. Den Gugelhupf etwa 10 Minuten in der Form stehen lassen, dann aus der Form lösen und auf einen Kuchenrost stürzen.

7. Zum Bestreichen und Bestreuen Konfitüre durch ein Sieb streichen, mit einem Backpinsel auf den noch heißen Kuchen streichen und sofort mit Krokant bestreuen. Gugelhupf erkalten lassen.

Apfel-Zimt-Muffins

Zum Mitnehmen

12 Stück

Pro Stück: E: 3,1 g, F: 4,6 g, Kh: 22,1 g, kJ: 600, kcal: 143, BE: 2,0

Zum Marinieren:

	Saft von
1	*Zitrone (50–60 ml)*
1 gestr. TL	*gemahlener Zimt*
20 g	*brauner Zucker*
2	*Äpfel (etwa 300 g)*

Für den All-in-Teig:

200 g	*Weizenmehl*
2 gestr. TL	*Dr. Oetker Backin*
80 g	*brauner Zucker*
1 Pck.	*Dr. Oetker Vanillin-Zucker*
1 Prise	*Salz*
2	*Eier (Größe M)*
100 ml	*Buttermilch*
4 EL	*Sonnenblumenöl (40 g)*

Außerdem:

12	*Muffin-Papier-Backförmchen*

Zubereitungszeit: 20 Minuten
Backzeit: etwa 25 Minuten

1. Zum Marinieren Zitronensaft mit Zimt und Zucker verrühren. Äpfel schälen, vierteln, entkernen und in sehr kleine Würfel schneiden. Die Apfelwürfel mit der Zitronenmischung verrühren.

2. Den Backofen vorheizen.
Ober-/Unterhitze: etwa 180 °C
Heißluft: etwa 160 °C

3. Für den Teig das Mehl mit Backpulver in einer Rührschüssel mischen. Restliche Teigzutaten hinzufügen und alles mit Handrührgerät mit Rührbesen erst kurz auf niedrigster, dann auf höchster Stufe in etwa 2 Minuten zu einem Teig verarbeiten.

4. Marinierte Apfelwürfel kurz in einem Sieb abtropfen lassen und unter den Teig rühren. Den Teig in eine Muffinform (für 12 Muffins, mit Backförmchen ausgelegt) geben. Dabei darauf achten, dass die Förmchen nur zu zwei Dritteln mit Teig gefüllt sind.

5. Die Form auf dem Rost auf mittlerer Einschubleiste in den vorgeheizten Backofen schieben. Die Muffins etwa 25 Minuten backen.

6. Die Muffins etwa 10 Minuten in der Form stehen lassen, danach aus der Form lösen und auf einem Kuchenrost erkalten lassen.

Tipp: Die Muffins können Sie einzeln einfrieren.

Apfel-Zimt-Schnecken | Beliebt

16 Stück

Pro Stück: E: 4,8 g, F: 7,8 g, Kh: 37,8 g, kJ: 1027, kcal: 254, BE: 3,0

Für die Füllung:

3 Äpfel (je 150 g)
60 g Zucker
2 Prisen gemahlener Zimt

Für den Hefeteig:

500 g Weizenmehl
1 Pck. Hefeteig Garant
60 g Zucker
1 Pck. Dr. Oetker Finesse Geriebene Zitronenschale
2 Eier (Größe M)
200 ml fettarme Milch (1,5 % Fett)
100 g weiche Butter oder Margarine

20 g Butter oder Margarine

Zum Bestreichen und Bestreuen:

1–2 EL fettarme Milch (1,5 % Fett)
1 EL Zucker (10 g)
½ TL gemahlener Zimt

Zubereitungszeit: 20 Minuten, ohne Teiggehzeit
Backzeit: 20–25 Minuten je Backblech

1. Für die Füllung Äpfel schälen, vierteln, entkernen, in kleine Würfel schneiden und mit Zucker und Zimt verrühren.

2. Für den Teig Mehl mit Hefeteig Garant sorgfältig in einer Rührschüssel vermischen. Zucker, Zitronenschale, Eier, Milch und Butter oder Margarine hinzufügen. Die Zutaten mit Handrührgerät mit Knethaken zunächst kurz auf niedrigster, dann auf höchster Stufe in etwa 2 Minuten zu einem glatten Teig verarbeiten.

3. Teig leicht mit Mehl bestäuben, aus der Schüssel nehmen und auf der leicht bemehlten Arbeitsfläche nochmals kurz durchkneten. Den Teig halbieren und je zu einem Rechteck (etwa 20 x 15 cm) ausrollen. Die Butter oder Margarine zerlassen und die Teigrechtecke damit bestreichen.

4. Apfelwürfel darauf verteilen. Den Teig jeweils von der längeren Seite aus aufrollen.

5. Jede Teigrolle in 8 gleich dicke Scheiben schneiden und mit etwas Abstand auf 2 Backbleche (mit Backpapier belegt) legen.

6. Den Backofen vorheizen.
Ober-/Unterhitze: etwa 200 °C
Heißluft: etwa 180 °C

7. Die Teigscheiben etwa 15 Minuten gehen lassen. Anschließend die Teigscheiben mit Milch bestreichen. Zucker und Zimt vermischen und die Apfelschnecken damit bestreuen.

8. Die Backbleche nacheinander auf mittlerer Einschubleiste in den vorgeheizten Backofen schieben. Schnecken 20–25 Minuten je Backblech backen.

9. Die Apfelschnecken vom Backpapier lösen und auf einem Kuchenrost erkalten lassen.

Tipps: Bei Heißluft können Sie beide Backbleche auf einmal in den Backofen schieben. Die gebackenen Apfelschnecken lassen sich prima einfrieren. Dann bei Zimmertemperatur auftauen lassen und nach Belieben bei Heißluft (vorgeheizt): etwa 160 °C etwa 6 Minuten aufbacken.

Apfel-Zwiebel-Rösti

Für Gäste – preiswert

4 Portionen

Pro Portion: E: 5,7 g, F: 11,9 g, Kh: 29,7 g, kJ: 1058, kcal: 253, BE: 2,5

200 g Zwiebeln
800 g festkochende Kartoffeln
1 Apfel (etwa 150 g)
1 Ei (Größe M)
1 EL gerebelter Majoran
frisch geriebene Muskatnuss
frisch gemahlener Pfeffer
Salz
4 EL Rapsöl (40 g)

Zubereitungszeit: 30 Minuten

1. Zwiebeln abziehen, halbieren und in feine Würfel schneiden. Kartoffeln schälen, abspülen und abtropfen lassen. Apfel schälen, vierteln und entkernen.

2. Kartoffeln und Apfel auf einer Haushaltsreibe grob raspeln. Zwiebelwürfel und Ei untermengen und mit Majoran, Muskat, Pfeffer und Salz würzen.

3. Das Öl portionsweise in einer großen, beschichteten Pfanne erhitzen. Je Rösti 1 gehäuften Esslöffel von der Zwiebel-Kartoffel-Apfel-Masse hineingeben, etwas flach drücken und von jeder Seite bei schwacher Hitze etwa 3 Minuten goldgelb braten. Rösti auf Küchenpapier legen und trocken tupfen.

Tipps: Servieren Sie frische Apfelscheiben dazu. Dafür 4 Äpfel (je 150 g) abwaschen, abtrocknen, mit einem Apfelausstecher entkernen und in Scheiben schneiden (zusätzlich pro Portion: E: 0,5 g, F: 0,6 g, Kh: 15,8 g, kJ: 299, kcal: 72, BE: 1,5). Für große Rösti jeweils ein Viertel der Masse in eine Pfanne geben, 6–10 Minuten von beiden Seiten braten. Zum Wenden den Rösti aus der Pfanne auf einen flachen, großen Deckel gleiten lassen, mit einem Teller bedecken und umdrehen. Dann wieder vorsichtig in die Pfanne zurückgleiten lassen.

Aprikosen-Buttermilch-Kuchen

Einfach

15 Stücke

Pro Stück: E: 3,2 g, F: 1,3 g, Kh: 27,5 g, kJ: 573, kcal: 137, BE: 2,5

Zum Vorbereiten:

1 Dose Aprikosenhälften (Abtropfgewicht 240 g)
1/2 Bund Minze
2 Eier (Größe M)
125 ml (1/8 l) Buttermilch
1 Pck. Dr. Oetker Finesse Geriebene Zitronenschale
75 g Zucker

Für den All-in-Teig:

250 g Weizenmehl
1 Pck. Dr. Oetker Pudding-Pulver Vanille-Geschmack
25 g Speisestärke
1 Prise Salz
2 gestr. TL Dr. Oetker Backin

Für die Form:

etwa 10 g Semmelbrösel

Für den Guss:

50 g gesiebter Puderzucker
1/2–1 EL Zitronensaft

Zubereitungszeit: 30 Minuten, ohne Abkühlzeit
Backzeit: etwa 55 Minuten

1. Zum Vorbereiten die Aprikosenhälften aus der Dose in einem Sieb gut abtropfen lassen. Aprikosenhälften in kleine Stücke schneiden. Minze abspülen, trocken tupfen und die Blättchen von den Stängeln zupfen. Die Blättchen in Streifen schneiden.

2. Eier mit Buttermilch, Zitronenschale und Zucker verrühren. Minzestreifen hinzugeben.

3. Den Backofen vorheizen.
Ober-/Unterhitze: etwa 180 °C
Heißluft: etwa 160 °C

4. Für den Teig das Mehl mit Pudding-Pulver, Speisestärke, Salz und Backpulver in einer Rührschüssel mischen. Die Buttermilch-Ei-Mischung hinzufügen. Die Zutaten mit Handrührgerät mit Rührbesen erst kurz auf niedrigster, dann auf höchster Stufe in etwa 2 Minuten zu einem glatten Teig verarbeiten. Aprikosenstücke vorsichtig unterheben.

5. Den Teig in eine Kastenform (25 x 11 cm, gefettet, mit Semmelbröseln ausgestreut) geben und glatt streichen.

6. Die Form auf dem Rost im unteren Drittel in den vorgeheizten Backofen schieben. Den Kuchen etwa 55 Minuten backen. Nach etwa 15 Minuten Backzeit den Teig mit einem scharfen Messer der Länge nach einmal einschneiden, damit er gleichmäßig aufgeht.

7. Die Form auf einen Kuchenrost stellen. Den Kuchen etwas ruhen lassen, dann aus der Form lösen und auf einen Kuchenrost stürzen. Kuchen wieder umdrehen und etwas abkühlen lassen.

8. Für den Guss Puderzucker und Zitronensaft zu einer geschmeidigen Masse verrühren. Den warmen Kuchen mit dem Guss überziehen, erkalten lassen.

Aprikosen-Quark-Fladen

Einfach

5 Stück

Pro Stück: E: 9,0 g, F: 4,7 g, Kh: 40,5 g, kJ: 1029, kcal: 246, BE: 3,5

Zum Vorbereiten:

1 Dose Aprikosenhälften (Abtropfgewicht 240 g)
20 g Rosinen
2 EL Aprikosensaft aus der Dose

Für den Quark-Öl-Teig:

125 g Weizenmehl
1 gestr. TL Dr. Oetker Backin
75 g Magerquark
2 EL fettarme Milch (1,5 % Fett)
1 1/2 EL Speiseöl (z. B. Sonnenblumenöl, 15 g)
20 g Zucker
1/2 TL Dr. Oetker Finesse Geriebene Zitronenschale

Für den Belag:

1 Ei (Größe M)
1 EL Zucker (10 g)
75 g Magerquark
1 EL Hartweizengrieß (15 g)
1 EL Aprikosensaft aus der Dose

Zubereitungszeit: 25 Minuten
Backzeit: 15–20 Minuten

1. Zum Vorbereiten Aprikosenhälften in einem Sieb gut abtropfen lassen, dabei den Saft auffangen. Die Rosinen mit 2 Esslöffeln von dem Saft verrühren und etwas durchziehen lassen.

2. Den Backofen vorheizen.
Ober-/Unterhitze: etwa 180 °C
Heißluft: etwa 160 °C

3. Für den Teig das Mehl mit Backpulver in einer Rührschüssel mischen. Quark, Milch, Öl, Zucker und Zitronenschale hinzufügen. Die Zutaten mit Handrührgerät mit Knethaken auf höchster Stufe in etwa 1 Minute zu einem Teig verarbeiten (nicht zu lange, Teig klebt sonst).

4. Den Teig in 5 gleich große Portionen teilen, auf der leicht bemehlten Arbeitsfläche zu je einem etwa 1 cm dicken länglichen Fladen ausrollen. Dabei jedem Fladen einen kleinen Rand andrücken. Die Teigfladen mit etwas Abstand nebeneinander auf ein Backblech (mit Backpapier belegt) legen.

5. Für den Belag Ei mit Zucker schaumig aufschlagen. Quark mit Grieß, Rosinen und 1 Esslöffel vom Aprikosensaft verrühren und unter die Eimasse rühren. Quarkcreme gleichmäßig auf den Teigfladen verteilen. Darauf die Aprikosenhälften geben. Das Backblech in den vorgeheizten Backofen schieben. Die Fladen 15–20 Minuten backen.

6. Die Fladen mit dem Backpapier auf einen Kuchenrost ziehen und erkalten lassen.

Tipp: Die saftigen Aprikosen-Quark-Fladen schmecken frisch am besten.

Aprikosen-Quark-Gugelhupf

Gut vorzubereiten

20 Stücke

Pro Stück: E: 3,7 g, F: 6,1 g, Kh: 23,1 g, kJ: 685, kcal: 164, BE: 2,0

Zum Vorbereiten:

1 kleine Dose Aprikosenhälften (Abtropfgewicht 240 g)

Für den Rührteig:

100 g weiche Butter oder Margarine
150 g Zucker
1 Pck. Dr. Oetker Vanillin-Zucker
1 Prise Salz
4 Tropfen Bittermandel-Aroma (aus dem klassischen Röhrchen)
3 Eier (Größe M)
125 g Magerquark
1 EL Zitronensaft
300 g Weizenmehl
1 Pck. Dr. Oetker Backin

15 ganze, abgezogene Mandeln

Zum Bestreichen:

2 EL Aprikosenkonfitüre
2 EL Wasser

Zubereitungszeit: 30 Minuten
Backzeit: etwa 50 Minuten

1. Zum Vorbereiten Aprikosenhälften in einem Sieb gut abtropfen lassen und in kleine Stücke schneiden.

2. Den Backofen vorheizen.
Ober-/Unterhitze: etwa 180 °C
Heißluft: etwa 160 °C

3. Für den Teig Butter oder Margarine mit Handrührgerät mit Rührbesen auf höchster Stufe geschmeidig rühren. Nach und nach Zucker, Vanillin-Zucker, Salz und Aroma unterrühren. So lange rühren, bis eine gebundene Masse entstanden ist.

4. Die Eier nach und nach unterrühren (jedes Ei etwa 1/2 Minute). Quark und Zitronensaft unterrühren. Mehl mit Backpulver mischen und in 2 Portionen auf mittlerer Stufe unterrühren. Aprikosenstücke unterheben.

5. Die Mandeln auf dem Boden einer Gugelhupfform (Ø 22 cm, gefettet) verteilen. Den Teig daraufgeben und glatt streichen.

6. Die Form auf dem Rost im unteren Drittel in den vorgeheizten Backofen schieben. Den Kuchen etwa 50 Minuten backen.

7. Den Gugelhupf etwa 10 Minuten in der Form stehen lassen, dann aus der Form lösen und auf einen Kuchenrost stürzen.

8. Zum Bestreichen Konfitüre durch ein Sieb streichen, mit Wasser in einem kleinen Topf unter Rühren kurz aufkochen lassen. Die Kuchenoberfläche damit bestreichen. Gugelhupf erkalten lassen.

Aprikosen-Streusel-Kuchen

Fruchtig

20 Stücke

Pro Stück: E: 5,9 g, F: 4,5 g, Kh: 43,6 g, kJ: 1022, kcal: 244, BE: 3,5

Für den Hefeteig:

375 g Weizenmehl
1 Pck. Hefeteig Garant
50 g Zucker
1 Pck. Dr. Oetker Vanillin-Zucker
1 Prise Salz
1 Pck. Dr. Oetker Finesse Geriebene Zitronenschale
1 Ei (Größe M)
25 g weiche Halbfett-Butter (39 % Fett)
150 ml fettarme Milch (1,5 % Fett)

Für die Streusel:

150 g Weizenmehl
50 g kernige Haferflocken
80 g Zucker
80 g Halbfett-Butter (39 % Fett)

Für den Belag:

2 Dosen Aprikosenhälften (Abtropfgewicht je 480 g)
500 g fettarmer Naturjoghurt (1,5 % Fett)
75 g Zucker
2 Eier (Größe M)
1 Pck. Dr. Oetker Pudding-Pulver Vanille-Geschmack

Zubereitungszeit: 20 Minuten, ohne Teiggehzeit
Backzeit: etwa 30 Minuten

1. Für den Teig das Mehl in einer Rührschüssel mit Hefeteig Garant sorgfältig vermischen. Zucker, Vanillin-Zucker, Salz, Zitronenschale, Ei, Butter und Milch hinzufügen. Die Zutaten mit Handrührgerät mit Knethaken zunächst kurz auf niedrigster, dann auf höchster Stufe in etwa 2 Minuten zu einem glatten Teig verarbeiten.

2. Den Hefeteig leicht mit Mehl bestäuben, aus der Schüssel nehmen, auf der leicht bemehlten Arbeitsfläche nochmals kurz durchkneten und auf einem Backblech (30 x 40 cm, gefettet) ausrollen. Teigboden mit einer Gabel mehrmals einstechen und etwa 15 Minuten an einem warmen Ort gehen lassen.

3. In der Zwischenzeit für die Streusel Mehl in eine Rührschüssel geben, mit Haferflocken und Zucker mischen. Butter hinzufügen. Die Zutaten mit Handrührgerät mit Rührbesen zu Streuseln von gewünschter Größe verarbeiten.

4. Den Backofen vorheizen.
Ober-/Unterhitze: etwa 180 °C
Heißluft: etwa 160 °C

5. Für den Belag Aprikosenhälften in einem Sieb gut abtropfen lassen. Joghurt mit Zucker, Eiern und Pudding-Pulver gut verrühren. Die Joghurtmasse auf den Teigboden geben und glatt streichen, dabei am Rand etwa 1 cm frei lassen. Aprikosenhälften auf der Joghurtmasse verteilen und die Streusel daraufstreuen.

6. Das Backblech auf mittlerer Einschubleiste in den vorgeheizten Backofen schieben. Den Kuchen etwa 30 Minuten backen.

7. Das Backblech auf einen Kuchenrost stellen. Den Kuchen erkalten lassen.

Asia-Glasnudel-Salat I

Etwas Besonderes

4 Portionen

Pro Portion: E: 32,7 g, F: 6,4 g, Kh: 39,2 g, kJ: 1467, kcal: 349, BE: 2,5

500 g Hähnchenbrustfilet
2 EL Sojasauce (etwa 20 g)
150 g Glasnudeln
1 rote Chilischote (20 g)
2 Knoblauchzehen
5 Möhren (etwa 500 g)
2 Stangen Porree (Lauch, etwa 400 g)
2 EL Speiseöl (z. B. Sesamöl, 20 g)
Salz, frisch gemahlener Pfeffer
½ TL gemahlener Ingwer
3–4 EL Limettensaft

Zubereitungszeit: 30 Minuten

1. Hähnchenbrustfilet unter fließendem kalten Wasser abspülen, trocken tupfen, in etwa 2 cm große Würfel schneiden und mit der Sojasauce verrühren.

2. Die Glasnudeln nach Packungsanleitung zubereiten, erkalten lassen. Dann mit einer Küchenschere in etwa 3 cm lange Stücke schneiden.

3. Inzwischen Chilischote halbieren, entstielen, entkernen, abspülen, abtropfen lassen und in feine Streifen schneiden. Knoblauch abziehen und fein hacken.

4. Möhren und Porree putzen. Die Möhren schälen, abspülen, abtropfen lassen und in dünne Scheiben schneiden. Porreestangen seitlich längs einschneiden, gründlich abspülen und abtropfen lassen. Porree in Streifen schneiden.

5. Öl in einer Pfanne erhitzen. Die Hähnchenwürfel darin unter gelegentlichem Rühren 5–7 Minuten braten, mit Salz und Pfeffer bestreuen und aus der Pfanne nehmen.

6. Chilischote, Knoblauch, Möhren und Porree im verbliebenen Bratfett anbraten, etwa 4 Minuten unter gelegentlichem Wenden bissfest dünsten.

7. Salatzutaten miteinander vermischen, mit Salz, Pfeffer, Ingwer und Limettensaft abschmecken. Salat sofort warm servieren oder noch etwas durchziehen lassen, dann kalt servieren.

Tipp: Glasnudeln sind dünne, nach dem Garen glasig aussehende Nudeln, die im asiatischen Raum als Beilage oder Suppeneinlage beliebt sind.

Rezeptvariante: Für einen **Glasnudel-Salat mit Mais und Paprika** (pro Portion: E: 33,6 g, F: 7,2 g, Kh: 46,3 g, kJ: 1639, kcal: 390, BE: 3,5) nehmen Sie statt Möhren und Porree 1 Dose Gemüsemais (Abtropfgewicht 285 g) und 2 rote Paprikaschoten (je etwa 200 g). Mais abtropfen lassen. Paprika halbieren, entstielen, entkernen, die weißen Scheidewände entfernen. Schoten abspülen, abtropfen lassen, in feine Streifen schneiden. Gemüse wie beschrieben andünsten und unter die restlichen Salatzutaten geben.

Asiatische Nudelpfanne

Beliebt

4 Portionen

Pro Portion: E: 41,6 g, F: 7,3 g, Kh: 34,7 g, kJ: 1574, kcal: 375, BE: 2,5

600 g Putenschnitzel
1 TL Sambal Oelek (5 g)
5–6 EL Austernsauce
2 TL Fünf-Gewürze-Pulver

500 g Porree (Lauch)
400 g Blumenkohl
4 Möhren (je 100 g)
1 rote Pfefferschote (etwa 10 g)
2 EL Speiseöl (z. B. Olivenöl, 20 g)
Salz

100 g Glasnudeln

Zubereitungszeit: 30 Minuten

1. Putenschnitzel unter fließendem kalten Wasser abspülen, trocken tupfen und in feine Streifen schneiden. Sambal Oelek mit Austernsauce und Fünf-Gewürze-Pulver verrühren und mit den Fleischstreifen vermischen, kurz durchziehen lassen.

2. In der Zwischenzeit von dem Porree die Außenblätter entfernen. Wurzelenden und dunkles Grün abschneiden, die Stangen seitlich einschneiden. Von dem Blumenkohl die Blätter und die schlechten Stellen entfernen. Den Strunk abschneiden und den Blumenkohl in Röschen teilen.

3. Möhren putzen und schälen. Pfefferschote halbieren, entstielen und entkernen. Gemüse abspülen, abtropfen lassen und in feine Streifen schneiden.

4. Das Öl in einem Wok oder in einer großen Pfanne erhitzen. Zuerst das Fleisch mit der Gewürzmarinade darin unter Rühren etwa 2 Minuten braten. Dann das Fleisch herausnehmen.

5. Gemüsestreifen in den Wok oder die Pfanne geben, unter Rühren etwa 1 Minute braten. Anschließend die Fleischstreifen wieder hinzugeben, alles etwa 2 Minuten unter Rühren garen und mit Salz würzen.

6. Die Glasnudeln nach Packungsanleitung zubereiten und in die Fleisch-Gemüse-Mischung rühren.

Tipps: Austernsauce, Fünf-Gewürze-Pulver, Sambal Oelek und Glasnudeln finden Sie in Spezialitätenabteilungen von Supermärkten. Sie können die Austernsauce auch durch Sojasauce ersetzen.

Asiatischer Pilz-Glasnudel-Salat

Etwas Besonderes – vegetarisch

4 Portionen

Pro Portion: E: 3,7 g, F: 11,6 g, Kh: 31,2 g, kJ: 1017, kcal: 242, BE: 2,5

100 g Glasnudeln
250 g Salatgurke
150 g Möhren

Für die Sauce:
10 g frischer Ingwer
1 Knoblauchzehe
2–3 Limetten
2 EL Weißweinessig (20 g)
2–3 EL Sojasauce (20–30 g)
4–5 EL Speiseöl (z. B. Rapsöl, 40–50 g)
1 Prise Zucker
1 Msp. Sambal Oelek

150 g Shiitakepilze
150 g Austernpilze
100 g Frühlingszwiebeln
75 g Mungobohnenkeimlinge
evtl. Salz

Zubereitungszeit: 25 Minuten, ohne Abkühlzeit

1. Glasnudeln nach Packungsanleitung zubereiten. Glasnudeln abgießen, mit kaltem Wasser abspülen und in einem Sieb abtropfen lassen. Salatgurke nach Belieben schälen, längs halbieren, entkernen und in etwa 1 cm breite Streifen schneiden. Möhren putzen, schälen, abspülen, abtropfen lassen und auf einer Küchenreibe in feine Streifen hobeln.

2. Für die Sauce Ingwer schälen. Knoblauch abziehen. Ingwer und Knoblauch in sehr kleine Würfel schneiden oder im Blitzhacker sehr fein hacken. Limetten halbieren und den Saft auspressen.

3. Den Limettensaft mit Essig, Sojasauce, Ingwer- und Knoblauchwürfeln in einer Schüssel verrühren. 3 Esslöffel des Speiseöls unterschlagen, mit Zucker und Sambal Oelek würzen. Glasnudeln, Gurken- und Möhrenstreifen untermischen. Salat kurz kalt stellen.

4. In der Zwischenzeit Pilze putzen, mit Küchenpapier abreiben, evtl. abspülen und trocken tupfen. Große Pilze in grobe Streifen schneiden. Frühlingszwiebeln putzen, abspülen, abtropfen lassen und dann in kleine Stücke schneiden.

5. Keimlinge verlesen, abspülen und abtropfen lassen. Keimlinge in kochendem Wasser etwa ½ Minute blanchieren, in ein Sieb geben, mit kaltem Wasser übergießen und abtropfen lassen.

6. Restliches Speiseöl in einer Pfanne erhitzen. Die Shiitake- und Austernpilze darin unter Rühren kräftig anbraten und herausnehmen. Pilze etwas abkühlen lassen.

7. Keimlinge, Frühlingszwiebelstücke und Pilze unter den Salat heben. Den Salat nochmals mit Sojasauce und evtl. Salz abschmecken.

Asiatischer Roastbeef-Gurken-Salat | Für Gäste

4 Portionen

Pro Portion: E: 15,4 g, F: 9,9 g, Kh: 29,1 g, kJ: 1147, kcal: 274, BE: 2,0

75 g Glasnudeln
600 g Salatgurke
1 reife Mango (etwa 400 g)
1 rote Zwiebel (etwa 65 g)
175 g Roastbeef-Aufschnitt (möglichst durchgegart)

Für das Dressing:

1 kleine, rote Chilischote (etwa 20 g)
10 g frischer Ingwer
1 Knoblauchzehe
8–10 EL Limettensaft
½ TL Zucker
Salz
1 EL Sesamöl (10 g)
2 EL Sonnenblumenöl (20 g)
1 Bund Koriander

Zubereitungszeit: 25 Minuten, ohne Durchziehzeit

1. Die Glasnudeln nach Packungsanleitung zubereiten. Die Nudeln in einem Sieb abtropfen lassen und mit einer Küchenschere klein schneiden.

2. Gurke schälen und die Enden abschneiden. Gurke längs halbieren und entkernen. Gurke in etwa 1 cm dicke Scheiben schneiden. Die Mango halbieren und das Fruchtfleisch vom Stein schneiden. Fruchtfleisch schälen und fein würfeln.

3. Zwiebel abziehen und in feine Ringe schneiden. Aufschnitt in Streifen schneiden.

4. Für das Dressing Chilischote längs halbieren, entstielen und entkernen. Die Schote abspülen, abtropfen lassen und fein hacken. Ingwer schälen. Knoblauch abziehen. Ingwer und Knoblauchzehe ebenfalls fein hacken.

5. Chili-, Ingwer- und Knoblauchstücke mit Limettensaft und Zucker verrühren und mit Salz würzen. Beide Ölsorten unterschlagen. Vorbereitete Salatzutaten mit dem Dressing mischen und den Salat etwa 1 Stunde zugedeckt im Kühlschrank durchziehen lassen.

6. Koriander abspülen, trocken tupfen und die Blättchen von den Stängeln zupfen. Einige Blättchen zum Garnieren beiseitelegen, die restlichen Blättchen grob hacken und unter den Salat mischen. Salat nochmals mit Salz und evtl. etwas Limettensaft abschmecken. Salat mit den beiseitegelegten Korianderblättchen garniert servieren.

Tipp: Statt Roastbeef können Sie auch Hähnchen- oder Putenbrustaufschnitt verwenden.

Asiatisches Paprika-Porree-Gemüse | Vegetarisch

4 Portionen

Pro Portion: E: 7,2 g, F: 6,6 g, Kh: 13,9 g, kJ: 615, kcal: 147, BE: 0,1

3 rote Paprikaschoten (je 200 g)
2 Stangen Porree (Lauch, etwa 400 g)
2 mittelgroße Zucchini (je 200 g)
200 g Sojabohnensprossen
2 EL Speiseöl (z. B. Raps- oder Sesamöl, 20 g)
1 Knoblauchzehe
frisch gemahlener Pfeffer
1–2 EL Zitronensaft
3–4 EL Sojasauce (30–40 g)

Zubereitungszeit: 30 Minuten

1. Paprikaschoten halbieren, entstielen, entkernen und die weißen Scheidewände entfernen. Schoten gut abspülen, abtropfen lassen und in kleine Stücke schneiden. Porree putzen, längs halbieren, gründlich waschen, abtropfen lassen und in schmale Streifen schneiden.

2. Die Zucchini abspülen, abtrocknen und die Enden abschneiden. Zucchini in Streifen schneiden. Sojabohnensprossen verlesen, in ein Sieb geben, abspülen und abtropfen lassen.

3. Das Öl in einer großen, beschichteten Pfanne oder einem Wok erhitzen. Die Paprikastücke, Porree- und Zucchinistreifen hinzufügen. Die Zutaten unter ständigem Rühren bei starker Hitze in 5–8 Minuten bissfest garen.

4. Die Sojabohnensprossen hinzufügen, etwa 2 Minuten mitgaren lassen. Knoblauch abziehen, durch eine Knoblauchpresse drücken und unterrühren.

5. Das Paprika-Porree-Gemüse mit Pfeffer, Zitronensaft und Sojasauce abschmecken und sofort servieren.

Tipp: Zusätzlich können Sie noch Langkornreis dazureichen. Dafür 200 g Langkornreis nach Packungsanleitung zubereiten (zusätzlich pro Portion: E: 3,5 g, F: 1,1 g, Kh: 36,7 g, kJ: 727, kcal: 174, BE: 3,0).

Bananen-Quark-Creme | Für Kinder

4 Portionen

Pro Portion: E: 17,3 g, F: 0,4 g, Kh: 24,2 g, kJ: 743, kcal: 178, BE: 2,0

2 Bananen (etwa 400 g)
1 EL Zitronensaft
1–2 EL Zucker (10–20 g)
1 Pck. Dr. Oetker Vanillin-Zucker
500 g Magerquark
1 EL Zitronensaft

Zubereitungszeit: 10 Minuten

1. Bananen schälen. ½ Banane beiseitelegen, die restlichen Bananen in Stücke schneiden. Bananenstücke mit Zitronensaft, Zucker und Vanillin-Zucker pürieren. Das Püree unter den Quark rühren.

2. Beiseitegelegte Bananenhälfte in Scheiben schneiden und mit Zitronensaft beträufeln.

3. Die Bananen-Quark-Creme in Portionsgläser füllen und mit Bananenscheiben garnieren.

Beerengrütze mit Vanille-Joghurt-Sauce I

Gut vorzubereiten

4 Portionen

Pro Portion: E: 5,3 g, F: 2,2 g, Kh: 42,3 g, kJ: 955, kcal: 228, BE: 3,5

Für die Grütze:

750 g gemischte Früchte (z. B. Johannisbeeren, Himbeeren, Erdbeeren, Brombeeren, Stachelbeeren, Kirschen; ersatzweise TK-Früchte)
1 Bio-Orange (unbehandelt, ungewachst)
1 leicht geh. EL Speisestärke
375 ml (3/8 l) roter Traubensaft

Für die Vanille-Joghurt-Sauce:

1 Vanilleschote
1–2 EL Zucker (10–20 g)
300 g fettarmer Naturjoghurt (1,5 % Fett)

Zubereitungszeit: 30 Minuten, ohne Abkühlzeit

1. Die Früchte verlesen, abspülen und gut abtropfen lassen. Früchte putzen, bzw. von den Rispen streifen.

2. Die Orange heiß abwaschen, abtrocknen und die Schale dünn abschälen. Orange halbieren und den Saft auspressen.

3. Speisestärke mit Orangensaft und 2–3 Esslöffeln Traubensaft glatt rühren. Übrigen Saft und Orangenschale in einem Topf aufkochen lassen.

4. Topf von der Kochstelle nehmen. Die angerührte Speisestärke unter Rühren hinzufügen und unter Rühren aufkochen lassen. Vorbereitete Früchte unterrühren und alles nochmals kurz aufkochen lassen. Grütze in eine Schale umfüllen und abkühlen lassen.

5. Für die Vanille-Joghurt-Sauce Vanilleschote längs aufschneiden und das Mark mit einem Messer herausschaben. Vanillemark, Zucker und Joghurt mit einem Schneebesen gründlich verrühren, bis sich der Zucker gelöst hat.

6. Die Grütze mit der Vanille-Joghurt-Sauce anrichten.

Beerenstarke Grützetorte | Fruchtig

16 Stücke

Pro Stück: E: 4,1 g, F: 5,1 g, Kh: 32,5 g, kJ: 814, kcal: 193, BE: 2,5

Für den All-in-Teig:

150 g Weizenmehl
3 TL gestr. Dr. Oetker Backin
100 g Zucker
1 Pck. Dr. Oetker Vanillin-Zucker
4 Eier (Größe M)
4 EL Speiseöl (z. B. Sonnenblumenöl, 40 g)
2 EL Obstessig

Für den Belag:

6 Blatt weiße Gelatine
1 kg Rote Grütze (aus dem Kühlregal)

250 g Vanille-Sauce (aus dem Kühlregal)

Zubereitungszeit: 15 Minuten, ohne Kühlzeit
Backzeit: 20–25 Minuten

1. Backofen vorheizen.
Ober-/Unterhitze: etwa 180 °C
Heißluft: etwa 160 °C

2. Für den Teig Mehl mit Backpulver in einer Rührschüssel gut vermischen. Restliche Teigzutaten hinzufügen und mit Handrührgerät mit Rührbesen zunächst kurz auf niedrigster, dann auf höchster Stufe in etwa 2 Minuten zu einem glatten Teig verarbeiten.

3. Den Teig in eine Springform (Ø 26 cm, gut gefettet, bemehlt) geben und glatt streichen. Die Form auf dem Rost im unteren Drittel in den vorgeheizten Backofen schieben. Danach den Tortenboden 20–25 Minuten backen.

4. Springformrand lösen und entfernen. Den Tortenboden sofort auf einen mit Backpapier belegten Kuchenrost stürzen und erkalten lassen. Gesäuberten Springformrand darumstellen.

5. Für den Belag die Gelatine nach Packungsanleitung einweichen. 500 g Rote Grütze in einem kleinen Topf erwärmen. Gelatine leicht ausdrücken und unter Rühren in der warmen Grütze auflösen. Die Masse unter die restliche Rote Grütze rühren.

6. Rote Grützemasse gleichmäßig auf dem Tortenboden verteilen. Die Torte etwa 2 Stunden im Kühlschrank kalt stellen.

7. Die Torte in 16 Stücke schneiden und mit der Vanille-Sauce servieren.

Birnen-Brombeer-Tarte | Preiswert

12 Stücke

Pro Stück: E: 3,1 g, F: 0,9 g, Kh: 27,3 g, kJ: 565, kcal: 135, BE: 2,5

Für den Belag:

4–5 Birnen (etwa 750 g)
Saft von
½ Zitrone
etwa 125 g Brombeeren

Für den Hefeteig:

250 g Weizenmehl
1 Pck. Hefeteig Garant
50 g Zucker
1 Prise Salz
150 ml fettarme Milch (1,5 % Fett)

Zum Bestreuen:

2 TL brauner Rohrzucker (10 g)

Zubereitungszeit: 25 Minuten, ohne Teiggehzeit
Backzeit: etwa 25 Minuten

1. Für den Belag Birnen schälen, vierteln und entkernen. Birnenviertel in dicke Spalten schneiden und mit Zitronensaft beträufeln. Brombeeren verlesen, evtl. kurz abspülen und trocken tupfen.

2. Für den Teig das Mehl mit Hefeteig Garant in einer Rührschüssel sorgfältig vermischen. Zucker, Salz und Milch hinzufügen. Die Zutaten mit Handrührgerät mit Knethaken zunächst kurz auf niedrigster, dann auf höchster Stufe in etwa 2 Minuten zu einem glatten Teig verarbeiten.

3. Den Hefeteig leicht mit Mehl bestäuben, aus der Schüssel nehmen und auf einer bemehlten Arbeitsfläche nochmals kurz durchkneten. Den Teig zu einer runden Platte (Ø 28–32 cm) ausrollen. Diese in eine Tarte- oder Springform (Ø 26–30 cm, Boden gefettet) legen, dabei den Rand etwa 2 cm hochdrücken.

4. Die Birnenspalten dicht an dicht dachziegelartig auf den Teigboden legen. Den Rand mit Brombeeren

belegen. Restliche Brombeeren auf den Birnenspalten verteilen. Den Teig etwa 15 Minuten gehen lassen.

5. Den Backofen in der Zwischenzeit vorheizen.
Ober-/Unterhitze: etwa 200 °C
Heißluft: etwa 180 °C

6. Die Form auf dem Rost im unteren Drittel in den vorgeheizten Backofen schieben. Die Tarte etwa 25 Minuten backen.

7. Die Form auf einen Kuchenrost stellen. Tarte mit Zucker bestreuen und etwas abkühlen lassen. Die Tarte warm oder kalt servieren.

Tipp: Statt mit braunem Zucker können Sie die Tarte auch mit 2 Teelöffeln Zimt-Zucker bestreuen.

Biskuit-Omeletts mit Traubenfüllung | Etwas Besonderes

9 Stück

Pro Stück: E: 10,8 g, F: 3,8 g, Kh: 21,8 g, kJ: 686, kcal: 164, BE: 2,0

Für den Biskuitteig:

3 Eier (Größe M)
1 Eigelb (Größe M)
50 g Zucker
1 Pck. Dr. Oetker Vanillin-Zucker
60 g Weizenmehl
1 gestr. TL Dr. Oetker Backin

Für die Füllung:

4 Blatt weiße Gelatine
200 g fettarmer körniger Frischkäse (3,9 % Fett)
250 g Magerquark
4 EL Ahornsirup oder flüssiger Honig (etwa 80 g)
je 50 g grüne und blaue, kernlose Weintrauben

Zum Bestäuben:

2 EL Puderzucker (10–15 g)

Zubereitungszeit: 35 Minuten, ohne Kühlzeit
Backzeit: etwa 12 Minuten je Backblech

1. Den Backofen vorheizen.
Ober-/Unterhitze: etwa 200 °C
Heißluft: etwa 180 °C

2. Für den Teig Eier und Eigelb mit Handrührgerät mit Rührbesen auf höchster Stufe in etwa 1 Minute schaumig schlagen. Den Zucker und Vanillin-Zucker mischen, in etwa 1 Minute einstreuen, dann noch etwa 2 Minuten weiterschlagen. Mehl mit Backpulver mischen, auf die Eiercreme geben und kurz auf niedrigster Stufe unterrühren.

3. Aus dem Teig 9 runde Platten (Ø etwa 10 cm) auf Backbleche (mit Backpapier belegt) streichen. Die Backbleche nacheinander auf mittlerer Einschubleiste (bei Heißluft zusammen) in den vorgeheizten Backofen schieben. Die kleinen Biskuitplatten etwa 12 Minuten je Backblech backen.

4. Die Biskuitplatten sofort auf Backpapier stürzen. 3–5 Minuten nach dem Backen das mitgebackene Backpapier abziehen. Die einzelnen Biskuitplatten jeweils zur Hälfte überklappen.

5. Für die Füllung Gelatine nach Packungsanleitung einweichen, leicht ausdrücken. Die ausgedrückte Gelatine in einem kleinen Topf unter Rühren erwärmen, bis sie völlig gelöst ist. Körnigen Frischkäse, Quark und Ahornsirup oder Honig verrühren. Die Gelatine mit etwa 4 Esslöffeln von der Käsecreme verrühren, dann mit der restlichen Käsecreme verrühren. Creme etwa 30 Minuten in den Kühlschrank stellen.

6. Weintrauben waschen, abtropfen lassen, entstielen und trocken tupfen. Weintrauben je nach Größe längs halbieren oder vierteln. Weintrauben unter die Käsecreme heben.

7. Die Creme nochmals 30 Minuten in den Kühlschrank stellen. Creme fest werden lassen.

8. Die Omeletts mit der Käse-Weintrauben-Creme füllen. Die Oberfläche mit Puderzucker bestäuben und servieren, oder bis zum Servieren zugedeckt in den Kühlschrank stellen.

Tipp: Die gefüllten Omeletts schmecken frisch am besten.

Blattspinat mit Rosinen und Pinienkernen I

Vegetarisch

2 Portionen

Pro Portion: E: 12,8 g, F: 13,9 g, Kh: 14,6 g, kJ: 1033, kcal: 248, BE: 1,0

2 EL Rosinen (etwa 30 g)
1 kg frischer Blattspinat
1 EL Pinienkerne (etwa 10 g)
2 Knoblauchzehen
1 Zwiebel (etwa 65 g)
2 EL Olivenöl (20 g)
Salz, frisch gemahlener Pfeffer

Zubereitungszeit: 25–30 Minuten

1. Rosinen in warmem Wasser einweichen. In der Zwischenzeit Spinat verlesen, evtl. noch vorhandene Wurzelenden und dicke Stängel entfernen. Spinat gründlich waschen und leicht abtropfen lassen.

2. Die Pinienkerne ohne Fett in einem Wok oder einer Pfanne unter Rühren leicht bräunen und auf einen Teller geben.

3. Knoblauch und Zwiebel abziehen, Knoblauch in dünne Scheiben schneiden und Zwiebel fein würfeln.

4. Öl im Wok oder in der Pfanne erhitzen. Knoblauch und Zwiebel darin anbraten.

5. Den tropfnassen Spinat hinzufügen, unter Rühren zusammenfallen lassen und etwa 5 Minuten garen. Anschließend den Spinat mit Salz und Pfeffer würzen.

6. Rosinen abgießen und zusammen mit den Pinienkernen unter den Spinat geben. Den Blattspinat auf 2 Teller geben und servieren.

Blumenkohlcurry mit Reis

Vegetarisch

4 Portionen

Pro Portion: E: 16,4 g, F: 12,0 g, Kh: 37,7 g, kJ: 1373, kcal: 333, BE: 3,0

125 g Naturreis
800 g Blumenkohl
200 g Porree (Lauch)
2 Möhren (200 g)
1 Schalotte (25 g)
1 rote Pfefferschote (10 g)
20 g Joghurt-Butter
½ TL Salz
2 gestr. TL Currypulver
1 TL gemahlener Piment
Saft von
1 Zitrone (50–60 ml)
6 EL Wasser
1–2 TL Honig (etwa 15 g)
4 Eier (Größe M)
300 g fettarmer Naturjoghurt (1,5 % Fett)

Zubereitungszeit: 30 Minuten

1. Naturreis nach Packungsanleitung zubereiten.

2. In der Zwischenzeit vom Blumenkohl die Blätter entfernen und den Strunk abschneiden. Den Blumenkohl in kleine Röschen teilen, die Stiele kreuzweise einschneiden, abspülen und abtropfen lassen.

3. Porree putzen, die Stangen längs halbieren, gründlich waschen und abtropfen lassen. Möhren putzen, schälen, abspülen und abtropfen lassen. Gemüse in dünne Scheiben schneiden.

4. Schalotte abziehen und fein würfeln. Pfefferschote halbieren, entstielen, entkernen und die Scheidewände entfernen. Schote abspülen, abtropfen lassen und in feine Streifen schneiden.

5. Joghurt-Butter in einem großen Topf zerlassen. Schalottenwürfel und Pfefferschotenstreifen darin andünsten. Gemüsescheiben hinzufügen und unter Rühren ebenfalls kurz andünsten, Blumenkohlröschen hinzugeben. Salz, Currypulver und Piment unterrühren. Zitronensaft, Wasser und Honig hinzufügen und unter gelegentlichem Rühren etwa 10 Minuten dünsten lassen.

6. Eier in kochendes Wasser geben, etwa 6 Minuten kochen lassen. Dann mit kaltem Wasser abschrecken und schälen. Eier vierteln.

7. Joghurt unter das Blumenkohlcurry rühren (das Curry nicht mehr kochen lassen) und evtl. nochmals mit den Gewürzen abschmecken.

8. Reis in einem Sieb abtropfen lassen. Blumenkohlcurry mit Reis und Eiervierteln servieren.

Bohneneintopf, bunter

Preiswert – vegetarisch

4 Portionen

Pro Portion: E: 12,4 g, F: 4,1 g, Kh: 35,9 g, kJ: 979, kcal: 233, BE: 2,5

3 Möhren (etwa 300 g)
4 vorwiegend festkochende Kartoffeln (etwa 400 g)
1 Zwiebel (etwa 65 g)
1 EL Speiseöl (z. B. Sonnenblumenöl, 10 g)
1 l Gemüsebrühe
2 Lorbeerblätter
2 Tomaten (etwa 200 g)
1 Zucchini (etwa 375 g)
1 Dose weiße Bohnen mit Suppengrün (Abtropfgewicht 530 g)
Salz, frisch gemahlener Pfeffer
frisch geriebene Muskatnuss

Zubereitungszeit: 30 Minuten

1. Möhren putzen, schälen, abspülen und abtropfen lassen. Möhren längs halbieren und quer in Scheiben schneiden. Kartoffeln schälen, abspülen, abtropfen lassen und in kleine Würfel schneiden. Zwiebel abziehen und fein würfeln.

2. Das Öl in einem Topf erhitzen. Möhrenscheiben, Kartoffel- und Zwiebelwürfel darin bei mittlerer Hitze in 3–4 Minuten unter gelegentlichem Rühren kurz andünsten. Gemüsebrühe hinzugießen. Lorbeerblätter zufügen und alles zum Kochen bringen. Den Eintopf zugedeckt bei mittlerer Hitze etwa 5 Minuten köcheln lassen.

3. In der Zwischenzeit Tomaten abspülen, abtrocknen, halbieren und die Stängelansätze herausschneiden. Tomatenhälften in Spalten schneiden und jeweils quer halbieren. Die Zucchini abspülen, abtrocknen und die Enden abschneiden. Die Zucchini in Würfel schneiden. Bohnen in ein Sieb abgießen.

4. Tomatenstücke, Zucchiniwürfel und abgetropfte Bohnen zum Eintopf geben. Diesen kurz aufkochen und weitere etwa 5 Minuten köcheln lassen, bis das Gemüse und die Kartoffeln gar sind.

5. Bohneneintopf mit Salz, Pfeffer und Muskatnuss abschmecken. Vor dem Servieren die Lorbeerblätter entfernen.

Ernährungstipps: Ballaststoffe sorgen unter anderem als unverdauliche pflanzliche Nahrungsbestandteile für ein lang anhaltendes Sättigungsgefühl und eine gute Verdauung. Ungefähr 30 g Ballaststoffe sollte man täglich verzehren. Ideal ist es, etwa die Hälfte aus Vollkorngetreide und die andere Hälfte aus Gemüse, Hülsenfrüchten, Kartoffeln und Obst zu sich zu nehmen.

Rezeptvariante: Für einen **Bohneneintopf mit Birne** (pro Portion: E: 11,5 g, F: 4,0 g, Kh: 42,9 g, kJ: 1068, kcal: 255, BE: 3,0) die Zucchini weglassen und stattdessen 2 Birnen (je etwa 150 g) verwenden. Möhren, Kartoffeln und Zwiebeln in Öl andünsten, dann etwa 5 Minuten in Brühe garen. Inzwischen die Birnen abspülen, abtrocknen, vierteln, entkernen, in Stücke schneiden, mit Tomaten und Bohnen in die Brühe geben und alles etwa 5 Minuten weitergaren. Den Eintopf mit Paprikapulver, Bohnenkraut, Salz und Pfeffer würzen.

Brokkolicremesuppe mit Krabben | Einfach

4 Portionen

Pro Portion: E: 22,2 g, F: 7,0 g, Kh: 17,1 g, kJ: 940, kcal: 224, BE: 1,0

1 kg Brokkoli
300 ml Wasser
1 EL Instant-Gemüsebrühe
500 ml (1/2 l) Milch (3,5 % Fett)
4 EL Haferkleieflocken (60 g)
Salz
frisch gemahlener, weißer Pfeffer
frisch geriebene Muskatnuss
einige Dillspitzen
200 g Krabben (gekocht)

Zubereitungszeit: 30 Minuten

1. Vom Brokkoli die Blätter entfernen. Den Brokkoli in Röschen teilen, die Stängel am Strunk schälen und klein schneiden. Die Röschen abspülen und abtropfen lassen.

2. Wasser mit Gemüsebrühe und Brokkoli in einem Topf zum Kochen bringen und zugedeckt etwa 15 Minuten bei mittlerer Hitze garen. Anschließend alles mit einem Pürierstab pürieren.

3. Milch erhitzen und nach und nach zum Brokkolipüree gießen. Die Flüssigkeit mit dem Pürierstab so lange pürieren, bis eine glatte Cremesuppe entstanden ist.

4. Die Haferkleieflocken unterrühren und die Suppe nochmals kurz aufkochen lassen.

5. Die Suppe mit Salz, Pfeffer und Muskatnuss abschmecken.

6. Dillspitzen abspülen und trocken tupfen. Krabben in die Suppe geben. Die Suppe mit Dillspitzen garniert servieren.

Tipp: Wer keine Krabben mag, kann die Suppe auch mit 200 g Tomatenwürfeln (pro Portion: E: 13,3 g, F: 6,3 g, Kh: 18,0 g, kJ: 781, kcal: 186, BE: 1,0) anstatt mit Krabben servieren.

Cappuccino-Kirsch-Törtchen I

Fruchtig

12 Stück

Pro Stück: E: 3,3 g, F: 4,1 g, Kh: 25,0 g, kJ: 636, kcal: 152, BE: 2,0

Zum Vorbereiten:

225 g Sauerkirschen (aus dem Glas)

Für den All-in-Teig:

150 g Weizenmehl
2 gestr. TL Dr. Oetker Backin
1 Portionsbeutel Instant-Cappuccino-Pulver (14 g)
100 g Zucker
1 Pck. Dr. Oetker Vanillin-Zucker
1 Prise Salz
½ TL gemahlener Zimt
2 Eier (Größe M)
150 ml Milch
2 EL Sonnenblumenöl (20 g)

Zum Bestäuben:

15 g Puderzucker

Für die Form:

1 ½ EL Semmelbrösel (12–15 g)

Zubereitungszeit: 25 Minuten, ohne Abkühlzeit
Backzeit: etwa 20 Minuten

1. Zum Vorbereiten die Sauerkirschen in einem Sieb gut abtropfen lassen.

2. Den Backofen vorheizen.
Ober-/Unterhitze: etwa 200 °C
Heißluft: etwa 180 °C

3. Für den Teig Mehl mit Backpulver und Cappuccino-Pulver in einer Rührschüssel mischen. Zucker, Vanillin-Zucker, Salz, Zimt, Eier, Milch und Sonnenblumenöl hinzufügen. Die Zutaten mit Handrührgerät mit Rührbesen erst kurz auf niedrigster, dann auf höchster Stufe in etwa 2 Minuten zu einem Teig verarbeiten.

4. Dann zwei Drittel des Teiges in eine Muffinform (für 12 Muffins, gefettet, mit Semmelbröseln ausgestreut) geben. Sauerkirschen daraufgeben und den restlichen Teig darauf verteilen.

5. Die Form auf dem Rost auf mittlerer Einschubleiste in den vorgeheizten Backofen schieben. Die Törtchen etwa 20 Minuten backen.

6. Die Törtchen etwa 10 Minuten in der Form stehen lassen, danach aus der Form lösen und auf einem Kuchenrost erkalten lassen. Die Törtchen mit Puderzucker bestäuben.

Tipp: Für dieses Rezept können Sie auch 275 g frische Sauerkirschen nehmen. Diese abspülen, gut abtropfen lassen, entstielen und entsteinen. 225 g entsteinte Kirschen abwiegen und wie im Rezept beschrieben weiterverarbeiten.

Caribic-Nuss-Kuchen

Mit Alkohol

20 Stücke

Pro Stück: E: 2,6 g, F: 3,6 g, Kh: 15,0 g, kJ: 430, kcal: 103, BE: 1,0

Zum Vorbereiten:

100 g Caribic Royal (Frucht- und Nussmischung, von Seeberger)

Für den Biskuitteig:

4 Eier (Größe M)
125 g Zucker
1 Pck. Dr. Oetker Vanillin-Zucker
4–5 Tropfen Rum-Aroma (aus dem klassischen Röhrchen)
125 g Weizenmehl
2 gestr. TL Dr. Oetker Backin
2 gestr. TL gemahlener Zimt
50 g gemahlene Haselnusskerne

Zubereitungszeit: 20 Minuten, ohne Abkühlzeit
Backzeit: etwa 50 Minuten

1. Zum Vorbereiten Frucht- und Nussmischung in kleine Stücke hacken.

2. Den Backofen vorheizen.
Ober-/Unterhitze: etwa 180 °C
Heißluft: etwa 160 °C

3. Für den Teig Eier mit Handrührgerät mit Rührbesen auf höchster Stufe in etwa 1 Minute schaumig schlagen. Den Zucker und Vanillin-Zucker mischen, in etwa 1 Minute einstreuen, dann noch etwa 2 Minuten weiterschlagen. Aroma hinzufügen.

4. Mehl mit Backpulver und Zimt mischen, die Hälfte davon auf die Eiercreme geben und kurz auf niedrigster Stufe unterrühren. Restliches Mehlgemisch auf die gleiche Weise unterarbeiten. Haselnusskerne vorsichtig unterheben.

5. Den Teig in eine Kastenform (25 x 11 cm, gefettet, bemehlt) geben und glatt streichen. Die Frucht-Nuss-Mischungstückchen darauf verteilen.

6. Die Form auf dem Rost im unteren Drittel in den vorgeheizten Backofen schieben. Den Kuchen etwa 50 Minuten backen.

7. Den Kuchen etwa 10 Minuten in der Form stehen lassen, dann aus der Form lösen und auf einem Kuchenrost erkalten lassen.

Caribic-Torte

Für Gäste – fruchtig

16 Stücke

Pro Stück: E: 3,3 g, F: 1,9 g, Kh: 20,7 g, kJ: 485, kcal: 116, BE: 1,5

Für den Biskuitteig:

2	*Eier (Größe M)*
50 g	*Zucker*
1 Pck.	*Dr. Oetker Vanillin-Zucker*
50 g	*Weizenmehl*
1 EL	*Speisestärke (15 g)*
1 gestr. TL	*Dr. Oetker Backin*

Für die Füllung:

1 Dose	*Ananasstücke (Abtropfgewicht 340 g)*
10 Blatt	*weiße Gelatine*
500 g	*Dickmilch (3,5 % Fett)*
250 ml (1/4 l)	*Maracujanektar*
100 g	*Zucker*
1 Pck.	*Dr. Oetker Vanillin-Zucker*
einige	*Zitronenmelisseblättchen*

Zubereitungszeit: 35 Minuten, ohne Kühlzeit
Backzeit: etwa 15 Minuten

1. Den Backofen vorheizen.
Ober-/Unterhitze: etwa 180 °C
Heißluft: etwa 160 °C

2. Für den Teig Eier mit Handrührgerät mit Rührbesen auf höchster Stufe in etwa 1 Minute schaumig schlagen. Den Zucker und den Vanillin-Zucker mischen, in etwa 1 Minute einstreuen, dann noch etwa 2 Minuten weiterschlagen.

3. Mehl mit Speisestärke und Backpulver mischen, auf die Eiercreme geben, kurz auf niedrigster Stufe unterrühren. Den Teig in eine Springform (Ø 26 cm, mit Backpapier belegt) geben, glatt streichen.

4. Die Form auf dem Rost im unteren Drittel in den vorgeheizten Backofen schieben. Den Boden etwa 15 Minuten backen.

5. Den Biskuitboden aus der Form lösen und auf einen mit Backpapier belegten Kuchenrost stürzen. Biskuitboden erkalten lassen. Backpapier vorsichtig abziehen, Biskuitboden auf eine Tortenplatte legen und einen Tortenring eng darumstellen.

6. Für die Füllung Ananasstücke in einem Sieb gut abtropfen lassen. Ananasstücke klein schneiden. Ein Sieb mit einem Küchentuch (Mulltuch) auslegen, die klein geschnittene Ananas hineingeben und abtropfen lassen.

7. Die Gelatine nach Packungsanleitung einweichen. Dickmilch, Nektar, Zucker und Vanillin-Zucker gut verrühren. Gelatine in einem kleinen Topf unter Rühren erwärmen, bis sie völlig gelöst ist.

8. Gelatine mit etwa 4 Esslöffeln der Dickmilchmasse verrühren, dann mit der restlichen Dickmilchmasse verrühren. Die Ananasstücke mithilfe des Tuches ausdrücken und unterrühren.

9. Die Creme auf den Biskuitboden geben und glatt streichen. Die Torte mindestens 2 Stunden in den Kühlschrank stellen.

10. Tortenring lösen und entfernen. Die Torte vor dem Servieren mit Zitronenmelisseblättchen garnieren.

Champignon-Rührei mit Lachs

Einfach

2 Portionen

Pro Portion: E: 20,1 g, F: 15,0 g, Kh: 19,1 g, kJ: 1251, kcal: 298, BE: 1,5

200 g Champignons
2 Tomaten (etwa 100 g)
75 g Räucherlachs
2 Eier (Größe M)
3 EL Mineralwasser
Salz
frisch gemahlener Pfeffer
15 g Joghurt-Butter (65 % Fett)
2 Scheiben Vollkornbrot (je etwa 45 g)
1 EL Schnittlauchröllchen

Zubereitungszeit: 15 Minuten

1. Champignons putzen, mit Küchenpapier abreiben, evtl. abspülen, abtropfen lassen und in Scheiben schneiden. Tomaten abspülen, abtrocknen, vierteln und die Stängelansätze herausschneiden. Lachs in Streifen schneiden.

2. Eier mit Wasser verschlagen, mit Salz und Pfeffer würzen. Knapp die Hälfte der Butter in einer kleinen Pfanne zerlassen.

3. Champignons darin kurz anbraten. Verschlagene Eier unter Rühren hinzufügen und stocken lassen.

4. Die Brotscheiben mit der restlichen Butter bestreichen, mit Rührei und Lachsstreifen belegen und mit Schnittlauchröllchen bestreuen. Dazu die Tomatenviertel reichen.

Tipps: Zusätzlich die Brotscheiben mit Schnittlauchhalmen garnieren. Zum Mitnehmen das Rührei erkalten lassen und die Zutaten getrennt verpackt mitnehmen. Die Tomaten im Ganzen mitnehmen.

Rezeptvariante: Für **Champignon-Rührei mit Kräutern** (pro Portion: E: 13,0 g, F: 13,2 g, Kh: 19,6 g, kJ: 1048, kcal: 250, BE: 1,5) den Lachs weglassen. Dafür 2–3 Esslöffel fein gehackte, gemischte Kräuter (z. B. Petersilie, Schnittlauch) mit 1 kleinen, abgezogenen, fein gehackten Knoblauchzehe unter die verschlagenen Eier rühren. Das Rührei wie beschrieben zubereiten und in der Pfanne stocken lassen.

Chinakohl, gebratener

Mit Alkohol – vegetarisch

4 Portionen

Pro Portion: E: 5,4 g, F: 11,6 g, Kh: 15,3 g, kJ: 898, kcal: 216, BE: 1,0

1 Chinakohl (etwa 1,3 kg)
1 Bund Frühlingszwiebeln (etwa 200 g)
2 Knoblauchzehen
2 rote Paprikaschoten (je etwa 200 g)
7–8 EL Sherry (etwa 80 ml)
2 EL Weißweinessig (20 g)
6–7 EL Orangensaft (75 ml)
3 EL Sojasauce (etwa 30 g)
1 TL Sambal Oelek (5 g)
1 EL Speisestärke (etwa 7 g)
3 EL Erdnussöl (30 g)
½–1 EL dunkles Sesamöl (10 g)
Salz

Zubereitungszeit: 30 Minuten

1. Von dem Chinakohl die äußeren welken Blätter entfernen. Chinakohl vierteln und den Strunk herausschneiden. Chinakohl abspülen, gut abtropfen lassen und in schmale Streifen schneiden.

2. Frühlingszwiebeln putzen, abspülen, abtropfen lassen und schräg in etwa 2 cm lange Stücke schneiden. Knoblauch abziehen und in feine Würfel schneiden.

3. Paprikaschoten halbieren, entstielen, entkernen und die weißen Scheidewände entfernen. Die Schotenhälften abspülen, abtropfen lassen und in Streifen schneiden.

4. Sherry mit Weinessig, Orangensaft, Sojasauce, Sambal Oelek und Speisestärke verrühren.

5. Das Erdnussöl in einem Wok oder einer großen Pfanne erhitzen. Zuerst die Chinakohlstreifen unter Rühren etwa 3 Minuten anbraten. Frühlingszwiebeln, Knoblauchwürfel und Paprikastreifen unterrühren, alles etwa 2 Minuten mitbraten.

6. Die Sherrymischung hinzugießen, das Ganze kurz aufkochen lassen, mit Sesamöl und Salz abschmecken und servieren.

Ernährungstipp: Chinakohl wird hauptsächlich von August bis März angeboten. Er ist ein Vertreter der sogenannten grünen Blattgemüse. Diese sind auch Vitamin K-Lieferanten. Vitamin K ist wichtig für die Blutgerinnung. Es ist ein fettlösliches Vitamin, welches relativ unempfindlich gegenüber Hitze und Sauerstoff ist. Es wird jedoch durch Licht (UV-Strahlen) zerstört. Deshalb das Gemüse möglichst dunkel lagern. Andere grüne Blattgemüse sind z. B. Spinat, Wirsing oder Grünkohl.

Beilage: Dazu Reis, z. B. Basmatireis, servieren. Pro Person jeweils 50 g einplanen (zusätzlich pro Portion: E: 4,3 g, F: 0,3 g, Kh: 38,0 g, kJ: 731, kcal: 172, BE: 3,0).

Chinakohleintopf | Einfach

4 Portionen

Pro Portion: E: 36,6 g, F: 7,7 g, Kh: 34,6 g, kJ: 1511, kcal: 361, BE: 2,5

4	*Zwiebeln (200 g)*
1–2	*Knoblauchzehen*
800 g	*Kartoffeln*
1 EL	*Speiseöl (z. B. Rapsöl, 10 g)*
500 g	*Tatar (Schabefleisch)*
	Salz
	frisch gemahlener Pfeffer
2 gestr. TL	*Instant-Gemüsebrühe*
200 ml	*heißes Wasser*
800 g	*stückige Tomaten (aus dem Tetra-Pak®)*
1 1/4 kg	*Chinakohl*
1/2 Bund	*Schnittlauch*

Zubereitungszeit: 25 Minuten

1. Zwiebeln und Knoblauch abziehen und fein würfeln. Kartoffeln schälen, abspülen, abtropfen lassen und in etwa 1 1/2 cm große Würfel schneiden.

2. Öl in einem Suppentopf erhitzen. Zwiebel-, Knoblauch und Kartoffelwürfel hinzufügen und unter Rühren anbraten.

3. Tatar hinzufügen und unter Rühren mit anbraten, evtl. mit einer Gabel etwas zerdrücken. Mit Salz, Pfeffer und Brühe würzen.

4. Das Wasser hinzugießen, alles unter Rühren zum Kochen bringen und etwa 5 Minuten köcheln lassen. Tomaten unterrühren. Das Ganze wieder zum Kochen bringen.

5. Chinakohl putzen, vierteln und den Strunk herausschneiden. Chinakohl abspülen, abtropfen lassen, in feine Streifen schneiden und unter die Tatar-Tomaten-Mischung rühren.

6. Chinakohleintopf nochmals kurz aufkochen lassen und etwa 8 Minuten unter gelegentlichem Rühren köcheln lassen.

7. Schnittlauch abspülen, trocken tupfen und in Röllchen schneiden. Den Eintopf vor dem Servieren nochmals abschmecken und mit Schnittlauchröllchen bestreut servieren.

Cognac-Karamell-Kuchen

Mit Alkohol

16 Stücke

Pro Stück: E: 3,8 g, F: 3,6 g, Kh: 27,7 g, kJ: 689, kcal: 164, BE: 2,5

Zum Vorbereiten:

1 Dose Birnenhälften (Abtropfgewicht 460 g)

Für den All-in-Teig:

125 g Weizenmehl
25 g Speisestärke
1 EL Kakaopulver
2 TL Dr. Oetker Backin
75 g Zucker
1 Pck. Dr. Oetker Vanillin-Zucker
3 Eier (Größe M)
20 g weiche Joghurt-Butter (65 % Fett)
2 EL Cognac
50 g Birnenpüree von den abgetropften Birnenhälften

Für den Belag:

3 Blatt weiße Gelatine
450 ml fettarme Milch (1,5 % Fett)
2 Pck. Paradiescreme Sahne-Karamell-Geschmack (Dessertpulver)
3 TL Cognac

Außerdem:

2 EL Karamellsauce

Zubereitungszeit: 40 Minuten, ohne Kühlzeit
Backzeit: etwa 20 Minuten

1. Zum Vorbereiten Birnenhälften in einem Sieb gut abtropfen lassen. Für den All-in-Teig 50 g der Birnenhälften pürieren. Restliche Birnenhälften für den Belag beiseitelegen.

2. Den Backofen vorheizen.
Ober-/Unterhitze: etwa 180 °C
Heißluft: etwa 160 °C

3. Für den Teig Mehl mit Speisestärke, Kakao und Backpulver in einer Rührschüssel mischen. Zucker, Vanillin-Zucker, Eier, Butter, Cognac und Birnenpüree hinzufügen.

4. Die Zutaten mit Handrührgerät mit Rührbesen zunächst kurz auf niedrigster, dann auf höchster Stufe in etwa 2 Minuten zu einem glatten Teig verarbeiten.

5. Den Teig in eine Springform (Ø 26 cm, mit Backpapier belegt) geben und glatt streichen. Die Form auf dem Rost im unteren Drittel in den vorgeheizten Backofen schieben. Den Gebäckboden etwa 20 Minuten backen.

6. Den Gebäckboden aus der Form lösen, auf einen mit Backpapier belegten Kuchenrost stürzen, mitgebackenes Backpapier abziehen. Gebäckboden erkalten lassen und auf eine Tortenplatte legen. Einen Tortenring darumstellen.

7. Für den Belag Gelatine nach Packungsanleitung in kaltem Wasser einweichen.

8. Beiseitegelegte Birnenhälften jeweils in 4 Spalten schneiden. Den Gebäckboden damit belegen, dabei am Rand 2–3 cm frei lassen.

9. Milch in eine Rührschüssel geben, beide Päckchen Paradiescreme hinzufügen und nach Packungsanleitung aufschlagen. Zuletzt Cognac unterrühren.

10. Die Gelatine in einem kleinen Topf bei schwacher Hitze unter Rühren erwärmen, bis sie völlig gelöst ist. Gelatine mit etwa 3 Esslöffeln der Karamellcreme verrühren, dann mit der restlichen Karamellcreme verrühren.

11. Die Creme auf den Birnenspalten verteilen und mit einem Teigschaber gleichmäßig verstreichen. Kleine Vertiefungen mithilfe eines Teelöffels in die Creme drücken. Den Kuchen mindestens 3 Stunden in den Kühlschrank stellen.

12. Tortenring vorsichtig lösen und entfernen. Die Kuchenoberfläche mit der Karamellsauce besprenkeln und servieren.

Cola-Lychee-Eis | Für Kinder

12 kleine Portionen

Pro Portion: E: 0,2 g, F: 0,0 g, Kh: 6,8 g, kJ: 120, kcal: 29, BE: 0,5

1 Blatt weiße Gelatine
500 ml (1/2 l) Cola
100 g abgetropfte Lychees (aus der Dose)
1–2 TL Zitronensaft
1 TL Traubenzucker

Außerdem:

12 Mini-Eisformen
12 Eisstiele (Holzstiele)

Zubereitungszeit: 15 Minuten, ohne Abkühlzeit
Gefrierzeit: 4–5 Stunden

1. Gelatine in kaltem Wasser nach Packungsanleitung einweichen.

2. Cola in einem weiten Topf zum Kochen bringen und etwa 10 Minuten bei mittlerer Hitze auf etwa 350 ml Flüssigkeit einkochen lassen. Die Gelatine ausdrücken und in der heißen Flüssigkeit unter Rühren auflösen. Die Cola-Gelatine-Mischung erkalten lassen.

3. In der Zwischenzeit Lychees auf Küchenpapier legen und trocken tupfen. Lychees sehr fein hacken und mit der entstandenen Flüssigkeit zur Cola-Gelatine-Mischung geben. Die Mischung mit Zitronensaft und Traubenzucker abschmecken.

4. Die Cola-Lychee-Mischung in 12 Mini-Eisformen (je etwa 35 ml Inhalt) füllen. Die Eisformen in den Gefrierschrank stellen. Cola-Lychee-Eis etwa 2 Stunden gefrieren lassen.

5. Anschließend in jede Form einen Holzstiel stecken. Cola-Lychee-Eis weitere 2–3 Stunden gefrieren lassen.

6. Die Eisformen kurz in heißes Wasser tauchen und das Eis herausziehen.

Tipps: Sie können die Cola-Lychee-Mischung auch in einer vorbereiteten Eismaschine in etwa 45 Minuten gefrieren lassen. Für dieses Eis können Sie auch andere Limonaden oder Fruchtnektare verwenden.

Couscous-Salat | Gut vorzubereiten

4 Portionen

Pro Portion: E: 8,9 g, F: 8,4 g, Kh: 44,1 g, kJ: 1207, kcal: 288, BE: 3,5

200 g	*Couscous*
etwa	
750 ml (3/4 l)	*Gemüsebrühe*
1	*Knoblauchzehe*
1	*Zwiebel (etwa 65 g)*
je 1	*kleine, grüne und gelbe Paprikaschote (je etwa 150 g)*
1/2	*Salatgurke (etwa 175 g)*
3	*Fleischtomaten (etwa 400 g)*

Für die Salatsauce:

	Saft von
1	*Zitrone (50–60 ml)*
3 EL	*Olivenöl (30 g)*
	Salz, frisch gemahlener Pfeffer
1/4 TL	*Chilipulver*

4–5 Stängel	*glatte Petersilie*
3–4 Stängel	*Koriander*

Zubereitungszeit: 30 Minuten, ohne Durchziehzeit

1. Couscous mit der Gemüsebrühe nach Packungsanleitung in einem Topf zubereiten. Den Topf mit dem Couscous beiseitestellen. Couscous erkalten lassen.

2. In der Zwischenzeit Knoblauch und Zwiebel abziehen, beides fein würfeln. Paprikaschoten halbieren, entstielen, entkernen und die weißen Scheidewände entfernen. Schoten abspülen, abtropfen lassen und in feine Würfel schneiden.

3. Salatgurke abspülen, abtrocknen und die Enden abschneiden. Gurke längs halbieren, entkernen und in Streifen schneiden.

4. Fleischtomaten abspülen, kreuzweise einschneiden und mit kochendem Wasser übergießen. Tomaten mit kaltem Wasser abschrecken, enthäuten, halbieren und die Stängelansätze herausschneiden. Tomaten entkernen und in kleine Stücke schneiden.

5. Den beiseitegestellten Couscous in eine Salatschüssel geben und mit 2 Gabeln etwas auflockern. Knoblauch-, Zwiebel- und Paprikawürfel, Gurkenstreifen und Tomatenstücke unterheben.

6. Für die Salatsauce Zitronensaft mit dem Öl verschlagen, mit Salz, Pfeffer und Chilipulver würzen. Die Sauce mit den Salatzutaten vermengen und kalt gestellt etwas durchziehen lassen.

7. Zum Servieren Kräuter abspülen und trocken tupfen. Die Blättchen von den Stängeln zupfen und die Blättchen fein hacken. Die Kräuterblättchen unter den Salat geben. Den Salat nochmals abschmecken und servieren.

Tipps: Der Salat schmeckt am besten, wenn er gut durchziehen kann. Deshalb den Salat zugedeckt im Kühlschrank etwa 2 Stunden durchziehen lassen. Der Couscous-Salat ist zum Mitnehmen gut geeignet.

Ernährungstipp: Couscous gehört zu den Getreideerzeugnissen, die mit einem hohen Anteil von Eiweiß und Stärke unsere Ernährung bereichern. Gleichzeitig ist er ein wichtiger Nährstofflieferant.

Einkaufstipp: Im Supermarkt bekommen Sie oft Instant-Couscous, der nur noch in heißem Salzwasser oder in Gemüsebrühe ausquellen muss. Couscous gibt es aus Hartweizengrieß, er wird aber auch aus Hirse- und Gerstengrieß hergestellt.

Curry-Gemüse-Pfanne mit Tomatensauce

Vegetarisch

4 Portionen

Pro Portion: E: 6,0 g, F: 9,0 g, Kh: 17,4 g, kJ: 748, kcal: 178, BE: 0,2

2 Zucchini (etwa 500 g)
1–2 Gemüsezwiebel (etwa 300 g)
2 Knoblauchzehen
je 1 rote, gelbe und grüne Paprikaschote (je etwa 200 g)
1 rote Chilischote
1 grüne Spitzpaprika (etwa 150 g)
3 EL Olivenöl (30 g)
Salz
frisch gemahlener Pfeffer
1–2 TL Currypulver
2 große Möhren
1 Dose stückige Tomaten (400 g)

einige Stängel glatte Petersilie oder Koriander

Zubereitungszeit: 30 Minuten

1. Zucchini abspülen, abtrocknen und die Enden abschneiden. Zucchini längs halbieren und in dünne Scheiben schneiden. Gemüsezwiebeln und Knoblauchzehen abziehen. Die Zwiebel halbieren und in Würfel schneiden. Die Knoblauchzehen fein hacken.

2. Paprikaschoten und Chilischote halbieren, entstielen, entkernen und weiße Scheidewände entfernen. Schoten abspülen, abtropfen lassen und in große Stücke schneiden. Die Chilischote in dünne Streifen schneiden.

3. Spitzpaprika entstielen, entkernen und evtl. die weißen Scheidewände entfernen. Paprika abspülen, abtropfen lassen und in Ringe schneiden.

4. Olivenöl in einem Wok oder einer großen Pfanne erhitzen. Vorbereitetes Gemüse darin nacheinander in 2 Portionen andünsten, mit Salz, Pfeffer und Curry bestreuen. Gemüse zugedeckt etwa 10 Minuten garen.

5. In der Zwischenzeit Möhren putzen, schälen, abspülen, abtropfen lassen, grob reiben und mit den stückigen Tomaten über das Gemüse geben, vorsichtig unterrühren. Alles nochmals kurz erhitzen.

6. Kräuter abspülen, trocken tupfen. Die Blättchen von den Stängeln zupfen und fein hacken. Das Currygemüse nochmals mit den Gewürzen abschmecken und mit den Kräutern bestreuen.

Tipp: Garnieren Sie das Gericht zusätzlich mit frischen Kräuterstängeln.

Curry-Hähnchen-Pfanne

Raffiniert – einfach

4 Portionen

Pro Portion: E: 38,3 g, F: 7,8 g, Kh: 8,1 g, kJ: 1086, kcal: 260, BE: 0,5

3 Hähnchenbrustfilets (je etwa 200 g)
Salz
evtl. 1 Prise gemahlener Piment
1 Stange Porree (Lauch, etwa 200 g)
3 Möhren (etwa 300 g)
20 g Butterschmalz
frisch gemahlener Pfeffer
1–2 TL Currypulver
150 ml Gemüsebrühe
etwa 1 EL Limettensaft
1 TL flüssiger Honig (etwa 10 g)
150 g Naturjoghurt (3,5 % Fett)

Zubereitungszeit: 30 Minuten

1. Hähnchenbrustfilets kurz unter fließendem kalten Wasser abspülen, trocken tupfen und in Streifen schneiden. Hähnchenstreifen mit etwas Salz und evtl. 1 Prise Piment würzen. Porree putzen. Die Stange längs halbieren, gründlich waschen und abtropfen lassen.

2. Möhren putzen, schälen, abspülen und abtropfen lassen. Porree in Streifen und Möhren in feine Scheiben schneiden.

3. Das Butterschmalz in einer Pfanne erhitzen. Die Fleischstreifen darin von allen Seiten knusprig braun braten. Porreestreifen und Möhrenscheiben hinzufügen, kurz mit anbraten, mit Salz, Pfeffer und Curry würzen. Gemüsebrühe hinzugießen. Limettensaft und Honig unterrühren.

4. Die Zutaten zum Kochen bringen und zugedeckt 5–7 Minuten bei schwacher Hitze köcheln lassen. Die Pfanne von der Kochstelle nehmen. Joghurt unter die Hähnchenpfanne rühren (nicht mehr kochen lassen). Die Hähnchenpfanne mit Curry, Salz und Piment würzig abschmecken.

Tipp: Servieren Sie noch Naturreis dazu. Dafür für 4 Portionen 200 g Reis nach Packungsanleitung zubereiten (zusätzlich pro Portion: E: 3,6 g, F: 1,1 g, Kh: 37,0 g, kJ: 732, kcal: 173, BE: 3,0).

Dinkel-Pflaumen-Kranz | Einfach

20 Stücke

Pro Stück: E: 4,2 g, F: 5,2 g, Kh: 31,0 g, kJ: 790, kcal: 189, BE: 2,5

Zum Vorbereiten:

200 g Trockenpflaumen ohne Stein

Für den All-in-Teig:

100 g Weizenmehl
3 gestr. TL Dr. Oetker Backin
200 g Dinkel-Vollkornmehl oder Weizen-Vollkornmehl
250 g Zucker
1 Pck. Dr. Oetker Vanillin-Zucker
3 Tropfen Bittermandel-Aroma (aus dem klassischen Röhrchen)
5 Eier (Größe M)
150 g weiche Halbfett-Butter (39 % Fett)
125 g Apfelmus (aus dem Glas)

Zum Bestäuben:

2 EL Puderzucker
1 EL Kakaopulver

Zubereitungszeit: 30 Minuten, ohne Abkühlzeit
Backzeit: etwa 65 Minuten

1. Zum Vorbereiten Pflaumen in kleine Stücke schneiden und beiseitelegen.

2. Den Backofen vorheizen.
Ober-/Unterhitze: etwa 180 °C
Heißluft: etwa 160 °C

3. Für den Teig das Mehl mit Backpulver und Vollkornmehl in einer Rührschüssel mischen. Zucker, Vanillin-Zucker, Aroma, Eier, Halbfett-Butter und Apfelmus hinzufügen. Zutaten mit Handrührgerät mit Rührbesen zunächst kurz auf niedrigster, dann auf höchster Stufe in etwa 2 Minuten zu einem glatten Teig verarbeiten. Pflaumenstückchen auf niedrigster Stufe kurz unterrühren.

4. Den Teig in eine Rohrbodenform (Ø 26 cm, gefettet, bemehlt) geben und glatt streichen. Die Form auf dem Rost im unteren Drittel in den vorgeheizten Backofen schieben. Den Kranz etwa 65 Minuten backen.

5. Den Gebäckkranz etwa 10 Minuten in der Form stehen lassen. Dann aus der Form lösen und auf einen mit Backpapier belegten Kuchenrost stürzen. Gebäckkranz erkalten lassen.

6. Zum Bestäuben den Gebäckkranz abwechselnd mit Puderzucker und Kakao bestäuben.

Doppeldecker-Sandwiches

Einfach

2 Stück (4 Hälften)

Pro Stück: E: 25,8 g, F: 13,9 g, Kh: 55,2 g, kJ: 1902, kcal: 455, BE: 4,5

2	*Tomaten (etwa 100 g)*
2–3 Blätter	*Eisbergsalat*
½ Beet	*Kresse*
6 Scheiben	*Vollkorn-Sandwichbrot (ersatzweise Vollkorn-Toastbrot)*
4 EL	*Crème légère (etwa 60 g)*
4 Scheiben	*Scheibletten-Käse (kalorienreduziert, 25 % Fett i. Tr.)*
4–6 dünne Scheiben	*Puten-Lachsfleisch (60 g)*
2 TL	*Tomatenketchup (10 g)*

Zubereitungszeit: 10 Minuten

1. Tomaten abspülen, abtrocknen, vierteln und die Stängelansätze herausschneiden. Tomaten entkernen und in Stücke oder Scheiben schneiden.

2. Salatblätter abspülen, trocken tupfen und in feine Streifen schneiden. Kresse abspülen, trocken tupfen und vom Beet scheiden.

3. Die Sandwichscheiben jeweils auf einer Seite mit Crème légère bestreichen. 4 der Scheiben mit jeweils einigen Salatstreifen, Tomatenstücken oder -scheiben, Käse und Lachsfleisch belegen und mit Kresse bestreuen.

4. Jeweils 2 belegte Sandwichscheiben aufeinandersetzen. Die restlichen beiden Sandwichscheiben noch mit Ketchup bestreichen und mit der Ketchupseite nach unten auf die belegten Scheiben legen.

5. Die Sandwichscheiben leicht zusammendrücken. Die Sandwiches nach Belieben diagonal durchschneiden und in Papierservietten anrichten.

Rezeptvariante: Für **Doppeldecker-Sandwiches mit Frischkäse-Füllung** (2 Stück [4 Hälften], pro Stück: E: 14,1 g, F: 11,0 g, Kh: 53,8 g, kJ: 1567, kcal: 375, BE: 4,0) 30 g Rucola (Rauke) waschen, trocken schleudern und in grobe Stücke zupfen. 2 Frühlingszwiebeln (etwa 100 g) putzen, abspülen, abtropfen lassen und in feine Ringe schneiden. Beides mit 100 g Frischkäse (maximal 16 % Fett) verrühren. Nach Belieben mit Salz und Pfeffer abschmecken. 4 der Sandwichscheiben damit bestreichen, jeweils 2 Scheiben aufeinandersetzen. Die beiden restlichen Scheiben darauflegen, leicht andrücken und nach Belieben diagonal halbieren.

Eier-Spinat-Salat mit Senf-Dressing | Raffiniert

4 Portionen

Pro Portion: E: 14,9 g, F: 14,1 g, Kh: 6,1 g, kJ: 891, kcal: 213, BE: 0,5

5	*Eier (Größe M)*
1–2 Stangen	*Porree (Lauch, etwa 250 g)*
1–2 Stangen	*Staudensellerie (etwa 150 g)*
50 g	*Frühstücksspeck (Bacon, in Scheiben)*
1 EL	*Sonnenblumenöl (10 g)*
100 g	*aufgetaute TK-Erbsen*
3 EL	*Gemüsebrühe (etwa 30 ml)*
3–4 EL	*Weißweinessig (30–40 g)*
1 TL	*mittelscharfer Senf (etwa 4 g)*
	Salz
	frisch gemahlener Pfeffer
¼ TL	*Zucker*
1 EL	*Sonnenblumenöl (10 g)*
150 g	*junge Spinatblätter*

Zubereitungszeit: 30 Minuten

1. Die Eier an der Unterseite einpicken, in kochendes Wasser geben und in etwa 8 Minuten hart kochen. Eier mit kaltem Wasser abschrecken, damit die Eier nicht nachgaren.

2. In der Zwischenzeit Porree putzen, die Stangen seitlich einschneiden, gründlich abspülen und abtropfen lassen. Porree in dünne Streifen schneiden. Staudensellerie putzen und die harten Außenfäden abziehen. Sellerie abspülen, abtropfen lassen und in dünne Scheiben schneiden.

3. Speckscheiben halbieren, in einer Pfanne ohne Fett knusprig ausbraten, herausnehmen und auf Küchenpapier abtropfen lassen.

4. Öl in der Pfanne erhitzen. Porree, Sellerie und Erbsen darin unter Wenden etwa 2 Minuten andünsten. Gemüse aus der Pfanne nehmen.

5. Für das Dressing Brühe und Essig in der Pfanne verrühren. Dressing mit Senf, Salz, Pfeffer und Zucker abschmecken. Sonnenblumenöl unterschlagen. Das Dressing warm halten.

6. Den Spinat verlesen, dicke Stiele entfernen, Spinat gründlich waschen, gut abtropfen lassen oder trocken schleudern. Eier pellen und in Scheiben schneiden.

7. Spinat und Eier mit dem Gemüse auf Tellern anrichten. Speck nach Belieben grob zerbröseln und daraufgeben. Das Dressing dazureichen.

Beilage: Reichen Sie Roggen-Vollkornbrot dazu (1 Scheibe je etwa 45 g, pro Scheibe etwa: E: 3,3 g, F: 0,5 g, Kh: 17,4 g, kJ: 363, kcal: 87, BE: 1,5).

Rezeptvarianten: Statt der Spinatblätter eignet sich auch etwa 125 g Feldsalat (pro Portion **Feldsalat-Eier-Salat:** E: 14,5 g, F: 14,1 g, Kh: 6,1 g, kJ: 884, kcal: 211, BE: 0,5). Oder Sie probieren einen **fruchtigen Eier-Spinat-Salat** (pro Portion: E: 13,3 g, F: 14,1 g, Kh: 8,7 g, kJ: 903, kcal: 216, BE: 0,5). Dann die aufgetauten Erbsen durch 1 Birne (etwa 200 g) ersetzen. Die Birne abspülen, trocken tupfen, vierteln, entkernen und in kleine Stücke schneiden. Birnenstücke mit dem Porree und dem Sellerie kurz andünsten.

Einkaufstipp: Jungen Spinat gibt es eher in den Frühjahrs- und Sommermonaten zu kaufen, während Feldsalat im Herbst und Winter Saison hat.

Eistüten am Stiel | Mit Alkohol

8 kleine Eistüten

Pro Stück: E: 0,2 g, F: 0,1 g, Kh: 7,9 g, kJ: 197, kcal: 47, BE: 0,5

250 g Erdbeeren
50 ml Tequila
25 g Puderzucker
1 EL Limettensaft

Außerdem:

Backpapier
8 kleine Plastikstiele

Zubereitungszeit: 30 Minuten, ohne Gefrierzeit
Gefrierzeit: etwa 8 Stunden

1. Zum Vorbereiten für die Eistüten 8 Bögen (je etwa 16 x 32 cm) aus Backpapier zuschneiden. Die Bögen jeweils zu spitz zulaufenden Tüten formen. Dabei müssen die Spitzen möglichst dicht geschlossen sein. Die Tüten mit einem Tacker fest zusammentackern. Die Spitzen ganz leicht umknicken. Die Tüten aufrecht in gefrierfeste Formen stellen (z.B. in dicke Gläser), sodass sie nicht umfallen können.

2. Erdbeeren putzen, abspülen, gut abtropfen lassen und in einen hohen Rührbecher geben. Tequila, Puderzucker und Limettensaft hinzugeben. Die Zutaten mit einem Stabmixer fein pürieren und in den Eistüten verteilen.

3. Die gefüllten Eistüten in den Gefrierschrank stellen, etwa 4 Stunden gefrieren lassen. Nach etwa 1 Stunde Gefrierzeit kleine Stiele in die Mitte des Pürees stecken.

4. Das Eis etwa 10 Minuten vor dem Servieren zum Antauen in den Kühlschrank stellen. Anschließend die Papiertüten entfernen und die Eistüten am Stiel servieren.

Endivien-Melonen-Salat mit Zanderfilet | Fruchtig

4 Portionen

Pro Portion: E: 31,5 g, F: 11,0 g, Kh: 9,1 g, kJ: 1107, kcal: 263, BE: 0,5

1/2 Zuckermelone, (z. B. Galiamelone, etwa 500 g Fruchtfleisch)
2 EL Apfelessig (etwa 20 g)
1 TL Zitronensaft
Salz
frisch gemahlener Pfeffer
Zucker
2 EL Olivenöl (20 g)
1 EL Haselnussöl (10 g)

1 Kopf Endivien- oder Kopfsalat
1 Salatgurke (etwa 400 g)
1/2 kleine Chilischote

600 g Zanderfilet
2 EL Olivenöl (20 g)

Zubereitungszeit: 30 Minuten

1. Melone entkernen und schälen. Für das Dressing 150 g Fruchtfleisch abwiegen, grob würfeln und dann fein pürieren. Melonenpüree mit Essig und Zitronensaft verrühren und mit Salz, Pfeffer und Zucker würzen. Beide Ölsorten unterschlagen.

2. Das restliche Melonenfleisch in Würfel schneiden. Salat putzen, waschen und gut abtropfen lassen oder trocken schleudern. Die Salatblätter in mundgerechte Stücke schneiden.

3. Gurke abspülen, abtrocknen und die Enden abschneiden. Gurke längs halbieren und entkernen. Gurke in Scheiben oder Stücke schneiden.

4. Chilischote längs halbieren, entstielen, entkernen, abspülen und abtropfen lassen. Chilischote in kleine Ringe oder Stücke schneiden.

5. Melonen- und Gurkenstücke, Salat und Chili vorsichtig vermischen und auf einer Platte anrichten.

6. Fischfilet unter fließendem kalten Wasser abspülen, trocken tupfen und mit Salz und Pfeffer bestreuen. Fischfilet in 4 Portionen teilen. Olivenöl in einer beschichteten Pfanne erhitzen. Die Filets darin von jeder Seite etwa 4 Minuten braten. Salat mit dem Dressing beträufeln. Filets in Stücke schneiden und auf dem Salat anrichten.

Tipps: Zu den Zuckermelonen gehören Kantalup-, Honig- und Netzmelonen. Verwenden Sie für dieses Dressing aromatische, reife Früchte. Prüfen Sie beim Kauf Reife und Aroma. Duftet die Melone durch die Schale zart süßlich und gibt der Stielansatz auf Druck leicht nach, ist die Melone reif für den Verzehr.

Erbsen-Paprika-Gemüse mit Hirse | Preiswert

4 Portionen

Pro Portion: E: 18,5 g, F: 6,3 g, Kh: 71,8 g, kJ: 1785, kcal: 427, BE: 5,5

250 g Hirse
500 ml (½ l) Wasser
½ TL Salz
250 ml (¼ l) Wasser
½ TL Salz
600 g TK-Erbsen
1 Zwiebel (etwa 65 g)
2 rote Paprikaschoten (je etwa 200 g)
1 Bund Frühlingszwiebeln (etwa 250 g)
6 Stängel glatte Petersilie oder 1 EL TK-Petersilie
1 EL Speiseöl (z. B. Rapsöl, 10 g)
1–1 ½ EL Zitronensaft
1 Msp. Currypulver
Cayennepfeffer

Zubereitungszeit: 30 Minuten

1. Die Hirse mit Wasser zugedeckt in einem Topf zum Kochen bringen. Salz unterrühren. Hirse etwa 5 Minuten bei mittlerer Hitze köcheln lassen. Dann bei schwacher Hitze etwa 10 Minuten ausquellen lassen.

2. In der Zwischenzeit in einem zweiten Topf Wasser zugedeckt zum Kochen bringen. Salz und die Erbsen hinzugeben, wieder zum Kochen bringen. Die Erbsen zugedeckt etwa 3 Minuten bei mittlerer Hitze garen. Dabei gelegentlich umrühren. Die Erbsen in ein Sieb abgießen, dabei etwas Kochwasser auffangen. Die Erbsen mit kaltem Wasser abschrecken und abtropfen lassen.

3. Die Zwiebel abziehen und fein würfeln. Die Paprikaschoten halbieren, entstielen, entkernen und die weißen Scheidewände entfernen. Schotenhälften abspülen, abtropfen lassen und in kleine Stücke schneiden. Die Frühlingszwiebeln putzen, abspülen, abtropfen lassen und in 4–5 cm lange Stücke schneiden. Petersilie abspülen, trocken tupfen und die Blättchen von den Stängeln zupfen. Blättchen in Streifen schneiden.

4. Öl in einer großen Pfanne erhitzen. Zwiebelwürfel, Paprika- und Frühlingszwiebelstücke darin bei mittlerer Hitze unter gelegentlichem Rühren etwa 3 Minuten andünsten. Erbsen und 3–4 Esslöffel der aufgefangenen Kochflüssigkeit unterrühren. Das Gemüse zugedeckt bei mittlerer Hitze etwa 2 Minuten garen.

5. Paprika-Erbsen-Gemüse mit Zitronensaft, Curry und Cayennepfeffer abschmecken, etwas Petersilie unterrühren. Das Gemüse mit Hirse anrichten. Übrige Petersilie auf die Hirse streuen.

Tipps: Dieses Gericht lässt sich auch sehr leicht für 2 Personen zubereiten. Einfach die Zutaten halbieren. Hirse kann man auch gut in Gemüsebrühe garen. Oder anstelle von Hirse die gleiche Menge Amaranth oder Bulgur verwenden. Beides bekommen Sie im Reformhaus.

Ernährungstipp: Gemüse und Getreideprodukte liefern uns reichlich Ballaststoffe. Pro Portion nimmt man bei diesem Gericht etwa 15 g Ballaststoffe zu sich – das entspricht etwa der Hälfte des empfohlenen Tagesbedarfes für Erwachsene. Wenn öfters fettarm zubereitete Gemüse und Vollkornprodukte statt Fleisch auf dem Speisezettel stehen, ernährt man sich vollwertig und gesund – so kann man auf Dauer einige „Fett-Kalorien" beim Essen einsparen.

Erdbeer-Bananen-Teller mit Cornflakes | Fruchtig – für Kinder

4 Portionen

Pro Portion: E: 10,7 g, F: 9,6 g, Kh: 32,0 g, kJ: 1131, kcal: 271, BE: 2,5

500 g Erdbeeren
1–2 EL Zucker (10–20 g)
1 Banane (etwa 200 g)
1 kg Dickmilch oder Naturjoghurt (3,5 % Fett)
8 EL Cornflakes (20 g)

Zubereitungszeit: 10 Minuten

1. Erdbeeren abspülen, gut abtropfen lassen, entstielen, vierteln und mit Zucker vermischen.

2. Die Banane schälen und in dünne Scheiben schneiden.

3. Dickmilch oder Joghurt verrühren und in 4 Portionen aufteilen.

4. Erdbeeren und Bananenscheiben darauf verteilen und mit Cornflakes bestreuen.

Erdbeer-Sorbet

Etwas Besonderes

4 Portionen

Pro Portion: E: 0,9 g, F: 0,5 g, Kh: 31,2 g, kJ: 570, kcal: 136, BE: 2,5

100 ml Wasser
100 g Zucker
500 g Erdbeeren
1–2 TL Zitronensaft

Zubereitungszeit: 15 Minuten, ohne Abkühlzeit
Gefrierzeit: etwa 3 Stunden

1. Wasser und Zucker in einem Topf zum Kochen bringen. Den Topf von der Kochstelle nehmen. Den Zuckersirup abkühlen lassen.

2. Erdbeeren putzen, abspülen, abtropfen lassen, entstielen und in Stücke schneiden (ergibt 450 g). Erdbeerstücke und den abgekühlten Zuckersirup in einen hohen Rührbecher geben und mit dem Stabmixer pürieren. Anschließend Erdbeerpüree mit Zitronensaft abschmecken.

3. Erdbeerpüree in eine flache, gefrierfeste Schale füllen und zugedeckt in den Gefrierschrank stellen. Erdbeerpüree etwa 3 Stunden gefrieren lassen. Die Masse alle 30 Minuten umrühren.

4. Die gefrorene Sorbet-Masse evtl. mit dem Stabmixer pürieren oder mit dem Handrührgerät mit Rührbesen kurz durchrühren.

Tipps: Das Sorbet zusätzlich mit etwas Orangenlikör oder rotem Portwein abschmecken. Sie können das Erdbeerpüree auch in einer vorbereiteten Eismaschine etwa 40 Minuten gefrieren lassen.

Rezeptvariante: Für **Himbeer-Sorbet** (im Foto hinten, etwa 4 Portionen, pro Portion: E: 1,5 g, F: 0,3 g, Kh: 30,6 g, kJ: 584, kcal: 139, BE: 2,5) 100 ml Wasser und 100 g Zucker in einem Topf zum Kochen bringen. Den Topf von der Kochstelle nehmen. Den Zuckersirup abkühlen lassen. 450 g TK-Himbeeren antauen lassen. Himbeeren mit dem Zuckersirup pürieren. Himbeerpüree durch ein Sieb streichen. Himbeerpüree in eine gefrierfeste Schale füllen und zugedeckt in den Gefrierschrank stellen. Himbeerpüree etwa 2 ½ Stunden gefrieren lassen. Dabei die Masse alle 30 Minuten umrühren. Dann die gefrorene Sorbet-Masse evtl. mit dem Stabmixer pürieren oder mit dem Handrührgerät mit Rührbesen kurz durchrühren. Oder das Himbeerpüree in einer vorbereiteten Eismaschine etwa 30 Minuten gefrieren lassen.

Erdbeer-Zwieback-Trifle I

Fruchtig – für Kinder

4 Portionen

Pro Portion: E: 11,9 g, F: 2,1 g, Kh: 48,6 g, kJ: 1124, kcal: 269, BE: 4,0

500 g Erdbeeren
2 Stängel Minze
1 TL Puderzucker
2 EL Limettensaft
500 g fettarme Vanilla-Quark-Zubereitung (0,2 % Fett)
125 g Zwieback

Zubereitungszeit: 20 Minuten, ohne Durchziehzeit

1. Erdbeeren abspülen und gut abtropfen lassen. Die Früchte entstielen und evtl. etwas klein schneiden. Minze abspülen, trocken tupfen und die Blättchen von den Stängeln zupfen. Einige Blättchen zum Garnieren beiseitelegen. Restliche Blättchen in feine Streifen schneiden. Erdbeeren mit Minze, Puderzucker und Limettensaft mischen.

2. Quark-Zubereitung glatt rühren. Zwieback grob zerbröseln.

3. Erdbeeren, Zwiebackbrösel und Quark-Zubereitung abwechselnd in 4 Dessertgläser schichten. Das Trifle etwa 1 Stunde zugedeckt in den Kühlschrank stellen und durchziehen lassen. Zum Servieren das Trifle mit beiseitegelegter Minze garnieren.

Erfrischungstarte | Für Kinder

12 Stücke

Pro Stück: E: 3,1 g, F: 8,3 g, Kh: 33,1 g, kJ: 925, kcal: 221, BE: 3,0

Zum Vorbereiten:

2 Dosen	*Mandarinen (Abtropfgewicht je 175 g)*

Für den All-in-Teig:

170 g	*Weizenmehl*
2 gestr. TL	*Dr. Oetker Backin*
120 g	*Zucker*
1 Pck.	*Dr. Oetker Vanillin-Zucker*
2	*Eier (Größe M)*
80 ml	*Speiseöl (z. B. Sonnenblumenöl)*
125 ml (1/8 l)	*Fruchtbuttermilch mit Zitronengeschmack*

Für den Guss:

1 Pck.	*ungezuckerter Tortenguss, klar*
2 EL	*Zucker*
250 ml (1/4 l)	*Mandarinensaft aus der Dose*

Zubereitungszeit: 15 Minuten, ohne Abkühlzeit
Backzeit: 30–35 Minuten

1. Zum Vorbereiten die Mandarinen in einem Sieb gut abtropfen lassen. Dabei den Saft auffangen und 250 ml (1/4 l) für den Guss abmessen (evtl. mit Wasser auffüllen).

2. Den Backofen vorheizen.
Ober-/Unterhitze: etwa 180 °C
Heißluft: etwa 160 °C

3. Für den Teig das Mehl mit Backpulver in einer Rührschüssel gut vermischen. Restliche Teigzutaten hinzufügen und alles mit Handrührgerät mit Rührbesen erst kurz auf niedrigster, dann auf höchster Stufe in etwa 2 Minuten zu einem Teig verarbeiten.

4. Den Teig in eine Tarteform (Ø 28–30 cm, gefettet) füllen und die Mandarinen darauf verteilen. Die Form auf dem Rost im unteren Drittel in den vorgeheizten Backofen schieben. Tarte 30–35 Minuten backen.

5. Die Form auf einen Kuchenrost stellen und die Tarte in der Form erkalten lassen.

6. Für den Guss aus Tortenguss, Zucker und dem abgemessenen Mandarinensaft nach Packungsanleitung einen Guss zubereiten. Den Guss gleichmäßig auf der Tarte verteilen und fest werden lassen.

Tipp: Möchten Sie diesen Kuchen in einer Springform (Ø 26 cm, 16 Stücke, pro Stück: E: 2,0 g, F: 3,7 g, Kh: 19,9 g, kJ: 512, kcal: 122, BE: 1,5) backen, dann bereiten Sie den Teig aus folgenden Mengen zu: 125 g Weizenmehl, 1 gestrichener Teelöffel Dr. Oetker Backin, 80 g Zucker, 1 Päckchen Dr. Oetker Vanillin-Zucker, 2 Eier (Größe M), 4 Esslöffel Sonnenblumenöl und 80 ml Fruchtbuttermilch Zitronengeschmack. Den Teig in die Springform (mit Backpapier belegt) geben und mit den abgetropften Mandarinen aus den beiden Dosen belegen. Den Kuchen wie angegeben backen und nach dem Erkalten mit dem Guss überziehen.

Espresso-Mohn-Kranz I

Gut vorzubereiten

20 Stücke

Pro Stück: E: 5,1 g, F: 7,2 g, Kh: 33,0 g, kJ: 912, kcal: 218, BE: 2,5

Für den Rührteig:

100 g weiche Butter oder Margarine
150 g Zucker
1 Prise Salz
3 Eier (Größe M)
250 g Magerquark
250 g backfertige Mohnfüllung
2 TL lösliches Espresso- oder Kaffeepulver (in 1 EL heißem Wasser aufgelöst)
275 g Weizenmehl
1 Pck. Dr. Oetker Backin

Für den Guss:

200 g gesiebter Puderzucker
3–4 TL lösliches Espresso- oder Kaffeepulver (in 2–3 EL heißem Wasser aufgelöst)

Zum Bestreuen:

etwa 15 Espressobohnen

Zubereitungszeit: 25 Minuten, ohne Abkühlzeit
Backzeit: etwa 45 Minuten

1. Den Backofen vorheizen.
Ober-/Unterhitze: etwa 180 °C
Heißluft: etwa 160 °C

2. Für den Teig Butter oder Margarine mit Handrührgerät mit Rührbesen auf höchster Stufe geschmeidig rühren. Nach und nach Zucker und Salz unterrühren. So lange rühren, bis eine gebundene Masse entstanden ist.

3. Eier nach und nach unterrühren (jedes Ei etwa ½ Minute). Quark, Mohnfüllung und Espresso- oder Kaffeeflüssigkeit hinzugeben. Mehl mit Backpulver mischen und in 2 Portionen auf mittlerer Stufe unterrühren.

4. Den Teig in eine Napfkuchen- oder Gugelhupfform (Ø 22 cm, gefettet, bemehlt) geben und glatt streichen. Die Form auf dem Rost im unteren Drittel in den vorgeheizten Backofen schieben. Den Kranz etwa 45 Minuten backen.

5. Den Kuchen etwa 10 Minuten in der Form abkühlen lassen, dann aus der Form lösen und auf einen Kuchenrost stürzen. Den Kuchen erkalten lassen.

6. Für den Guss Puderzucker und aufgelöstes Espressopulver zu einem dickflüssigen Guss verrühren. Den Kuchen mit dem Guss überziehen. Espressobohnen hacken und sofort auf den feuchten Guss streuen. Guss fest werden lassen.

Exotischer Ananassalat mit Schweinefilet | Gut vorzubereiten

4 Portionen

Pro Portion: E: 25,6 g, F: 16,6 g, Kh: 21,8 g, kJ: 1447, kcal: 345, BE: 1,0

Zum Vorbereiten:

750 g Weißkohl
1–1 1/2 TL Salz
1 TL Zucker

2 Frühlingszwiebeln
1 rote Paprikaschote (etwa 200 g)
1 Baby-Ananas oder 1/4 Ananas (etwa 250 g Fruchtfleisch)
1/2 Bund Koriander oder glatte Petersilie

Für das Dressing:

1 kleine, rote Chilischote
Saft von
2 Limetten
1/2 TL gemahlener Koriandersamen
3–4 EL Sonnenblumen- oder Distelöl (30–40 g)

400 g Schweinefilet
Salz
frisch gemahlener Pfeffer
2 EL Sonnenblumenöl (20 g)
2 EL scharfe Asia-Chili-Sauce (aus dem Asialaden)

Zubereitungszeit: 30 Minuten, ohne Durchziehzeit

1. Zum Vorbereiten Weißkohl putzen, vierteln und den Strunk herausschneiden. Den Kohl abspülen, abtropfen lassen und mit einem Küchenhobel oder mit einer Küchenmaschine in sehr feine Streifen hobeln.

2. Kohlstreifen mit Salz und Zucker mischen und mit den Händen kräftig durchkneten, bis er glasig wird. Kohl etwa 2 Stunden kalt gestellt durchziehen lassen.

3. Frühlingszwiebeln putzen, abspülen, abtropfen lassen und in feine Ringe schneiden. Paprika halbieren, entstielen, entkernen und die weißen Scheidewände

entfernen. Schote abspülen, abtropfen lassen und in feine Würfel schneiden.

4. Von der Ananas den Schopf mit Stielansatz und dem obersten Stück Schale abschneiden. Ananas längs vierteln, den inneren Strunk herausschneiden. Ananas schälen, Fruchtfleisch in Stücke schneiden.

5. Kräuter abspülen, trocken tupfen und die Blättchen von den Stängeln zupfen. Einige Blättchen beiseitelegen, die restlichen Blättchen grob hacken.

6. Für das Dressing Chilischote längs halbieren, entstielen und entkernen. Die Schote abspülen, abtropfen lassen und fein hacken. Chili mit Limettensaft und Koriander verrühren und Öl unterschlagen.

7. Schweinefilet trocken tupfen und in etwa 2 cm dicke Scheiben schneiden. Filetscheiben mit Salz und Pfeffer bestreuen. Das Öl in einer Pfanne erhitzen und Filetscheiben darin von jeder Seite etwa 3 Minuten braten. Chili-Sauce auf die Filetscheiben träufeln und kurz durchschwenken.

8. Salat nochmals mit Salz und Pfeffer abschmecken, mit dem Filet anrichten und mit den beiseitegelegten Kräuterblättchen garnieren.

Tipp: Frisches Korianderkraut verleiht vor allem asiatischen und lateinamerikanischen Gerichten den charakteristisch mild-pfeffrigen Geschmack.

Fenchel-Zitronen-Suppe mit Lachs | Beliebt

4 Portionen

Pro Portion: E: 8,0 g, F: 6,9 g, Kh: 14,1 g, kJ: 647, kcal: 154, BE: 1,0

2	*Fenchelknollen (etwa 400 g)*
3	*Möhren (etwa 200 g)*
2–3	*mehligkochende Kartoffeln (etwa 250 g)*
1 EL	*Olivenöl (10 g)*
750 ml (3/4 l)	*Gemüsebrühe*
2	*Lorbeerblätter*
1 TL	*Currypulver*
1	*Bio-Zitrone (unbehandelt, ungewachst)*
200 g	*Lachsfilet*
	Salz
1 Msp.	*gemahlener Piment*
5 Stängel	*glatte Petersilie*

Zubereitungszeit: 30 Minuten

1. Vom Fenchel etwas Fenchelgrün abspülen, trocken tupfen und dann zum Garnieren beiseitelegen. Von den Fenchelknollen die Stiele dicht oberhalb der Knollen abschneiden. Knollen abspülen, abtropfen lassen, halbieren und in kleine Stücke schneiden.

2. Möhren putzen. Möhren und Kartoffeln schälen, abspülen, abtropfen lassen und in kleine Würfel schneiden.

3. Öl in einem Topf erhitzen. Fenchelstücke, Möhren- und Kartoffelwürfel unter Rühren darin andünsten. Gemüsebrühe, Lorbeerblätter und Curry hinzufügen, unterrühren. Suppe bei mittlerer Hitze etwa 15 Minuten kochen lassen.

4. In der Zwischenzeit Zitrone heiß abwaschen und abtrocknen. Die Hälfte der Schale abreiben und beiseitelegen. Zitrone halbieren und auspressen.

5. Lachs unter fließendem kalten Wasser abspülen, trocken tupfen und in etwa 1 cm große Würfel schneiden. Lachswürfel mit Zitronensaft beträufeln, mit Salz und Piment bestreuen.

6. Die Lorbeerblätter aus der Suppe nehmen. Zitronenschale in die Suppe einrühren. Suppe pürieren und nochmals aufkochen lassen. Lachswürfel in die Suppe geben und noch etwa 5 Minuten bei schwacher Hitze gar ziehen lassen. Die Suppe evtl. nochmals mit Salz, Curry und Piment abschmecken.

7. Petersilie abspülen, trocken tupfen und die Blättchen von den Stängeln zupfen. Petersilienblättchen und beiseitegelegtes Fenchelgrün hacken. Die Suppe mit Kräutern bestreut servieren.

Ernährungstipp: Möhren sind gute Beta-Carotin-Lieferanten. Dieses Pro-Vitamin ist eine Vorstufe zum Vitamin A, das dann im Körper gebildet werden kann. Die Verarbeitung der Gemüse und eine kleine Fettzugabe erhöhen die Aufnahme in unserem Körper.

Einkaufstipp: Achten Sie beim Kauf von Fenchel darauf, dass die Knollen möglichst weiß und makellos sind. Braune Flecken und Druckstellen sind ein Hinweis, dass die Knollen nicht mehr ganz frisch sind.

Rezeptvariante: Fenchel-Zitronen-Suppe mit Ei (pro Portion: E: 8,0 g, F: 6,9 g, Kh: 14,1 g, kJ: 647, kcal: 154, BE: 1,0). Wer keinen Lachs mag, nimmt stattdessen 2–3 hart gekochte, gewürfelte Eier und gibt sie zum Schluss in die Suppe.

Feurige Seelachs-Porree-Pfanne

Raffiniert

4 Portionen

Pro Portion: E: 33,7 g, F: 7,6 g, Kh: 17,0 g, kJ: 1157, kcal: 276, BE: 0,5

1 kg	*Porree (Lauch)*
je 2	*rote und gelbe Paprikaschoten (je 200 g)*
2–3	*Knoblauchzehen*
2 EL	*Olivenöl (20 g)*
	Salz, frisch gemahlener Pfeffer
	Paprikapulver edelsüß
300 ml	*Gemüsebrühe*
200 g	*eingelegte Pfefferschoten (aus dem Glas)*
600 g	*Seelachsfilet*

Zubereitungszeit: 30 Minuten

1. Von dem Porree die Außenblätter entfernen. Wurzelenden und dunkles Grün abschneiden. Stangen seitlich einschneiden, gründlich waschen, abtropfen lassen, in etwa 1 cm breite Streifen schneiden.

2. Paprikaschoten halbieren, entstielen, entkernen und die weißen Scheidewände entfernen. Schoten abspülen, abtropfen lassen und ebenfalls in Streifen schneiden. Knoblauch abziehen und fein würfeln.

3. Olivenöl in einer großen Pfanne erhitzen. Porree, Paprikastreifen und Knoblauchstücke hinzufügen und unter Rühren gut anbraten. Gemüse mit Salz, Pfeffer und Paprikapulver würzen. Gemüsebrühe hinzugießen und etwa 5 Minuten köcheln lassen.

4. Die Pfefferschoten in einem Sieb abtropfen lassen. Fischfilet unter fließendem kalten Wasser abspülen, trocken tupfen und anschließend in etwa 2 cm große Würfel schneiden.

5. Pfefferschoten und Fischwürfel ebenfalls in die Pfanne geben, vorsichtig unterrühren und 3–5 Minuten mitgaren lassen. Evtl. mit Salz und Pfeffer nachwürzen.

Filet aus dem Backofen mit Paprikagemüse

Raffiniert – gut vorzubereiten

4 Portionen

Pro Portion: E: 33,4 g, F: 7,8 g, Kh: 34,3 g, kJ: 1459, kcal: 348, BE: 2,5

500 g Schweinefilet
Salz
frisch gemahlener Pfeffer
Paprikapulver edelsüß

150 ml Gemüsebrühe
750 g festkochende Kartoffeln
1 TL Salz
je 1 große, rote und grüne Paprikaschote (je etwa 200 g)
1 Dose Gemüsemais (Abtropfgewicht 140 g)
½ Zwiebel (etwa 30 g)
1 Knoblauchzehe
1 EL Olivenöl (10 g)
1 Prise Zucker
etwa 1 EL Weißweinessig (ersatzweise Apfelessig, 10 g)
1 Pck. Bratensaucenpulver (für 250 ml [¼ l] Flüssigkeit)
1 leicht geh. EL saure Sahne (10 % Fett, etwa 20 g)

evtl. ½ TL TK-Petersilie

Außerdem:
1 Stück Bratschlauch (etwa 40 cm lang)

Zubereitungszeit: 30 Minuten
Garzeit: etwa 60 Minuten

1. Den Backofen vorheizen.
Ober-/Unterhitze: etwa 200 °C
Heißluft: etwa 180 °C

2. Das Filet mit Küchenpapier trocken tupfen, evtl. entfetten und enthäuten. Filet halbieren und mit Salz, Pfeffer und Paprikapulver würzen.

3. Den Bratschlauch an einer Seite verschließen und die beiden Fleischstücke nebeneinander mit der Gemüsebrühe hineingeben. Den Bratschlauch nach Packungsanleitung verschließen, einschneiden und auf ein Backblech legen.

4. Das Backblech im unteren Drittel in den vorgeheizten Backofen schieben. Das Filet etwa 60 Minuten garen.

5. In der Zwischenzeit Kartoffeln schälen, abspülen, abtropfen lassen und in Spalten schneiden. Die Kartoffelspalten in einem Topf knapp mit Wasser bedeckt zum Kochen bringen. Salz hinzugeben und die Kartoffelspalten zugedeckt in etwa 15 Minuten gar kochen.

6. Paprikaschoten halbieren, entstielen, entkernen und die weißen Scheidewände entfernen. Schoten abspülen, abtropfen lassen und in Rauten (oder Stücke) schneiden. Gemüsemais in einem Sieb gut abtropfen lassen. Zwiebel und Knoblauch abziehen und fein würfeln.

7. Öl in einem Topf erhitzen. Zwiebel- und Knoblauchwürfel darin unter Rühren andünsten. Dann Paprika zugeben, mit Salz, Zucker, Pfeffer und Essig würzen. Alles bei schwacher Hitze zugedeckt etwa 7 Minuten bissfest garen, dabei gelegentlich umrühren. Mais zugeben und weitere 2 Minuten zugedeckt garen. Das Paprika-Maisgemüse mit den Gewürzen abschmecken.

8. Den Bratschlauch mit dem Backblech aus dem Backofen nehmen. Bratschlauch aufschneiden. Das Fleisch herausnehmen und zugedeckt warm stellen.

9. Die Flüssigkeit aus dem Bratschlauch in einen Topf gießen und mit Wasser auf etwa 250 ml (¼ l) auffüllen. Die Sauce aufkochen lassen. Das Saucenpulver nach Packungsanleitung einrühren und erneut aufkochen lassen. Saure Sahne unterrühren. Die Sauce nochmals abschmecken.

10. Die Kartoffeln abgießen und das Filet in Scheiben schneiden. Die Fleischscheiben mit etwas Sauce, Kartoffelspalten und Paprikagemüse auf Tellern anrichten. Nach Belieben TK-Petersilie über die Kartoffeln streuen.

Tipps: Vor dem Füllen des Bratschlauches (oder Bratbeutels) diesen weit öffnen, damit das Gargut reichlich Luft umschließt. Das Bratschlauchpäckchen soll mittig auf dem Backblech liegen und die Seitenwände des Backofens nicht berühren. Beim Braten von Fleischstücken im Bratschlauch richtet sich die Garzeit nach der Höhe des Fleischstücks. Kleine Faustregel: Je cm Höhe bei oben angegebener Backofentemperatur 12–15 Minuten garen. Statt Schweinefilet können Sie auch sehr gut 500 g Schweinebraten (aus der Nuss) verwenden (4 Portionen, pro Portion: E: 30,3 g, F: 10,7 g, Kh: 35,6 g, kJ: 1534, kcal: 366, BE: 2,5). Die Garzeit verlängert sich in diesem Fall um etwa 30 Minuten.

Filetsteaks mit Tomaten-Bohnen-Gemüse | Für Gäste

4 Portionen

Pro Portion: E: 33,4 g, F: 12,3 g, Kh: 18,4 g, kJ: 1344, kcal: 320, BE: 1,5

600 g	*TK-Bohnen*
1 TL	*gerebeltes Bohnenkraut*
etwas	*Salzwasser*
4	*Tomaten (etwa 400 g)*
4	*Rinderfiletsteaks (je etwa 125 g)*
2 EL	*Olivenöl (20 g)*
	Salz, frisch gemahlener Pfeffer
1 leicht geh. TL	*Kräuterbutter (etwa 5 g)*
	gerebelter Majoran
4 Scheiben	*Vollkorntoast (etwa 100 g)*

Zubereitungszeit: 30 Minuten

1. Bohnen mit Bohnenkraut in etwas Salzwasser nach Packungsanleitung gar dünsten. Die Bohnen in einem Sieb abtropfen lassen und zugedeckt warm stellen.

2. In der Zwischenzeit Tomaten abspülen, abtrocknen, halbieren und die Stängelansätze herausschneiden. Tomaten in Achtel schneiden.

3. Filetsteaks mit Küchenpapier trocken tupfen. Öl in einer großen, beschichteten Pfanne erhitzen. Filetsteaks von jeder Seite etwa 3 Minuten darin braten, mit Salz und Pfeffer würzen. Die Filetsteaks aus der Pfanne nehmen und zugedeckt warm stellen.

4. Kräuterbutter in der Pfanne im verbliebenen Bratfett zerlassen. Die Tomatenachtel und Bohnen in die Pfanne geben, in der Butter schwenken und mit Salz, Pfeffer und Majoran würzen.

5. Toastbrot rösten, mit dem Tomaten-Bohnen-Gemüse und den Filetsteaks anrichten und servieren.

Fischrouladen in Tomatensauce

Etwas Besonderes

4 Portionen

Pro Portion: E: 35,6 g, F: 13,3 g, Kh: 4,4 g, kJ: 1197, kcal: 285, BE: 0,5

4 Scheiben	*Seelachsfilet (je etwa 150 g)*
	Saft von
½	*Zitrone*
	Salz
4 gestr. TL	*mittelscharfer Senf*
1 EL	*gehackte TK-Petersilie*
4 kleine Scheiben	*Gouda-Käse (etwa 100 g)*
4	*kleine Gewürzgurken*
20 g	*Butter*
200 ml	*Gemüsebrühe*

Für die Sauce:

1 Dose	*stückige Tomaten (400 g)*
	frisch gemahlener Pfeffer
1 TL	*gerebelter Oregano*
½ TL	*Zucker*

Außerdem:

8	*Holzstäbchen oder Küchengarn*

Zubereitungszeit: 25 Minuten
Garzeit: etwa 10 Minuten

1. Die Fischfilets unter fließendem kalten Wasser abspülen, trocken tupfen, mit Zitronensaft beträufeln und mit Salz bestreuen. Die Filets (mit der silbrig glänzenden Seite nach unten) auf eine Arbeitsfläche legen und dünn mit Senf bestreichen. Die Petersilie daraufstreuen.

2. Käse und Gurken in schmale Streifen schneiden, gleichmäßig auf den Fischfilets verteilen. Die Filets vorsichtig von der schmalen Seite aus aufrollen und mit je 2 Holzstäbchen feststecken oder mit Küchengarn verschnüren.

3. Die Butter in einer großen Pfanne zerlassen. Die Fischrouladen vorsichtig von allen Seiten darin anbraten. Gemüsebrühe hinzugießen und zum Kochen bringen. Die Fischrouladen bei schwacher Hitze in etwa 7 Minuten gar ziehen lassen, dabei die Fischrouladen 1-mal vorsichtig wenden.

4. Die garen Rouladen herausnehmen, auf eine vorgewärmte Platte legen und zugedeckt warm stellen.

5. Für die Sauce den Fischsud 2–4 Minuten kochen lassen, sodass die Sauce um etwa die Hälfte einkocht. Stückige Tomaten unterrühren, kurz aufkochen. Die Sauce mit Salz, Pfeffer, Oregano und Zucker würzen, noch etwa 3 Minuten köcheln lassen. Die Fischrouladen mit der Sauce servieren.

Tipp: Servieren Sie noch Naturreis dazu. Dafür 200 g Reis nach Packungsanleitung zubereiten (zusätzlich pro Portion: E: 3,6 g, F: 1,1 g, Kh: 37,0 g, kJ: 732, kcal: 173, BE: 3,0).

Fischsuppe | Einfach

4 Portionen

Pro Portion: E: 37,7 g, F: 8,5 g, Kh: 1,8 g, kJ: 988, kcal: 237, BE: 0,0

1 Stange Staudensellerie (etwa 75 g)
1 l Instant-Gemüsebrühe
400 g Lachsfilet oder angetautes TK-Lachsfilet
400 g Schollenfilet oder angetautes TK-Schollenfilet
Salz, frisch gemahlener Pfeffer
100 g TK-Suppengrün
½ Bund Kerbel

Zubereitungszeit: 20 Minuten

1. Staudensellerie putzen und die harten Außenfäden abziehen. Sellerie abspülen, abtropfen lassen und in sehr dünne Scheiben schneiden. Gemüsebrühe und Sellerie zugedeckt in einem Topf zum Kochen bringen.

2. Inzwischen die Fischfilets unter fließendem kalten Wasser abspülen, trocken tupfen und in mundgerechte Stücke schneiden. Die Fischstücke mit Salz und Pfeffer würzen.

3. Die Fischstücke mit dem Suppengrün in die Brühe geben und bei schwacher Hitze in etwa 5 Minuten gar ziehen lassen.

4. In der Zwischenzeit den Kerbel abspülen, trocken tupfen und die Blättchen von den Stängeln zupfen. Kerbelblättchen grob hacken, in die Suppe geben und die Suppe servieren.

Ernährungstipp: Fisch sollte mindestens 1-mal pro Woche auf dem Speiseplan stehen. Fisch liefert uns leicht verwertbares Eiweiß und ernährungsphysiologisch wichtiges Jod.

Beilage: Servieren Sie die Suppe nach Belieben mit geröstetem Baguette. (250 g in Scheiben geschnitten, zusätzlich pro Portion: E: 4,6 g, F: 0,8 g, Kh: 31,7 g, kJ: 649, kcal: 155, BE: 2,5).

Rezeptvariante: Für eine **Nudel-Fisch-Suppe** ersetzen Sie die Hälfte des Fisches durch 100 g Suppennudeln (z. B. Muschelnudeln). Suppennudeln in der kochenden Gemüsebrühe etwa 5 Minuten garen. Dann erst die Fischstücke mit dem Suppengrün zugeben und wie im Rezept beschrieben etwa 5 Minuten gar ziehen lassen (pro Portion: E: 22,6 g, F: 5,1 g, Kh: 18,8 g, kJ: 895, kcal: 214, BE: 1,5).

Frischkäse-Melonen-Müsli I

Fruchtig

2 Portionen

Pro Portion: E: 19,2 g, F: 5,0 g, Kh: 43,6 g, kJ: 1249, kcal: 297, BE: 3,5

2 TL Kürbiskerne (etwa 10 g)
200 g fettarmer körniger Frischkäse (0,8 % Fett)
300 g Honigmelonen-Fruchtfleisch
5 EL Vollkorn-Haferflocken (50 g)
1 EL flüssiger Honig (etwa 20 g)

Zubereitungszeit: 10 Minuten

1. Kürbiskerne in einer Pfanne ohne Fett unter Rühren rösten und herausnehmen.

2. Frischkäse verrühren und in 2 Müslischälchen aufteilen.

3. Melonenfruchtfleisch schälen, entkernen und in Stücke schneiden.

4. Melonenstücke mit Haferflocken und Kürbiskernen auf dem Frischkäse verteilen, mit Honig beträufeln.

Früchte aus dem Limettendampf

Zubereitung im Bambusdämpfer (Ø 26 cm)

4 Portionen

Pro Portion: E: 3,8 g, F: 6,0 g, Kh: 37,6 g, kJ: 952, kcal: 227, BE: 3,0

4 Bio-Limetten (unbehandelt, ungewachst)
2 kleine Bananen (etwa 200 g)
2 Kiwis
1 Sternfrucht (Karambole)
1 Granatapfel
etwa 10 Stängel Zitronenmelisse

Für die Limettensauce:

75 g Zucker
3 Eigelb (Größe M)
75 ml Limettensaft
50 ml Wasser

Zubereitungszeit: 30 Minuten

1. Die Limetten heiß abspülen und abtrocknen. Von 2 Limetten die Schale mit einem Sparschäler dünn abschälen. Von den restlichen Limetten die Schale dünn abreiben. Limetten halbieren und auspressen. 75 ml Limettensaft abmessen und beiseitestellen.

2. Die Bananen schälen, längs halbieren und mit Limettensaft beträufeln. Kiwis dünn schälen und in etwa 1 cm dicke Scheiben schneiden. Sternfrucht abspülen, trocken tupfen und ebenfalls in etwa 1 cm dicke Scheiben schneiden. Das Obst auf die beiden Dampfeinsätze (dünn mit Speiseöl ausgestrichen) verteilen.

3. Den Granatapfel mit einem Messer halbieren und die Kerne herauspulen. Zitronenmelisse abspülen, trocken tupfen und die Blättchen von den Stängeln zupfen. Einige Blättchen zum Garnieren beiseitelegen.

4. In einer großen Pfanne oder einem Wok etwa 3 cm hoch Wasser einfüllen, abgeschälte Limettenschale, Zitronenmelisseblättchen und evtl. restlichen Limettensaft hinzufügen und zum Kochen bringen.

5. Für die Limettensauce in einem breiten Stieltopf Zucker, Eigelb, den abgemessenen Limettensaft, abgeriebene Limettenschale und Wasser mit einem Schneebesen verschlagen. Die Mischung bei mittlerer Hitze unter ständigem Rühren mit dem Schneebesen zu einer Schaumsauce aufschlagen, die Sauce darf dabei nicht kochen.

6. Die Dämpfeinsätze aufeinandersetzen, mit dem Deckel verschließen und in die Pfanne oder den Wok mit dem kochenden Limettenwasser stellen. Früchte etwa 4 Minuten dämpfen. Limettensauce und Früchte auf 4 Tellern anrichten, mit den Granatapfelkernen bestreuen und mit beiseitegelegten Zitronenmelisseblättchen garnieren.

Früchteblech | Raffiniert – fruchtig

20 Stücke

Pro Stück: E: 3,4 g, F: 1,4 g, Kh: 41,9 g, kJ: 825, kcal: 197, BE: 3,5

Zum Vorbereiten für den Belag:

2 Gläser Wild-Preiselbeerdessert (Abtropfgewicht je 175 g)
1 Dose Aprikosenhälften (Abtropfgewicht 240 g)
1 Dose Ananasstücke (Abtropfgewicht 340 g)

Für den All-in-Teig:

375 g Weizenmehl
1 Pck. Dr. Oetker Backin
300 g Zucker
1 Pck. Dr. Oetker Vanillin-Zucker
3 Eier (Größe M)
200 ml fettarme Milch (1,5 % Fett)

Zum Aprikotieren:

4 EL Ananaskonfitüre (etwa 120 g)
1 EL Wasser

Zubereitungszeit: 20 Minuten
Backzeit: etwa 30 Minuten

1. Zum Vorbereiten Preiselbeerdessert, Aprikosenhälften und Ananasstücke getrennt in je einem Sieb gut abtropfen lassen. Aprikosenhälften jeweils einmal durchschneiden.

2. Den Backofen vorheizen.
Ober-/Unterhitze: etwa 180 °C
Heißluft: etwa 160 °C

3. Für den Teig das Mehl mit Backpulver in einer Rührschüssel mischen. Restliche Zutaten hinzufügen und alles mit Handrührgerät mit Rührbesen erst kurz auf niedrigster, dann auf höchster Stufe in etwa 2 Minuten zu einem glatten Teig verarbeiten.

4. Den Teig auf ein Backblech (30 x 40 cm, gefettet, mit Backpapier belegt) geben und glatt streichen. Zuerst Preiselbeeren auf dem Teig verteilen, dann Aprikosen- und Ananasstücke darauflegen.

5. Das Backblech im unteren Drittel in den vorgeheizten Backofen schieben. Den Kuchen etwa 30 Minuten backen.

6. Das Backblech auf einen Kuchenrost stellen. Zum Aprikotieren Konfitüre durch ein Sieb streichen, in einem kleinen Topf mit Wasser unter Rühren aufkochen. Den heißen Kuchen sofort damit bestreichen. Den Kuchen erkalten lassen.

Fruchtiger Gugelhupf | Einfach

20 Stücke

Pro Stück: E: 3,8 g, F: 7,7 g, Kh: 23,2 g, kJ: 749, kcal: 179, BE: 2,0

75 g Amarettini (ital. Mandelmakronen)

Für den Teig:

300 g Weizenmehl
4 gestr. TL Dr. Oetker Backin
150 g Zucker
1 Pck. Dr. Oetker Bourbon-Vanille-Zucker
1 Pck. Dr. Oetker Finesse Geriebene Zitronenschale
3 Eier (Größe M)
125 g Magerquark
150 g weiche Butter oder Margarine
200 g TK-Himbeeren

Zubereitungszeit: 15 Minuten
Backzeit: etwa 55 Minuten

1. Amarettini in einen Gefrierbeutel geben. Den Beutel fest verschließen und die Amarettini mit einer Teigrolle grob zerkleinern.

2. Den Backofen vorheizen.
Ober-/Unterhitze: etwa 180 °C
Heißluft: etwa 160 °C

3. Für den Teig Mehl mit Backpulver in einer Rührschüssel gut vermischen. Zucker, Vanille-Zucker, Zitronenschale, Eier, Quark und Butter oder Margarine hinzufügen und alles mit Handrührgerät mit Rührbesen erst kurz auf niedrigster, dann auf höchster Stufe in etwa 2 Minuten zu einem glatten Teig verarbeiten.

4. Amarettini-Brösel unterrühren und Himbeeren vorsichtig unterheben. Den Teig in eine Gugelhupfform (Ø 22 cm, gefettet, bemehlt) füllen und glatt streichen.

5. Die Form auf dem Rost im unteren Drittel in den vorgeheizten Backofen schieben. Den Gugelhupf etwa 55 Minuten backen.

6. Den Kuchen nach dem Backen auf einen Kuchenrost stellen und etwa 10 Minuten abkühlen lassen. Den Kuchen dann auf einen mit Backpapier belegten Kuchenrost stürzen. Den Kuchen erkalten lassen.

Tipps: Den Kuchen nach Belieben mit 100 g geschmolzener, weißer Kuvertüre besprenkeln (zusätzlich pro Stück: E: 0,3 g, F: 1,8 g, Kh: 2,7 g, kJ: 120, kcal: 29, BE: 0,2). Statt der TK-Himbeeren können auch 200 g frische, verlesene Himbeeren oder entsteinte Sauerkirschen verwendet werden.

Frühstücksbrötchen | Einfach

4 Portionen

Pro Portion: E: 13,8 g, F: 11,7 g, Kh: 29,4 g, kJ: 1180, kcal: 282, BE: 2,5

4 Eier (Größe M)
4 Roggenbrötchen (je etwa 60 g)
1 EL Butter
2 TL mittelscharfer Senf
4 kleine Gewürzgurken
50 g Lachsschinken
Salz

Zubereitungszeit: 15 Minuten

1. Eier in kochendem Wasser etwa 6 Minuten kochen, mit kaltem Wasser abschrecken und schälen.

2. Brötchen aufschneiden. Wahlweise mit Butter oder Senf bestreichen. Gurken in dünne Scheiben schneiden. Brötchenhälften mit Lachsschinken und Gewürzgurken belegen.

3. Eier halbieren und dazureichen.

Tipp: Reichen Sie einen Kakaotrunk zubereitet aus 2 Esslöffeln Kakaogetränkepulver und 800 ml fettarmer Milch (1,5 % Fett) dazu (zusätzlich pro Portion: E: 7,1 g, F: 3,7 g, Kh: 15,4 g, kJ: 523, kcal: 125, BE: 1,5).

Garnelen auf Mango-Papaya-Salat | Etwas teurer

2 Portionen

Pro Portion: E: 32,9 g, F: 5,4 g, Kh: 26,1 g, kJ: 1232, kcal: 295, BE: 2,0

1 reife Mango (etwa 400 g)
1 reife Papaya (etwa 400 g)
1 Bio-Limette (unbehandelt, ungewachst)
Salz
frisch gemahlener Pfeffer
10 Riesengarnelen (ohne Kopf und Schale, entdarmt, je etwa 30 g)
2 EL Sesamöl (20 g)
2 EL süße Sojasauce (etwa 20 g)
2–3 Stängel Thai-Basilikum

Zubereitungszeit: 30 Minuten

1. Das Fruchtfleisch der Mango vom Stein schneiden. Fruchtfleisch schälen. Papaya längs halbieren und mit einem Teelöffel vorsichtig die Kerne herausschaben. Papaya schälen. Das Fruchtfleisch der Mango und der Papaya in etwa 2 cm große Würfel schneiden.

2. Limette heiß abwaschen, abtrocknen und etwas Schale abreiben. Die Limette halbieren und den Saft auspressen. Mango- und Papayawürfel vorsichtig mit dem Limettensaft und der abgeriebenen Limettenschale vermischen. Salat mit Salz und Pfeffer würzen.

3. Die Riesengarnelen unter fließendem kalten Wasser abspülen und trocken tupfen. Das Sesamöl in einer großen Pfanne erhitzen. Die Garnelen darin von jeder Seite etwa 3 Minuten braten. Garnelen mit Salz, Pfeffer und Sojasauce würzen.

4. Basilikum abspülen, trocken tupfen und die Blättchen von den Stängeln zupfen. Die Garnelen auf dem Mango-Papaya-Salat anrichten und mit Basilikumblättchen garnieren.

Geflügel-Gemüse-Pfanne I

Exotisch

4 Portionen

Pro Portion: E: 36,6 g, F: 14,4 g, Kh: 21,8 g, kJ: 1524, kcal: 364, BE: 1,0

500 g Hähnchenbrustfilet
4 EL dunkle Sojasauce (40 g)
100 g Mini-Maiskolben (frisch oder aus der Dose)
150 g Champignons
200 g Zuckerschoten
2 rote Paprikaschoten (je etwa 200 g)
2 Knoblauchzehen
4 Frühlingszwiebeln (etwa 110 g)
5 EL Speiseöl (z. B. Sesamöl, 50 g)
2 Msp. Chiliflocken
200 ml Gemüsebrühe
4 EL dunkle Sojasauce (etwa 40 g)
15 g Speisestärke
Salz, frisch gemahlener Pfeffer
1 Prise Zucker

Zubereitungszeit: 20 Minuten, ohne Durchziehzeit

1. Hähnchenbrustfilet unter fließendem kalten Wasser abspülen, trocken tupfen und in Streifen schneiden. Die Hähnchenstreifen in einer Schüssel mit Sojasauce vermischen, zugedeckt im Kühlschrank etwa 30 Minuten durchziehen lassen.

2. Mais evtl. abspülen, abtropfen lassen und halbieren. Champignons putzen, evtl. mit Küchenpapier abreiben und halbieren. Zuckerschoten abspülen und abtropfen lassen.

3. Paprika halbieren, entstielen, entkernen, die weißen Scheidewände entfernen. Schoten abspülen, abtropfen lassen und in Streifen schneiden. Knoblauch abziehen, fein würfeln. Frühlingszwiebeln putzen, abspülen, abtropfen lassen und in Stücke schneiden.

4. Die Fleischstreifen aus der Marinade nehmen und etwas abtropfen lassen. 2 Esslöffel von dem Speiseöl in einer großen Pfanne erhitzen. Die Fleischstreifen darin 3–4 Minuten knusprig braten. Die Fleischstreifen aus der Pfanne nehmen und warm stellen.

5. Restliches Öl zum Bratensatz in die Pfanne geben. Knoblauch darin andünsten. Vorbereitetes Gemüse in die Pfanne geben und unter Rühren etwa 3 Minuten braten. Chili unterrühren.

6. Brühe und Sojasauce unterrühren, kurz aufkochen. Stärke mit etwas Wasser verrühren und unterrühren, kurz aufkochen. Hähnchenstreifen wieder hinzufügen und kurz miterwärmen. Die Gemüsepfanne mit Salz, Pfeffer und Zucker abschmecken.

Tipp: Servieren Sie nach Belieben noch Basmatireis dazu. Dafür 200 g Reis nach Packungsanleitung zubereiten (zusätzlich pro Portion: E: 4,3 g, F: 0,3 g, Kh: 38,0 g, kJ: 731, kcal: 172, BE: 3,0).

Gefüllte Teigmützen | Für Kinder

16 Stück

Pro Stück: E: 5,7 g, F: 5,5 g, Kh: 15,4 g, kJ: 563, kcal: 135, BE: 1,5

Für den Brandteig:

200 ml Wasser
2 EL Speiseöl (z. B. Nussöl, 20 g)
150 g Weizenmehl
3 Eier (Größe M)
1 gestr. TL Dr. Oetker Backin

Für den Belag:

30 g gesiebtes Weizenmehl
1 gestr. TL gesiebtes Kakaopulver (4 g)
2 gestr. EL Zucker
20 g abgezogene, gemahlene Mandeln
20 g Butter
2 TL kaltes Wasser

1 Eiweiß zum Bestreichen

Für die Füllung:

250 g Magerquark
2 EL Puderzucker
2 Pck. Sahnesteif
300 g Fruchtjoghurt mit Pfirsichgeschmack (3,5 % Fett)

Zubereitungszeit: 40 Minuten, ohne Abkühlzeit
Backzeit: etwa 25 Minuten

1. Den Backofen vorheizen.
Ober-/Unterhitze: etwa 200 °C
Heißluft: etwa 180 °C

2. Für den Teig das Wasser mit Speiseöl am besten in einem Stieltopf zum Kochen bringen. Mehl auf einmal in die von der Kochstelle genommene Flüssigkeit schütten, zu einem glatten Kloß rühren und unter Rühren etwa 1 Minute erhitzen.

3. Den heißen Kloß sofort in eine Rührschüssel geben. Nach und nach Eier mit Handrührgerät mit Knethaken auf höchster Stufe unterarbeiten. Der Teig muss stark glänzen und so von einem Löffel abreißen, dass lange Spitzen hängen bleiben. Backpulver in den erkalteten Teig arbeiten.

4. Für den Belag Mehl mit Kakao, Zucker und Mandeln in einer Rührschüssel mischen. Butter in kleinen Stücken und Wasser hinzugeben. Die Zutaten mit Handrührgerät mit Rührbesen oder mit angefeuchteten Händen zu Streuseln verarbeiten.

5. Von dem Brandteig mit zwei kalt abgespülten Esslöffeln 16 Teighäufchen abstechen, auf ein Backblech (gefettet, bemehlt) setzen und mit einem Esslöffel flach drücken. Eiweiß verschlagen. Die Teighäufchen damit bestreichen und mit Streuseln bestreuen. Das Backblech auf mittlerer Einschubleiste in den vorgeheizten Backofen schieben. Gebäck etwa 25 Minuten backen.

6. Das Gebäck mit dem Backpapier vom Backblech auf einen Kuchenrost ziehen und erkalten lassen. Gebäck mit einer Schere waagerecht halbieren.

7. Für die Füllung Quark, Puderzucker und Sahnesteif mit Handrührgerät mit Rührbesen aufschlagen, den Joghurt unterrühren. Die unteren Gebäckhälften damit füllen und mit den oberen Gebäckhälften belegen.

Gefüllte Tomaten mit Käse überbacken | Vegetarisch

4 Portionen

Pro Portion: E: 7,4 g, F: 7,1 g, Kh: 8,6 g, kJ: 549, kcal: 130, BE: 0,2

4 Fleischtomaten (je etwa 250 g)
Salz
frisch gemahlener Pfeffer

Für die Füllung:

2 Knoblauchzehen
100 g fettreduzierter Frischkäse mit Joghurt (13 % Fett)
frisch gemahlener, grober Pfeffer
10 g Semmelbrösel
2–3 EL gehacktes Basilikum
30 g geraspelter Gouda-Käse

einige Stängel Majoran

Zubereitungszeit: 20 Minuten

1. Den Backofengrill (auf etwa 240 °C) vorheizen. Die Tomaten abspülen, abtrocknen, die Stängelansätze herausschneiden und Tomaten waagerecht halbieren. Die Tomaten mit der Schnittfläche nach oben in eine Auflaufform (gefettet) legen und mit Salz und Pfeffer bestreuen.

2. Für die Füllung Knoblauch abziehen und durch eine Knoblauchpresse drücken.

3. Frischkäse mit grobem Pfeffer, Semmelbröseln, Basilikum und Knoblauch verrühren und die Masse auf den Tomaten verteilen. Käse daraufstreuen.

4. Auflaufform auf dem Rost unter den vorgeheizten Backofengrill schieben. Die Tomaten etwa 10 Minuten grillen.

5. Majoran abspülen und trocken tupfen. Tomaten mit Majoran garniert servieren.

Tipp: Wenn Sie keinen Backofengrill haben, die Tomaten bei Ober-/Unterhitze: etwa 220 °C, Heißluft: etwa 200 °C im vorgeheizten Backofen 5–8 Minuten überbacken.

Rezeptvariante: Für **gefüllte Tomaten mit Frühlingszwiebeln** (pro Portion: E: 7,5 g, F: 6,1 g, Kh: 10,1 g, kJ: 541, kcal: 128, BE: 0,2) den Knoblauch weglassen. Von 3 Frühlingszwiebeln Wurzelenden und dunkles Grün entfernen und Frühlingszwiebeln abspülen, abtropfen lassen, in feine Ringe schneiden. Die Frühlingszwiebelringe mit der Frischkäsemasse verrühren und auf die gewürzten Tomaten geben. Käse daraufstreuen. Tomaten wie oben angegeben grillen.

Gemischter Blattsalat | Klassisch

4 Portionen

Pro Portion: E: 3,8 g, F: 13,2 g, Kh: 3,8 g, kJ: 626, kcal: 149, BE: 0,0

750 g gemischte Blattsalate (z. B. Lollo bionda, Feldsalat, Frisée, Rauke)
150 g Chicorée

Für die Vinaigrette:

1 Zwiebel (etwa 65 g)
2–3 EL Kräuteressig (20–30 g), Salz
1 Prise Zucker
zerstoßene, getrocknete grüne Pfefferkörner
5 EL Olivenöl (50 g)
1–2 EL gehackte Kräuter (z. B. Petersilie, Schnittlauch, Kerbel)

Zubereitungszeit: 20 Minuten

1. Salate putzen, waschen und gut abtropfen lassen oder trocken schleudern. Salate in mundgerechte Stücke zupfen.

2. Von dem Chicorée die äußeren welken Blätter entfernen, Chicorée längs halbieren, abspülen, abtropfen lassen und die bitteren Strünke keilförmig herausschneiden. Chicorée in Streifen schneiden. Chicoréestreifen in einer Schüssel mit den Blattsalaten mischen.

3. Für die Vinaigrette Zwiebel abziehen und in feine Würfel schneiden. Essig mit Salz, Zucker und Pfefferkörnern verrühren. Öl unterschlagen. Zwiebelwürfel und Kräuter unterrühren und die Vinaigrette über die Salatzutaten geben. Alles vorsichtig vermengen und sofort servieren.

Tipps: Die Variationsmöglichkeiten dieses Rezeptes sind vielfältig. Sie können Hasel- oder Walnussöl anstatt des Olivenöls verwenden und den Kräuteressig durch Himbeeressig ersetzen.

Gemüse aus der Bratfolie

Vegetarisch

4 Portionen

Pro Portion: E: 9,8 g, F: 5,8 g, Kh: 36,5 g, kJ: 1019, kcal: 243, BE: 2,5

500 g junge Möhren
2 Kohlrabi (je etwa 200 g)
1 Fenchelknolle (etwa 300 g)
200 g Staudensellerie
200 g kleine, grüne Bohnen (z. B. Prinzessbohnen)
250 g Zuckerschoten
500 g neue, kleine Kartoffeln
½ Bund Kerbel
2 Knoblauchzehen
2 EL Olivenöl (20 g)
Salz
frisch gemahlener Pfeffer

Außerdem:
1 Stück Bratfolie oder Bratschlauch

Zubereitungszeit: 30 Minuten
Garzeit: etwa 30 Minuten

1. Möhren putzen, das Grün bis auf 2 cm abschneiden. Möhren schälen, abspülen und abtropfen lassen. Kohlrabi schälen, abspülen und abtropfen lassen. Die Kohlrabi zuerst in Scheiben, dann in Stifte schneiden.

2. Von der Fenchelknolle den Stiel dicht oberhalb der Knolle abschneiden. Den Fenchel putzen, Wurzelende gerade schneiden. Fenchel abspülen, abtropfen lassen und in Spalten schneiden.

3. Staudensellerie putzen und die harten Außenfäden abziehen. Den Sellerie abspülen und abtropfen lassen. Sellerie in kleine Stücke schneiden. Von den Bohnen die Enden abschneiden, evtl. Fäden abziehen. Bohnen abspülen, abtropfen lassen und in Stücke schneiden.

4. Den Backofen vorheizen.
Ober-/Unterhitze: etwa 200 °C
Heißluft: etwa 180 °C

5. Von den Zuckerschoten die Enden abschneiden, evtl. abfädeln. Schoten abspülen und abtropfen lassen. Die Kartoffeln gründlich unter fließendem kalten Wasser waschen und abbürsten. Kerbel abspülen und trocken tupfen. Die Blättchen von den Stängeln zupfen. Blättchen grob zerkleinern.

6. Die vorbereiteten Gemüsezutaten in einer Schüssel mischen. Knoblauch mit der Haut in Scheiben schneiden und untermischen, Olivenöl hinzufügen, mit Salz und Pfeffer würzen.

7. Die Gemüsemischung auf ein großes Stück Bratfolie oder in den Bratschlauch geben, nach Packungsanleitung verschließen und auf ein Backblech legen. Das Backblech auf mittlerer Einschubleiste in den vorgeheizten Backofen schieben. Das Gemüse etwa 30 Minuten garen.

8. Die Folie aufschneiden. Das Gemüse auf einer vorgewärmten Platte anrichten und servieren.

Tipp: Für die Zubereitung können auch andere Gemüsesorten verwendet werden, z. B. Spargel und Zucchini.

Gemüse-Gyros in Pita-Brottaschen | Für Kinder

2 Stück

Pro Stück: E: 10,4 g, F: 13,2 g, Kh: 48,5 g, kJ: 1497, kcal: 359, BE: 3,5

je 1 kleine, rote und grüne Paprikaschote (je 150 g)
1 Zwiebel (50 g)
1 Knoblauchzehe
1 TL Olivenöl (4 g)
evtl. 1 EL heißes Wasser
etwa 1/2 TL Gyros-Gewürzmischung
Salz
frisch gemahlener Pfeffer
2 Tomaten (etwa 100 g)
2 Pita-Brottaschen (je etwa 65 g)
200 g Zaziki (aus dem Kühlregal)
einige Scheiben Salatgurke (etwa 25 g)

Zubereitungszeit: 25 Minuten

1. Paprikaschoten halbieren, entstielen, entkernen und die weißen Scheidewände entfernen. Schotenhälften abspülen, abtropfen lassen und in kleine Würfel schneiden.

2. Zwiebel und Knoblauch abziehen. Zwiebel erst in Scheiben schneiden, dann in Ringe teilen. Knoblauch fein würfeln.

3. Das Öl in einer beschichteten Pfanne erhitzen. Die Knoblauchwürfel und die Hälfte der Zwiebelringe darin anbraten. Die Paprikawürfel zugeben und kurz unter Rühren anbraten, evtl. noch 1 Esslöffel heißes Wasser zufügen. Paprikagemüse mit Gyros-Gewürzmischung und evtl. mit Salz und Pfeffer abschmecken.

4. Tomaten abspülen, abtrocknen, halbieren und die Stängelansätze herausschneiden. Tomaten in Scheiben schneiden.

5. Pita-Brottaschen im Toaster nach Packungsanleitung toasten. Brottaschen mit Zaziki, Paprikagemüse, Tomaten- und Gurkenscheiben sowie den restlichen Zwiebelringen füllen. Die gefüllten Brottaschen sofort servieren.

Tipps: Kinder mögen manchmal keine Zwiebeln. Dann die Zwiebel weglassen. Wenn Sie die gefüllten Brottaschen mit zur Arbeit nehmen möchten, dann die Füllung getrennt vom Brot verpacken. Nach Möglichkeit das Brot frisch toasten.

Rezeptvariante: Für **Pita-Brote mit Salami** (2 Stück, pro Stück: E: 13,0 g, F: 10,5 g, Kh: 36,2 g, kJ: 1224, kcal: 293, BE: 3,0) 2 grüne Salatblätter abspülen, trocken tupfen und klein zupfen. 3–4 Radieschen (etwa 50 g) putzen, abspülen, trocken tupfen und in Scheiben schneiden. 2 Pita-Brottaschen toasten, mit Salat, 100 g Kräuterquark (aus dem Kühlregal), 4 Scheiben Salami (etwa 40 g), einigen Scheiben Salatgurke (etwa 35 g) und Radieschen füllen.

Gemüseplatte mit Käsesauce I

Vegetarisch

4 Portionen

Pro Portion: E: 16,9 g, F: 12,1 g, Kh: 48,2 g, kJ: 1579, kcal: 376, BE: 3,0

800 g	*vorwiegend festkochende Kartoffeln, Salz*
8	*Möhren (etwa 800 g)*
1 Bund	*Frühlingszwiebeln (etwa 250 g)*
500 g	*Brokkoli*
2 EL	*Sonnenblumenöl (20 g)*
500 ml (½ l)	*Gemüsebrühe*
4–5 Stängel	*Petersilie oder ½ EL TK-Petersilie*
250 ml (¼ l)	*Milch*
150 g	*Schmelzkäsezubereitung (kalorienreduziert, 10 % Fett)*
2 geh. EL	*heller Saucenbinder (etwa 20 g) frisch gemahlener Pfeffer frisch geriebene Muskatnuss*

Zubereitungszeit: 30 Minuten

1. Kartoffeln schälen, abspülen, abtropfen lassen, in einen Topf geben und so viel Wasser hinzufügen, dass die Kartoffeln knapp bedeckt sind. Kartoffeln zugedeckt zum Kochen bringen. Salz hinzugeben. Kartoffeln zugedeckt in 20–25 Minuten gar kochen.

2. Inzwischen die Möhren putzen, schälen, abspülen, gut abtropfen lassen und schräg in dünne Scheiben schneiden. Frühlingszwiebeln putzen, abspülen, abtropfen lassen, in etwa 5 cm lange Stücke schneiden. Vom Brokkoli die Blätter entfernen und die Röschen abschneiden. Röschen abspülen und abtropfen lassen.

3. Öl in einer großen Pfanne erhitzen. Möhren und Frühlingszwiebeln darin bei mittlerer Hitze unter gelegentlichem Rühren 3–4 Minuten andünsten. Brokkoli zugeben. Gemüsebrühe hinzugießen und alles zugedeckt aufkochen lassen. Das Gemüse zugedeckt bei mittlerer Hitze etwa 10 Minuten garen.

4. Petersilie abspülen, trocken tupfen, die Blättchen von den Stängeln zupfen und fein hacken. Gemüse mit der Schaumkelle aus dem Gemüsesud nehmen und warm stellen.

5. Milch in den Gemüsesud einrühren. Schmelzkäse hinzugeben und unter Rühren darin schmelzen lassen. Die Sauce kurz aufkochen und mit Saucenbinder binden. Käsesauce mit Salz, Pfeffer und Muskat abschmecken. Petersilie unterrühren.

6. Kartoffeln abgießen und mit dem Gemüse anrichten. Ein Teil der Käsesauce daraufgießen. Restliche Käsesauce dazureichen.

Rezeptvarianten: Für Nicht-Vegetarier gibt es pro Portion 50 g aufgerollten Lachsschinken (zusätzlich pro Portion: E: 9,1 g, F: 2,2 g, Kh: 0,4 g, kJ: 244, kcal: 58, BE: 0,0) oder 50 g Geflügelbrustaufschnitt (zusätzlich pro Portion: E: 11,5 g, F: 1,0 g, Kh: 0,5 g, kJ: 241, kcal: 57, BE: 0,0) dazu.

Ernährungstipps: Kartoffeln zählen zu unseren Grundnahrungsmitteln. Sie stecken voller Vitamine, Mineralstoffe und machen schön satt. Vorwiegend festkochende Kartoffeln sind ideal als Beilage für Gerichte mit Saucen. Die Gemüsemenge in diesem Rezept entspricht pro Portion etwa 3 Handvoll Gemüse. Mit dem Verzehr von 2 weiteren Obstportionen haben Sie viel für eine ausgewogene Ernährung am Tag getan.

Gemüse-Spaghetti | Vegetarisch

4 Portionen

Pro Portion: E: 15,6 g, F: 8,2 g, Kh: 53,2 g, kJ: 1471, kcal: 352, BE: 3,5

2 ½ l Wasser
2 ½ TL Salz
250 g Spaghetti

400 g Porree (Lauch)
4 Möhren (je 100 g)
200 g Champignons
1 Zwiebel (etwa 65 g)
2 Knoblauchzehen
1 EL Speiseöl (z. B. Olivenöl, 10 g)
Salz, frisch gemahlener Pfeffer

4 Tomaten (200 g)
60 g Crème légère
2 EL gehackte Basilikumblättchen
30 g frisch geriebener Parmesan-Käse

Zubereitungszeit: 25 Minuten

1. Das Wasser in einem großen Topf zugedeckt zum Kochen bringen. Dann Salz und Spaghetti zugeben. Die Spaghetti im geöffneten Topf bei mittlerer Hitze nach Packungsanleitung bissfest kochen, dabei gelegentlich umrühren. Anschließend die Spaghetti in ein Sieb geben, mit heißem Wasser abspülen und abtropfen lassen.

2. In der Zwischenzeit Porree und Möhren putzen. Möhren schälen. Möhren und Porree abspülen, abtropfen lassen und in feine Streifen schneiden. Champignons putzen, mit Küchenpapier abreiben, evtl. abspülen, gut abtropfen lassen, in Scheiben schneiden.

3. Zwiebel und Knoblauch abziehen und fein würfeln. Öl in einer Pfanne erhitzen. Zwiebel und Knoblauch unter Rühren darin andünsten. Möhrenstreifen hinzugeben und etwa 2 Minuten mitdünsten. Porreestreifen und Pilzscheiben hinzufügen, mit Salz und Pfeffer würzen. Gemüse zugedeckt bei schwacher Hitze unter gelegentlichem Rühren etwa 4 Minuten dünsten.

4. Tomaten abspülen, abtrocknen, halbieren und die Stängelansätze herausschneiden. Tomaten in kleine Stücke schneiden, mit Crème légère verrühren, mit Salz und Pfeffer abschmecken. Basilikum unterrühren.

5. Warm gestellte Spaghetti mit der Gemüsemischung vermengen und auf 4 Tellern anrichten. Die Tomatenmischung daraufgeben oder mit Parmesan dazuservieren.

Gemüsesuppe mit Lachsschinken | Einfach

4 Portionen

Pro Portion: E: 17,6 g, F: 12,9 g, Kh: 34,0 g, kJ: 1373, kcal: 328, BE: 2,5

2 TL	*geschälte Sesamsamen*
400 g	*Möhren*
800 g	*festkochende Kartoffeln*
600 g	*Kohlrabi*
2 EL	*Speiseöl (z. B. Olivenöl, 20 g)*
knapp 1 1/4 l	*Gemüsebrühe*
200 g	*Lachsschinken ohne Fettrand*
	Salz
	frisch gemahlener Pfeffer
2 Msp.	*frisch geriebene Muskatnuss*
100 g	*Crème légère*

Zubereitungszeit: 30 Minuten

1. Sesamsamen in einer Pfanne ohne Fett unter Rühren goldbraun rösten.

2. Möhren putzen. Kartoffeln, Möhren und Kohlrabi schälen, abspülen, abtropfen lassen und in gleich große Stücke schneiden.

3. Öl in einem Topf erhitzen. Die Gemüsestücke unter Rühren darin anbraten. Brühe hinzugießen und zum Kochen bringen. Gemüse zugedeckt etwa 15 Minuten kochen.

4. Schinken in Streifen schneiden. Gemüsesuppe pürieren. Suppe mit Salz, Pfeffer und Muskat abschmecken. Suppe in 4 Suppenschalen verteilen. Crème légère unterrühren und die Suppe mit Schinkenstreifen und Sesam bestreut sofort servieren.

Tipp: Das Auge isst mit. Deshalb die Suppe mit einigen Kräuterblättchen garniert servieren.

Gemüseteller mit Schnittlauch-Dip | Beliebt

2 Portionen

Pro Portion: E: 21,6 g, F: 6,9 g, Kh: 58,7 g, kJ: 1657, kcal: 396, BE: 3,5

2 kleine Kohlrabi (je etwa 150 g)
½ Salatgurke (etwa 175 g)
5 Möhren (etwa 500 g)
je 1 rote und grüne Paprikaschote (je etwa 200 g)

Für den Dip:

250 g Joghurt (3,5 % Fett)
100 g Magerquark
1 TL mittelscharfer Senf (5 g)
Salz
frisch gemahlener Pfeffer
1 Bund Schnittlauch

Außerdem:

2 Roggenbrötchen (je etwa 65 g)

Zubereitungszeit: 20 Minuten

1. Kohlrabi schälen, abspülen und abtropfen lassen. Gurke abspülen, abtrocknen und das Ende abschneiden. Kohlrabi und Gurke in Scheiben schneiden. Möhren putzen, schälen, abspülen und abtropfen lassen. Dickere Möhren längs vierteln.

2. Paprikaschoten halbieren, entstielen, entkernen und die weißen Scheidewände entfernen. Schotenhälften abspülen, abtropfen lassen und in Streifen schneiden. Klein geschnittenes Gemüse dekorativ anrichten.

3. Für den Dip Joghurt mit Quark und Senf verrühren, mit Salz und Pfeffer abschmecken. Schnittlauch abspülen, trocken tupfen und in sehr kleine Röllchen schneiden. Schnittlauchröllchen unter den Dip rühren. Gemüse mit dem Dip und den Brötchen servieren.

Ernährungstipp: Gemüse sollte in einer ausgewogenen Ernährung der wichtigste Bestandteil sein, denn es verfügt über einen hohen Gehalt an Vitaminen, Mineralstoffen und Spurenelementen, sekundären Pflanzenstoffen und Ballaststoffen. Dabei ist es durch seinen hohen Wassergehalt auch noch sehr kalorienarm.

Rezeptvarianten: Für Fleischliebhaber dazu 2 Scheiben gekochten Schinken (je 50 g, zusätzlich pro Portion: E: 11,3 g, F: 1,9 g, Kh: 0,0 g, kJ: 262, kcal: 63, BE: 0,0) oder 6 Scheiben Lachsschinken (je 10 g, zusätzlich pro Portion: E: 5,5 g, F: 1,3 g, Kh: 0,3 g, kJ: 146, kcal: 35, BE: 0,0) reichen.

Gemüsetopf „Sterntaler“

Für Kinder

4 Portionen

Pro Portion: E: 16,5 g, F: 15,4 g, Kh: 21,8 g, kJ: 1227, kcal: 294, BE: 1,5

1 kleiner Blumenkohl (500 g)
2 Möhren (etwa 200 g)
1 Petersilienwurzel
1 EL Sonnenblumenöl (10 g)
1 Lorbeerblatt
1 1/2 l Instant-Gemüsebrühe
200 g TK-Erbsen
50 g Sternchennudeln, Salz
frisch geriebene Muskatnuss
4 kleine Geflügel-Wiener-Würstchen (je 50 g)
einige Stängel Petersilie

Zubereitungszeit: 30 Minuten

1. Vom Blumenkohl die Blätter entfernen und den Strunk abschneiden. Den Blumenkohl in Röschen teilen, abspülen und abtropfen lassen.

2. Möhren putzen, schälen, abspülen, abtropfen lassen und in dünne Scheiben schneiden. Petersilienwurzel putzen, schälen, abspülen, abtropfen lassen und fein würfeln.

3. Öl in einem Suppentopf erhitzen. Das Gemüse und Lorbeerblatt kurz darin andünsten. Gemüsebrühe hinzugießen und zum Kochen bringen. Das Ganze etwa 10 Minuten kochen lassen.

4. Erbsen und Nudeln hinzufügen und noch einmal 5–7 Minuten kochen. Den Gemüsetopf mit Salz und Muskatnuss kräftig würzen.

5. Würstchen in Scheiben schneiden, zufügen und etwa 2 Minuten miterhitzen. Petersilie abspülen und trocken tupfen. Die Blättchen von den Stängeln zupfen, fein hacken und zum Eintopf geben.

Gestreifte Erdbeerschnitten

Für Kinder

10 Stücke

Pro Stück: E: 7,7 g, F: 7,9 g, Kh: 41,6 g, kJ: 1139, kcal: 272, BE: 3,5

Für den dunklen Biskuitteig:

2 Eier (Größe M)
1 EL heißes Wasser
80 g Zucker
50 g Weizenmehl
1 Pck. Dr. Oetker Pudding-Pulver Schokoladen-Geschmack

Für den hellen Teig:

3 Eiweiß (Größe M)
100 g Zucker
1 Prise Salz
1 TL heißes Wasser
40 g Weizenmehl
½ TL Dr. Oetker Backin
½ TL Dr. Oetker Finesse Geriebene Zitronenschale

Für die Füllung:

12 Blatt weiße Gelatine
600 g angetaute TK-Erdbeeren
1–2 EL Zitronensaft
400 g Dickmilch (3,5 % Fett)
150 g Schlagsahne
70 g gesiebter Puderzucker

Außerdem:

1 EL Semmelbrösel

Zubereitungszeit: 45 Minuten, ohne Abkühlzeit
Backzeit: 15–20 Minuten

1. Den Backofen vorheizen.
Ober-/Unterhitze: etwa 180 °C
Heißluft: etwa 160 °C

2. Für den dunklen Teig Eier und Wasser mit Handrührgerät mit Rührbesen auf höchster Stufe in etwa 1 Minute schaumig schlagen. Zucker in etwa 1 Minute einstreuen, dann noch etwa 2 Minuten weiterschlagen. Mehl mit Pudding-Pulver mischen, auf die Eiercreme geben und kurz auf niedrigster Stufe unterrühren.

3. Für den hellen Teig Eiweiß steif schlagen. Zucker und Salz kurz unterschlagen. Wasser unterrühren. Mehl und Backpulver mischen und mit der Zitronenschale unterheben.

4. Dunklen und hellen Teig getrennt in Gefrierbeutel geben und jeweils eine Ecke abschneiden. Die Teigmassen abwechselnd in Streifen dicht nebeneinander auf ein Backblech (30 x 40 cm, gefettet, mit Backpapier belegt) spritzen.

5. Das Backblech auf mittlerer Einschubleiste in den vorgeheizten Backofen schieben. Die Biskuitplatte 15–20 Minuten backen.

6. Das Backblech auf einen Kuchenrost stellen. Die Gebäckplatte erkalten lassen, dann senkrecht halbieren, dabei das Backpapier durchschneiden.

7. Für die Füllung Gelatine nach Packungsanleitung einweichen. Erdbeeren pürieren. Gelatine leicht ausdrücken und mit 2 Esslöffeln vom Erdbeerpüree in einem kleinen Topf bei schwacher Hitze unter Rühren erwärmen, bis sie völlig gelöst ist. Zuerst 6 Esslöffel Erdbeerpüree in die Gelatinemischung einrühren, dann mit dem restlichen Erdbeerpüree verrühren. Zitronensaft mit Dickmilch verrühren, ebenfalls unterrühren. Fruchtmasse in den Kühlschrank stellen.

8. Die Schlagsahne mit Puderzucker steif schlagen. Sobald die Fruchtmasse anfängt dicklich zu werden, Sahne unterheben.

9. Eine Gebäckhälfte auf eine mit Semmelbröseln bestreute Platte stürzen, Backpapier abziehen. Backrahmen darumstellen. Füllung darauf verstreichen. Zweite Gebäckhälfte darauflegen. Backpapier abziehen. Kuchen etwa 3 Stunden in den Kühlschrank stellen. Zum Servieren Backrahmen lösen und entfernen. Kuchen in 10 Schnitten einteilen.

Tipps: Im Kühlschrank bleiben die Erdbeerschnitten 2–3 Tage frisch. Nach Belieben mit Minze garnieren.

Gestürzte Apfeltarte I

Fruchtig

12 Stücke

Pro Stück: E: 1,3 g, F: 5,0 g, Kh: 18,5 g, kJ: 523, kcal: 125, BE: 1,5

225 g TK-Blätterteig (3 rechteckige Platten)

4 mittelgroße, säuerliche Äpfel (etwa 800 g, z. B. Cox Orange, Elstar)
50 g getrocknete Cranberries oder Kirschen

Für die Form:
1–2 EL Zucker

Zubereitungszeit: 15 Minuten, ohne Auftauzeit
Backzeit: etwa 30 Minuten

1. Für die Tarte Blätterteigplatten nebeneinander nach Packungsanleitung auftauen lassen.

2. Den Backofen vorheizen.
Ober-/Unterhitze: etwa 200 °C
Heißluft: etwa 180 °C

3. Die Äpfel schälen und die Kerngehäuse mit einem Apfelausstecher ausstechen. Die Äpfel in etwa 1 cm dicke Scheiben schneiden und dachziegelartig in eine Pie- oder Tarteform (Ø 28–30 cm, gefettet, mit Zucker ausgestreut) einschichten. Cranberries oder Kirschen in den Zwischenräumen verteilen.

4. Blätterteigplatten wieder aufeinanderlegen, auf einer leicht bemehlten Arbeitsfläche zu einer runden Platte (Ø 30–32 cm) ausrollen.

5. Die Blätterteigplatte auf die Früchte in der Pie- oder Tarteform legen und etwas andrücken. Überstehenden Teig auf die Teigplatte klappen und gut andrücken. Die Teigplatte mehrmals mit einer Gabel einstechen.

6. Die Form auf dem Rost im unteren Drittel in den vorgeheizten Backofen schieben. Die Apfeltarte etwa 30 Minuten backen.

7. Die Tarte nach dem Backen vorsichtig auf eine Tortenplatte stürzen und warm servieren.

Tipps: Die Apfeltarte mit Vanillesauce (250 g, zusätzlich pro Stück: E: 0,6 g, F: 0,7 g, Kh: 3,4 g, kJ: 95, kcal: 23, BE: 0,5) aus dem Kühlregal servieren. Rollen Sie die Teigplatte im Durchmesser immer etwa 2 cm größer aus als die Form.

Gestürzter Birnenkuchen | Fruchtig

16 Stücke

Pro Stück: E: 4,0 g, F: 8,9 g, Kh: 28,9 g, kJ: 884, kcal: 211, BE: 2,5

Zum Vorbereiten:

- *5 kleine Birnen (etwa 700 g)*
- *3 EL Zitronensaft*
- *50 g Halbfett-Butter (39 % Fett)*
- *125 g Zucker*
- *75 g Walnusskerne*

Für den All-in-Teig:

- *250 g Weizenmehl*
- *2 gestr. TL Dr. Oetker Backin*
- *80 g Zucker*
- *1 Prise Salz*
- *3 Eier (Größe M)*
- *6 EL fettarme Milch (1,5 % Fett)*
- *4 EL Nussöl (40 g)*
- *1–1 ½ EL neutrales Speiseöl (z. B. Rapsöl, 10–15 g)*

Zubereitungszeit: 30 Minuten
Backzeit: 30–35 Minuten

1. Zum Vorbereiten die Birnen schälen, vierteln und entkernen. Birnenviertel mit 1 Esslöffel vom Zitronensaft beträufeln. Butter, Zucker und restlichen Zitronensaft in einem kleinen Topf ohne Deckel erhitzen, bis sich Butter und Zucker aufgelöst haben. Dann die Zuckermasse etwa 1 Minute bei starker Hitze kochen lassen. Die Zuckermasse sofort in eine Springform (Ø 26 cm, Boden mit Backpapier belegt) gießen. Die Birnenviertel mit der Wölbung nach unten und Walnusskerne kreisförmig darauflegen.

2. Den Backofen vorheizen.
Ober-/Unterhitze: etwa 180 °C
Heißluft: etwa 160 °C

3. Für den Teig das Mehl mit Backpulver in einer Rührschüssel mischen. Restliche Zutaten hinzufügen und alles mit Handrührgerät mit Rührbesen erst kurz auf niedrigster, dann auf höchster Stufe in etwa 2 Minuten zu einem Teig verarbeiten.

4. Den Teig auf die Birnenstücke geben und vorsichtig glatt streichen. Die Form auf dem Rost im unteren Drittel in den vorgeheizten Backofen schieben. Den Kuchen 30–35 Minuten backen.

5. Die Form auf einen Kuchenrost stellen. Den Kuchen etwas abkühlen lassen, aus der Form lösen und auf einen mit Backpapier belegten Kuchenrost stürzen. Mitgebackenes Backpapier abziehen. Birnenkuchen erkalten lassen.

Getränkter Erdbeerkuchen I

Fruchtig

20 Stücke

Pro Stück: E: 4,7 g, F: 6,2 g, Kh: 18,3 g, kJ: 623, kcal: 149, BE: 1,5

Zum Vorbereiten:

300 g TK-Erdbeeren

Für den Biskuitteig:

5 Eier (Größe M)
1 Eigelb (Größe M)
2 EL heißes Wasser
150 g Zucker
1 Prise Salz
120 g Weizenmehl
1 gestr. TL Dr. Oetker Backin
70 g abgezogene, gemahlene Mandeln

Für den Guss:

40 g Zucker

Für die Creme:

100 g Doppelrahm-Frischkäse
75 g Erdbeerkonfitüre
125 g Speisequark (20 % Fett)

Zum Garnieren:

etwa 75 g Erdbeeren

Zubereitungszeit: 25 Minuten, ohne Auftau- und Abkühlzeit
Backzeit: etwa 15 Minuten

1. Zum Vorbereiten die Erdbeeren auftauen lassen.

2. Den Backofen vorheizen.
Ober-/Unterhitze: etwa 200 °C
Heißluft: etwa 180 °C

3. Für den Teig Eier, das Eigelb und Wasser mit Handrührgerät mit Rührbesen auf höchster Stufe in etwa 1 Minute schaumig schlagen. Zucker und Salz in etwa 1 Minute einstreuen, dann noch etwa 2 Minuten weiterschlagen. Mehl mit Backpulver mischen, in 2 Portionen auf die Eiercreme geben und kurz auf niedrigster Stufe unterrühren. Mandeln kurz unterarbeiten.

4. Den Teig in ein tiefes Backblech oder in eine Fettpfanne (30 x 40 cm, gefettet, bemehlt) geben und verstreichen. Das Backblech oder die Fettpfanne in den vorgeheizten Backofen schieben. Den Kuchenboden auf mittlerer Einschubleiste etwa 15 Minuten backen.

5. Inzwischen für den Guss aufgetaute Erdbeeren mit Zucker pürieren. Das Backblech oder die Fettpfanne auf einen Kuchenrost stellen. Den heißen Boden sofort mit einer Gabel dicht an dicht einstechen. Das Püree auf dem Boden verteilen und vorsichtig glatt streichen. Den Boden erkalten lassen.

6. Für die Creme Frischkäse mit Erdbeerkonfitüre und Quark cremig aufschlagen. Den Kuchen in 20 Stücke schneiden. Die Creme mit einem Löffel auf die Stücke verteilen.

7. Zum Garnieren Erdbeeren abspülen, trocken tupfen, putzen und vierteln. Erdbeeren auf die Kleckse legen.

Tipps: In der Erdbeersaison den Kuchen mit Püree aus 300 g frischen, geputzten Erdbeeren zubereiten. Wer zusätzlich auf ein paar Kalorien verzichten möchte, nimmt statt des Doppelrahm-Frischkäses die gleiche Menge an fettreduzierten Frischkäse mit Joghurt (13 % Fett) und statt Speisequark (20 % Fett) die gleiche Menge Magerquark (pro Stück: E: 4,8 g, F: 4,5 g, Kh: 18,4 g, kJ: 563, kcal: 135, BE: 1,5).

Gratiniertes Brokkoli-Kartoffel-Pfännchen | Vegetarisch

4 Portionen

Pro Portion: E: 18,6 g, F: 13,7 g, Kh: 51,1 g, kJ: 1736, kcal: 413, BE: 3,5

1 ¼ kg Brokkoli
150 ml Gemüsebrühe
Saft von
1 Bio-Zitrone (unbehandelt, ungewachst)
Salz, frisch gemahlener Pfeffer
2 Msp. frisch gemahlene Muskatnuss
1 kg kleine, gegarte Pellkartoffeln
4 Tomaten (250 g)
100 g Schmand (24 % Fett)
4 Vollkorn-Knäckebrote
abgeriebene Schale von
½–1 Bio-Zitrone (unbehandelt, ungewachst)
50 g frisch geriebener Parmesan-Käse

Zubereitungszeit: 30 Minuten
Gratinierzeit: etwa 15 Minuten

1. Vom Brokkoli die Blätter entfernen. Brokkoli in Röschen teilen, die Stängel am Strunk schälen und klein schneiden. Die Röschen abspülen und abtropfen lassen.

2. Brühe mit Zitronensaft, Salz, Pfeffer und Muskat verrühren, in einem Topf zum Kochen bringen. Brokkoli hinzufügen und etwa 5 Minuten kochen.

3. Den Backofen vorheizen.
Ober-/Unterhitze: etwa 200 °C
Heißluft: etwa 180 °C

4. Die Kartoffeln pellen. Brokkoli abgießen, dabei die Brühe auffangen. Tomaten abspülen, abtrocknen, vierteln und Stängelansätze herausschneiden. Gemüse in eine Auflaufform (gefettet) geben.

5. Aufgefangene Brühe mit Schmand verrühren und das Gemüse damit beträufeln.

6. Das Knäckebrot in einen Gefrierbeutel geben, diesen fest verschließen. Mithilfe einer Teigrolle das Knäckebrot fein zerbröseln. Knäckebrotbrösel mit Zitronenschale und Parmesan vermischen und den Auflauf damit bestreuen.

7. Die Form auf dem Rost auf mittlerer Einschubleiste in den vorgeheizten Backofen schieben. Den Auflauf etwa 15 Minuten gratinieren.

Gugelhupf mit Aprikosen

Gefriergeeignet

20 Stücke

Pro Stück: E: 2,8 g, F: 4,6 g, Kh: 20,2 g, kJ: 564, kcal: 135, BE: 1,5

Zum Vorbereiten:

100 g getrocknete Aprikosen
5 EL Apfelsaft (etwa 60 ml)

Für den Rührteig:

80 g weiche Joghurt-Butter (65 % Fett)
100 g brauner Zucker
1 Prise Salz
2 Eier (Größe M)
300 g Weizenmehl
1 geh. TL Dr. Oetker Backin
50 g fettarmer Naturjoghurt (1,5 % Fett)
2 EL gemahlene Haselnusskerne
100 ml Apfelsaft

Zum Bestreuen:

1 EL Puderzucker

Für die Form:

1 EL Semmelbrösel (etwa 10 g)

Zubereitungszeit: 20 Minuten, ohne Durchziehzeit
Backzeit: etwa 50 Minuten

1. Zum Vorbereiten Aprikosen fein würfeln und mit dem Saft verrühren, etwa 30 Minuten durchziehen lassen.

2. Den Backofen vorheizen.
Ober-/Unterhitze: etwa 180 °C
Heißluft: etwa 160 °C

3. Für den Teig Butter mit Handrührgerät mit Rührbesen geschmeidig rühren. Nach und nach Zucker und Salz unter Rühren hinzufügen. So lange rühren, bis eine gebundene Masse entstanden ist. Eier nach und nach unterrühren (jedes Ei etwa ½ Minute).

4. Mehl mit Backpulver mischen, abwechselnd portionsweise mit Joghurt und Haselnüssen kurz unterrühren. Aprikosen mit der Flüssigkeit und dem Apfelsaft unterrühren.

5. Den Teig in eine Gugelhupfform (Ø 22 cm, gefettet, mit Semmelbröseln ausgestreut) füllen und sorgfältig glatt streichen.

6. Die Form auf dem Rost im unteren Drittel in den vorgeheizten Backofen schieben. Den Gugelhupf etwa 50 Minuten backen.

7. Gugelhupf etwas abkühlen lassen, dann aus der Form stürzen und auf einem Kuchenrost erkalten lassen. Den Gugelhupf mit Puderzucker bestäuben und in 20 Stücke einteilen.

Tipps: Gut verpackt hält der Kuchen 2–3 Tage frisch, oder frieren Sie ihn in Portionsstücken ein.

Gyrospfanne mit Knoblauch-Dill-Quark | Beliebt

4 Portionen

Pro Portion: E: 54,7 g, F: 15,6 g, Kh: 6,5 g, kJ: 1634, kcal: 391, BE: 0,5

Für die Gyrospfanne:

800 g Schweinefleisch (z. B. Schnitzelfleisch)
1–2 TL Gyros-Gewürzmischung
3 EL Olivenöl (30 g)

Für die marinierten Zwiebeln:

1 Gemüsezwiebel (etwa 100 g)
Salz
1 EL Weißweinessig (10 g)
1 Prise Pul Biber (scharfe Paprikaflocken)

Für den Knoblauch-Dill-Quark:

250 g Salatgurke
3 Stängel Dill
2 Knoblauchzehen
250 g Magerquark
150 g Naturjoghurt (3,5 % Fett)
Salz
frisch gemahlener Pfeffer

1 EL Olivenöl (10 g)
etwas glatte Petersilie

Zubereitungszeit: 25 Minuten, ohne Marinierzeit

1. Für die Gyrospfanne Schweinefleisch mit Küchenpapier trocken tupfen und in feine Streifen schneiden. Die Fleischstreifen mit Gyros-Gewürzmischung und Olivenöl mischen und zugedeckt etwa 3 Stunden oder über Nacht in den Kühlschrank stellen.

2. Für die marinierten Zwiebeln die Zwiebel abziehen, halbieren und in feine Scheiben schneiden. Zwiebel mit Salz, Essig und Pul Biber würzen und etwa 1 Stunde durchziehen lassen.

3. Für den Knoblauch-Dill-Quark die Gurke schälen, auf der Haushaltsreibe raspeln und etwas ausdrücken. Dill abspülen, trocken tupfen, die Blättchen von den Stängeln zupfen und fein hacken.

4. Knoblauch abziehen, fein hacken und mit Quark und Joghurt verrühren. Gurkenraspel und Dill unterheben, mit Salz und Pfeffer abschmecken und in den Kühlschrank stellen.

5. Olivenöl in einer großen Pfanne erhitzen. Gyrosfleisch darin portionsweise anbraten.

6. Anschließend die gesamte Menge bei starker Hitze etwa 8 Minuten knusprig braun braten, dabei gelegentlich wenden.

7. Gyros mit Zwiebeln und Knoblauch-Dill-Quark anrichten, mit Petersilie garnieren.

Tipp: Die Fleischstreifen können statt mit Gyros-Gewürzmischung mit Salz, Pfeffer, Paprikapulver und gerebeltem Oregano gewürzt werden.

Gyros-Pilz-Taschen | Beliebt

4 Portionen

Pro Portion: E: 21,0 g, F: 11,0 g, Kh: 39,8 g, kJ: 1427, kcal: 341, BE: 3,0

300 g Pilze (z. B. Pfifferlinge oder Champignons)
1 rote Paprikaschote (etwa 200 g)
1 Stange Porree (Lauch, etwa 200 g)
200 g Schweinefilet
2 EL Olivenöl (20 g)
Salz, frisch gemahlener Pfeffer
Gyros-Gewürzmischung

Für die Sauce:

½ Bund Petersilie
150 g saure Sahne
2 EL fettarme Milch (1,5 % Fett)
1 Prise Zucker

4 Pita-Brottaschen (je etwa 65 g)

Zubereitungszeit: 30 Minuten

1. Pilze putzen, evtl. mit Küchenpapier abreiben, kurz abspülen und gut abtropfen lassen. Pilze in Scheiben oder Stücke schneiden. Paprika halbieren, entstielen, entkernen, weiße Scheidewände entfernen. Paprika abspülen, abtropfen lassen, in feine Streifen schneiden.

2. Porree putzen, die Stange längs halbieren, waschen, gut abtropfen lassen und in dünne Streifen schneiden. Filet mit Küchenpapier trocken tupfen, evtl. entfetten und enthäuten. Filet in feine Streifen schneiden.

3. 1 Esslöffel von dem Öl in einer Pfanne erhitzen. Die Filetstreifen darin anbraten, mit Salz, Pfeffer und Gyros-Gewürz würzen und herausnehmen.

4. Restliches Öl in die Pfanne geben. Die Pilze darin anbraten. Paprika und Porree dazugeben. Alles würzen und unter Wenden 3–5 Minuten braten. Gemüse mit Gyros-Gewürz abschmecken. Fleisch wieder dazugeben und untermischen.

5. Für die Sauce Petersilie abspülen, trocken tupfen und die Blättchen von den Stängeln zupfen. Blättchen fein hacken. Saure Sahne mit Milch verrühren, Kräuter unterrühren. Sauce mit Salz, Pfeffer und Zucker abschmecken.

6. Pita-Brottaschen nach Packungsanleitung aufbacken bzw. toasten. Gyros-Pilz-Mischung einfüllen und mit der Sauce anrichten.

Hafer-Pfannkuchen-Röllchen

Raffiniert

2 Portionen

Pro Portion: E: 19,2 g, F: 15,2 g, Kh: 26,9 g, kJ: 1350, kcal: 322, BE: 2,0

55 g Weizenmehl
15 g Haferkleieflocken
2 Eier (Größe M)
125 ml (1/8 l) Wasser
1/4 TL Salz
frisch gemahlener Pfeffer

200 g Tomaten
100 g Rucola (Rauke)
1 EL Olivenöl (10 g)
50 g geraspelter, kalorienreduzierter Schafkäse (8 % Fett)

Zubereitungszeit: 30 Minuten

1. Mehl in eine Rührschüssel geben, Kleieflocken unterrühren. Eier mit Wasser verschlagen, mit Salz und Pfeffer würzen. Eiermischung nach und nach unter Rühren zum Mehl geben, darauf achten, dass keine Klümpchen entstehen. Teig etwa 10 Minuten quellen lassen.

2. Tomaten abspülen, abtrocknen, vierteln und die Stängelansätze herausschneiden. Tomaten in kleine Würfel schneiden. Rucola verlesen, dicke Stängel abschneiden, Rucola waschen, trocken schleudern und in mundgerechte Stücke schneiden.

3. Eine beschichtete Pfanne (Ø 24 cm) mit Öl auspinseln und nicht zu stark erhitzen. Aus dem Teig nacheinander 4 dünne Pfannkuchen backen, warm stellen.

4. Die Pfannkuchen mit den Käseraspeln, Tomaten und Rucola belegen, mit Salz und Pfeffer bestreuen. Pfannkuchen aufrollen und heiß oder kalt servieren.

Tipps: Die Pfannkuchen lassen sich auch gut vorbacken und ungefüllt mit ins Büro nehmen. Erst kurz vor dem Genießen mit vorbereiteten Zutaten füllen und aufrollen. Statt der Haferkleieflocken (enthalten reichlich cholesterin-regulierende Ballaststoffe und E-Vitamine) können Sie auch blütenzarte oder Instant-Haferflocken verwenden.

Hähnchenfilet auf buntem Gemüse | **Beliebt – einfach**

2 Portionen

Pro Portion: E: 39,7 g, F: 6,8 g, Kh: 14,0 g, kJ: 1179, kcal: 281, BE: 0,5

2 Hähnchenbrustfilets (je etwa 150 g)
Salz
frisch gemahlener Pfeffer
1 EL Olivenöl (10 g)
1 Knoblauchzehe
1 Zwiebel
1 gelbe Paprikaschote (etwa 200 g)
1 Aubergine (etwa 400 g)
3–4 Tomaten (etwa 200 g)
4 Stängel Majoran oder Basilikum
1 TL Weißweinessig (etwa 5 g)
1/2 TL Zucker (etwa 3 g)
1 TL getrocknete oder TK-Kräuter der Provence

Zubereitungszeit: 25 Minuten

1. Die Hähnchenbrustfilets unter fließendem kalten Wasser abspülen, trocken tupfen, mit Salz und Pfeffer bestreuen. Olivenöl in einer beschichteten Pfanne erhitzen. Hähnchenfilets darin rundherum gut anbraten, dann bei mittlerer bis starker Hitze etwa 10 Minuten garen, dabei 1–2-mal wenden.

2. In der Zwischenzeit Knoblauch und Zwiebel abziehen und fein würfeln. Die Paprikaschote halbieren, entstielen, entkernen und die weißen Scheidewände entfernen. Schotenhälften abspülen, abtropfen lassen und in dünne Streifen schneiden.

3. Aubergine und Tomaten abspülen und abtrocknen. Von der Aubergine die Enden abschneiden. Aubergine in kleine Würfel schneiden. Tomaten vierteln und die Stängelansätze herausschneiden. Tomaten in Stücke schneiden. Kräuter abspülen, trocken tupfen und die Blättchen von den Stängeln zupfen.

4. Hähnchenbrustfilets aus der Pfanne nehmen und warm stellen.

5. Knoblauch- und Zwiebelwürfel im Bratensatz andünsten. Vorbereitetes Gemüse hinzufügen, unter Rühren kurz anbraten. Dann zugedeckt 5–8 Minuten garen, dabei gelegentlich umrühren. Gemüse mit Essig, Zucker, Kräutern der Provence, Salz und Pfeffer würzen. Kräuterblättchen unterrühren.

6. Warm gestelltes Hähnchenbrustfilet in Scheiben schneiden und auf dem Gemüse anrichten.

Ernährungstipp: Hähnchenbrustfilet (ohne Haut) ist relativ eiweißreich und gleichzeitig fettarm. Es sollte wie jedes andere Geflügelfleisch nur gut durchgegart verzehrt werden.

Rezeptvariante: Für **Hähnchenfilet mit Tomatensauce** (2 Portionen, pro Portion: E: 38,4 g, F: 6,9 g, Kh: 10,5 g, kJ: 1101, kcal: 263, BE: 0,0) das Hähnchenbrustfilet wie beschrieben zubereiten und zugedeckt warm stellen. Eine fein gewürfelte Zwiebel im Bratensatz andünsten. Etwa 75 g fein gewürfelte, rote Paprikaschote und etwa 50 g fein gewürfelte Möhren hinzugeben, mit andünsten. Dann 400 g gehäutete, gewürfelte Tomaten und 1–2 in feine Streifen geschnittene kleine Gewürzgurken (etwa 20 g) unterrühren. Die Sauce zugedeckt etwa 3 Minuten garen, mit Salz, Pfeffer, Cayennepfeffer und Majoran würzen.

Hähnchenragout mit Basmatireis | Raffiniert

4 Portionen

Pro Portion: E: 31,3 g, F: 5,4 g, Kh: 42,1 g, kJ: 1456, kcal: 346, BE: 3,0

400 ml	*Wasser*
200 g	*Basmatireis*
2 gestr. TL	*Salz*
400 g	*Hähnchenbrustfilet*
600 g	*Brokkoli*
2	*Zwiebeln (130 g)*
2 TL	*Speiseöl (z. B. Rapsöl, 20 g)*
	Salz
	frisch gemahlener Pfeffer
1 TL	*Zitronensaft*
12 EL	*heißes Wasser*
50 g	*saure Sahne (10 % Fett)*
2 TL	*Currypulver*

Zubereitungszeit: 30 Minuten

1. Wasser in einem Topf zum Kochen bringen. Reis und Salz hinzufügen, wieder zum Kochen bringen. Reis nach Packungsanleitung bei schwacher Hitze in etwa 20 Minuten ausquellen lassen.

2. In der Zwischenzeit Hähnchenbrustfilet unter fließendem kalten Wasser abspülen, trocken tupfen und in etwa 1 ½ cm dicke Streifen schneiden.

3. Brokkoli putzen, in kleine Röschen teilen, abspülen und abtropfen lassen. Zwiebeln abziehen und fein würfeln.

4. Öl in einer Pfanne erhitzen. Hähnchenstreifen unter Rühren darin anbraten, mit Salz und Pfeffer würzen. Brokkoli und Zwiebelwürfel hinzufügen und kurz mit anbraten. Zitronensaft und Wasser unterrühren und die Zutaten zugedeckt etwa 5 Minuten garen.

5. Saure Sahne einrühren und das Ragout mit Salz, Pfeffer und Currypulver abschmecken. Hähnchenragout mit dem Reis servieren.

Tipps: Garnieren Sie das Ragout zusätzlich mit Thai-Basilikum. Oder geben Sie dem Gericht eine besondere Geschmacksnote, indem Sie einige Blättchen Thai-Basilikum fein schneiden und unter das Hähnchenragout rühren.

Harzer-Käse-Salat mit Curry-Vinaigrette | Etwas Besonderes

4 Portionen

Pro Portion: E: 32,4 g, F: 14,9 g, Kh: 5,2 g, kJ: 1209, kcal: 289, BE: 0,0

Für die Curry-Vinaigrette:

3 EL Sherry-Essig (30 g)
1 Prise Zucker
¼ TL Currypulver
2 EL Kürbiskernöl (20 g)
3–4 EL Distel- oder Sonnenblumenöl (30–40 g)
Salz
frisch gemahlener Pfeffer

400 g Harzer Käse
1 Bund Radieschen (etwa 250 g)
2 rote Zwiebeln (etwa 100 g)
4 mittelgroße Tomaten
1 kleiner Kopf Frisée-Salat (etwa 280 g)
50 g Radieschensprossen

Zubereitungszeit: 20 Minuten

1. Für die Vinaigrette Essig mit Zucker und Currypulver verrühren. Beide Ölsorten unterschlagen und mit Salz und Pfeffer abschmecken.

2. Käse in Scheiben schneiden. Radieschen putzen, abspülen, abtropfen lassen und in Scheiben schneiden. Zwiebeln abziehen, halbieren und in feine Ringe schneiden. Tomaten abspülen, abtrocknen, halbieren und die Stängelansätze herausschneiden. Tomaten in Spalten schneiden.

3. Salat putzen und evtl. welke äußere Blätter entfernen. Salat abspülen, abtropfen lassen oder trocken schleudern und in mundgerechte Stücke zupfen. Die Sprossen verlesen, abspülen und abtropfen lassen.

4. Radieschenscheiben, Tomatenspalten, Zwiebelringe und Salat mischen und auf Tellern verteilen. Die Käsescheiben und Sprossen darauf anrichten. Die Curry-Vinaigrette zum Salat reichen.

Tipps: Servieren Sie Vollkornbrot mit Nüssen dazu (je Brotscheibe etwa 45 g, zusätzlich pro Scheibe etwa: E: 3,1 g, F: 1,4 g, Kh: 16,3 g, kJ: 383, kcal: 91, BE: 1,5). Der herzhafte Sauermilchkäse Harzer (auch Korb- oder Mainzer Handkäse genannt) mit seinem zum Teil scharfen Geschmack und kräftigen Duft wird vor allem von Käse-Kennern geschätzt. Der fett- und daher recht kalorienarme Käse wird auch häufig mit Kümmel oder weißem Edelschimmel angeboten. Optimal gelagert wird er bei einer Temperatur von etwa 8 °C, da er dann reifen kann. Eine klassische Vinaigrette im Verhältnis 1 Teil Essig, 2 Teile Öl wie in diesem Rezept wird in einem Dressing-Shaker schön sämig.

Hefekuchen mit Amarettini

Raffiniert

20 Stücke

Pro Stück: E: 4,7 g, F: 4,3 g, Kh: 31,8 g, kJ: 792, kcal: 189, BE: 2,5

Für den Hefeteig:

300 g Weizenmehl
1 Pck. Hefeteig Garant
50 g Zucker
1 Prise Salz
1 Ei (Größe M)
200 ml Milch
50 ml Speiseöl (z. B. Sonnenblumenöl)

Für den Belag:

120 g Amarettini (ital. Mandelmakronen)
340 g Sauerkirschkonfitüre
250 g Magerquark
1 Ei (Größe M)
50 ml kaltes Wasser
20 g Zucker
2 EL Zitronensaft

Zubereitungszeit: 30 Minuten, ohne Ruhezeit
Backzeit: etwa 30 Minuten

1. Für den Teig das Mehl mit Hefeteig Garant in einer Rührschüssel mischen. Restliche Zutaten hinzufügen und alles mit Handrührgerät mit Knethaken erst kurz auf niedrigster, dann auf höchster Stufe in etwa 2 Minuten zu einem Teig verarbeiten.

2. Den dickflüssigen Hefeteig auf einem Backblech (30 x 40 cm, gefettet) verteilen und verstreichen. Teig mit einem zweiten Backblech zudecken und etwa 15 Minuten ruhen lassen.

3. Den Backofen vorheizen.
Ober-/Unterhitze: etwa 200 °C
Heißluft: etwa 180 °C

4. Inzwischen für den Belag Amarettini in einen Gefrierbeutel füllen. Den Beutel fest verschließen. Die Amarettini mit der Teigrolle grob zerbröseln.

5. Konfitüre glatt rühren. Quark mit Ei, Wasser, Zucker und Zitronensaft mit Handrührgerät mit Rührbesen verrühren. Konfitüre in Klecksen auf dem Teig verteilen. Quarkmasse esslöffelweise in den Zwischenräumen verteilen und vorsichtig glatt streichen.

6. Den Belag mit den Amarettini-Bröseln bestreuen. Das Backblech auf mittlerer Einschubleiste in den vorgeheizten Backofen schieben. Den Kuchen etwa 30 Minuten backen.

7. Das Backblech auf einen Kuchenrost stellen und den Kuchen darauf erkalten lassen.

Tipp: Statt Sauerkirschkonfitüre passt auch Erdbeer- oder Kirschkonfitüre und Johannisbeergelee.

Hefeteilchen | Für Kinder

9 Stück

Pro Stück: E: 7,2 g, F: 5,0 g, Kh: 50,2 g, kJ: 1187, kcal: 283, BE: 4,0

Zum Vorbereiten:

1 Dose Aprikosenhälften (Abtropfgewicht 240 g)

Für den Hefeteig:

375 g Weizenmehl
1 Pck. Hefeteig Garant
75 g Zucker
1 Prise Salz
1 Ei (Größe M)
1 Eiweiß (Größe M)
125 ml (1/8 l) fettarme Milch (1,5 % Fett)
50 g weiche Halbfett-Butter (39 % Fett)

Zum Bestreichen:

1 Eigelb
1 EL fettarme Milch (1,5 % Fett)

50 g Haselnusskrokant

Zubereitungszeit: 35 Minuten
Backzeit: etwa 20 Minuten

1. Zum Vorbereiten Aprikosenhälften in einem Sieb gut abtropfen lassen.

2. Den Backofen vorheizen.
Ober-/Unterhitze: etwa 180 °C
Heißluft: etwa 160 °C

3. Für den Hefeteig Mehl mit Hefeteig Garant in einer Rührschüssel sorgfältig vermischen. Zucker, Salz, Ei, Eiweiß, Milch und Halbfett-Butter hinzufügen. Die Zutaten mit Handrührgerät mit Knethaken zunächst kurz auf niedrigster, dann auf höchster Stufe in etwa 2 Minuten zu einem glatten Teig verarbeiten.

4. Den Teig leicht mit Mehl bestäuben und zu einer Rolle formen. Teigrolle auf der bemehlten Arbeitsfläche zu einem Quadrat (etwa 30 x 30 cm) ausrollen und 9 kleine Quadrate (etwa 10 x 10 cm) ausschneiden.

5. Zum Bestreichen Eigelb mit Milch verschlagen, die Teigränder damit bestreichen. Aprikosenhälften in die Mitte der Teigquadrate legen. Jeweils 2 gegenüberliegende Teigseiten zur Mitte zusammenklappen und festdrücken.

6. Die Teilchen mit der Naht nach unten auf ein Backblech (mit Backpapier belegt) legen. Teigoberfläche mit einem scharfen Messer zweimal diagonal einschneiden, mit der restlichen Eigelbmilch bestreichen und mit Krokant bestreuen.

7. Das Backblech auf mittlerer Einschubleiste in den vorgeheizten Backofen schieben. Die Teilchen etwa 20 Minuten backen.

8. Die Hefeteilchen mit dem Backpapier vom Backblech auf einen Kuchenrost ziehen. Teilchen erkalten lassen.

Tipp: Sehr gut schmecken die Hefeteilchen auch mit einer Birnenfüllung, dafür statt Aprikosenhälften aus der Dose Birnenhälften (Abtropfgewicht 230 g) verwenden.

Hefewaffeln | Beliebt

6 Stück

Pro Stück: E: 6,2 g, F: 4,9 g, Kh: 34,8 g, kJ: 914, kcal: 218, BE: 3,0

Für den Hefeteig:

200 g Weizenmehl (Type 550)
1 Pck. Hefeteig Garant
250 ml (1/4 l) fettarme Milch (1,5 % Fett)
20 g Zucker
1 Prise Salz
1 Ei (Größe M)
15 g weiche Butter oder Margarine

Zum Bestäuben:

20 g Puderzucker

Zubereitungszeit: 45 Minuten

1. Für den Teig Mehl in eine Rührschüssel geben, mit Hefeteig Garant mischen. Milch, Zucker, Salz, Ei und Butter oder Margarine hinzufügen, alles mit Handrührgerät mit Knethaken zunächst kurz auf niedrigster, dann auf höchster Stufe in etwa 2 Minuten zu einem glatten Teig verarbeiten.

2. Das Waffeleisen vorheizen (dabei die Gebrauchsanleitung des Herstellers beachten). Das Waffeleisen mithilfe eines Backpinsels einfetten.

3. Für jede Waffel etwa 2 Esslöffel Teig in das Waffeleisen geben, mit einem Esslöffel verstreichen und die Waffeln goldbraun backen. Das Waffeleisen evtl. nach jedem Backvorgang wieder dünn einfetten.

4. Die Waffeln nebeneinander auf einen Kuchenrost legen und warm oder kalt mit Puderzucker bestäubt servieren.

Tipp: Servieren Sie die Waffeln mit Roter Grütze aus dem Kühlregal. Dazu pro Waffel etwa 50 g einplanen (zusätzlich pro Stück: E: 3,0 g, F: 0,1 g, Kh: 11,3 g, kJ: 206, kcal: 49, BE: 1,0).

Heidelbeer-Muffins | Beliebt

12 Stück

Pro Stück: E: 3,3 g, F: 6,4 g, Kh: 22,7 g, kJ: 685, kcal: 164, BE: 2,0

Für den Rührteig:

80 g weiche Joghurt-Butter (65 % Fett)
100 g Zucker
1 Prise Salz
1 Pck. Dr. Oetker Finesse Bourbon-Vanille-Aroma
2 Eier (Größe M)
200 g Weizenmehl
2 gestr. TL Dr. Oetker Backin
75 ml fettarme Milch (1,5 % Fett)
150 g TK-Heidelbeeren

Für die Form:

1 1/2 EL Semmelbrösel (12–15 g)

Zubereitungszeit: 15 Minuten
Backzeit: etwa 25 Minuten

1. Den Backofen vorheizen.
Ober-/Unterhitze: etwa 180 °C
Heißluft: etwa 160 °C

2. Für den Teig Joghurt-Butter mit Handrührgerät mit Rührbesen auf höchster Stufe geschmeidig rühren. Nach und nach Zucker, Salz und Aroma unterrühren. So lange rühren, bis eine gebundene Masse entstanden ist. Eier nach und nach auf höchster Stufe unterrühren (jedes Ei etwa 1/2 Minute).

3. Mehl mit Backpulver mischen und abwechselnd mit der Milch unterrühren. Heidelbeeren vorsichtig mit einem Teigschaber unterheben.

4. Teig in eine Muffinform (für 12 Muffins, gefettet, mit Semmelbröseln ausgestreut) füllen, dabei darauf achten, dass die Förmchen nur zu zwei Dritteln mit Teig gefüllt sind. Die Form auf dem Rost auf mittlerer Einschubleiste in den vorgeheizten Backofen schieben. Die Muffins etwa 25 Minuten backen.

5. Die Heidelbeer-Muffins etwa 10 Minuten in der Form auf einem Kuchenrost etwas abkühlen lassen, dann auf einen Kuchenrost stürzen und erkalten lassen.

Tipps: Gut verpackt und kühl gestellt bleiben die Muffins 2–3 Tage frisch. Die Muffins können auch einzeln eingefroren werden. Die Muffins schmecken auch mit frischen Beeren (Heidelbeeren, Himbeeren oder Johannisbeeren) oder TK-Himbeeren.

Heidelbeertarte | Beliebt

12 Stücke

Pro Stück: E: 3,6 g, F: 9,1 g, Kh: 27,7 g, kJ: 877, kcal: 210, BE: 2,5

Für den Rührteig:

100 g weiche Butter oder Margarine
150 g brauner Zucker
1 Pck. Dr. Oetker Vanillin-Zucker
1 Pck. Dr. Oetker Finesse Geriebene Zitronenschale
3 Eier (Größe M)
200 g Weizenmehl
2 gestr. TL Dr. Oetker Backin

300 g TK-Heidelbeeren

Zum Bestäuben:

½–1 EL Puderzucker

Zubereitungszeit: 15 Minuten, ohne Abkühlzeit
Backzeit: etwa 35 Minuten

1. Den Backofen vorheizen.
Ober-/Unterhitze: etwa 180 °C
Heißluft: etwa 160 °C

2. Für den Teig Butter oder Margarine mit Handrührgerät mit Rührbesen auf höchster Stufe geschmeidig rühren. Nach und nach Zucker, Vanillin-Zucker und Zitronenschale unterrühren. So lange rühren, bis eine gebundene Masse entstanden ist.

3. Die Eier nach und nach unterrühren (jedes Ei etwa ½ Minute). Mehl mit Backpulver gut vermischen und kurz auf mittlerer Stufe unterrühren.

4. Den Teig in eine Tarteform (Ø etwa 28 cm, gefettet) füllen und glatt streichen. Gefrorene Heidelbeeren auf dem Teig verteilen. Die Form auf dem Rost im unteren Drittel in den vorgeheizten Backofen schieben. Die Tarte etwa 35 Minuten backen.

5. Die Tarte nach dem Backen in der Form auf einen Kuchenrost stellen und erkalten lassen. Die Tarte vor dem Servieren mit Puderzucker bestäuben.

Heidelbeertorte

Mit Alkohol – ohne zu Backen

16 Stücke

Pro Stück: E: 1,9 g, F: 7,7 g, Kh: 14,0 g, kJ: 610, kcal: 146, BE: 1,0

Für den Boden:

125 g Zartbitter-Kuvertüre
80 g Cornflakes

Für die Rotweincreme:

6 Blatt weiße Gelatine
200 ml Rotwein
40 g Zucker
250 g Schlagsahne

Für den Belag:

300 g Heidelbeeren
1 Pck. ungezuckerter Tortenguss, klar
125 ml (1/8 l) Wasser
125 ml (1/8 l) Rotwein
1 geh. EL Zucker

Zubereitungszeit: 35 Minuten, ohne Kühlzeit

1. Für den Boden Kuvertüre hacken, in einem kleinen Topf im heißen Wasserbad bei schwacher Hitze unter Rühren schmelzen. Die Cornflakes unterrühren. Einen Springformrand (Ø 26 cm) auf eine mit Tortenspitze oder Backpapier belegte Tortenplatte stellen. Die Masse darin gleichmäßig verteilen und mit einem Löffel gut zu einem Boden andrücken. Boden in den Kühlschrank stellen.

2. Für die Creme die Gelatine in kaltem Wasser nach Packungsanleitung einweichen. 100 ml von dem Rotwein mit Zucker in einem kleinen Topf erhitzen (nicht kochen), bis der Zucker gelöst ist. Den Topf von der Kochstelle nehmen. Eingeweichte Gelatine leicht ausdrücken und in der Flüssigkeit unter Rühren auflösen. Restlichen Wein unterrühren. Wein-Gelatine-Flüssigkeit in den Kühlschrank stellen.

3. Die Sahne steif schlagen. Wenn die Wein-Gelatine-Flüssigkeit anfängt dicklich zu werden, Sahne unterheben. Die Creme auf den Tortenboden geben und glatt streichen. Die Torte mindestens 1 Stunde in den Kühlschrank stellen.

4. Für den Belag Heidelbeeren putzen, waschen, gut abtropfen lassen und auf der Weincreme verteilen.

5. Aus Tortengusspulver, Wasser, Wein und Zucker nach Packungsanleitung einen Guss zubereiten. Den Guss auf den Heidelbeeren verteilen. Die Torte etwa 1 Stunde in den Kühlschrank stellen. Springformrand lösen und entfernen.

Tipps: Statt Heidelbeeren können Sie auch Brombeeren verwenden. Für eine Heidelbeertorte ohne Alkohol ersetzen Sie den Rotwein durch roten Traubensaft (pro Stück: E: 1,9 g, F: 7,7 g, Kh: 16,8 g, kJ: 612, kcal: 146, BE: 1,5).

Himbeer-Grieß-Torte | Raffiniert

16 Stücke

Pro Stück: E: 4,6 g, F: 3,1 g, Kh: 29,0 g, kJ: 697, kcal: 166, BE: 2,5

Für den Rührteig:
40 g weiche Halbfett-Butter (39 % Fett)
75 g Puderzucker
1 Pck. Dr. Oetker Vanillin-Zucker
2 Eier (Größe M)
100 g Weizenmehl
2 gestr. TL Dr. Oetker Backin
20 g Kakaopulver
3 EL Milch

Zum Bestreichen:
2 EL Himbeerkonfitüre (etwa 60 g)

Für den Belag:
2 Pck. Süße Mahlzeit, Grießbrei nach klassischer Art
600 ml fettarme Milch (1,5 % Fett)
150 g fettarmer Naturjoghurt (1,5 % Fett)
500 g frische Himbeeren

Für den Guss:
1 Pck. ungezuckerter Tortenguss, rot
2 EL Zucker (30 g)
100 ml Saft (z. B. heller Traubensaft)
150 ml Wasser

Zubereitungszeit: 45 Minuten, ohne Kühlzeit
Backzeit: etwa 20 Minuten

1. Den Backofen vorheizen.
Ober-/Unterhitze: etwa 180 °C
Heißluft: etwa 160 °C

2. Für den Teig Butter mit Handrührgerät mit Rührbesen auf höchster Stufe geschmeidig rühren. Nach und nach Puderzucker und Vanillin-Zucker unterrühren. So lange rühren, bis eine gebundene Masse entstanden ist.

3. Die Eier nach und nach unterrühren (jedes Ei etwa ½ Minute). Mehl mit Backpulver und Kakao mischen, abwechselnd mit der Milch in 2 Portionen auf mittlerer Stufe unterrühren.

4. Den Teig in eine Springform (Ø 26 cm, mit Backpapier belegt) geben und glatt streichen. Die Form auf dem Rost im unteren Drittel in den vorgeheizten Backofen schieben. Den Tortenboden etwa 20 Minuten backen.

5. Den Tortenboden aus der Form lösen und auf einen Kuchenrost stürzen. Den Tortenboden erkalten lassen, dann mitgebackenes Backpapier abziehen.

6. Tortenboden auf eine Tortenplatte legen, einen Tortenring darumstellen. Tortenboden mit Konfitüre bestreichen.

7. Danach für den Belag 2 Päckchen Grießbrei nach Packungsanleitung, aber statt mit 1 l Milch nur mit 600 ml Milch zubereiten. Grießbrei etwa 5 Minuten stehen lassen, dann Joghurt mit einem Schneebesen unterrühren. Die Grießmasse auf den Tortenboden geben und glatt streichen. Den Kuchen mindestens 2 Stunden in den Kühlschrank stellen.

8. Himbeeren verlesen, evtl. vorsichtig abspülen und gut auf Küchenpapier abtropfen lassen. Himbeeren auf der Grießmasse verteilen.

9. Für den Guss aus Tortengusspulver, Zucker, Traubensaft und Wasser nach Packungsanleitung einen Guss zubereiten, mit einem Esslöffel auf den Himbeeren verteilen. Die Torte etwa 1 Stunde in den Kühlschrank stellen.

10. Zum Servieren Tortenring lösen und entfernen.

Tipp: Wer es etwas säuerlicher mag, nimmt statt Himbeeren die gleiche Menge rote Johannisbeeren. Dafür die Johannisbeeren vorsichtig abspülen, gut abtropfen lassen und die Beeren von den Rispen streifen.

Himbeer-Kefir-Rolle | Fruchtig

16 Stücke

Pro Stück: E: 3,7 g, F: 5,5 g, Kh: 12,2 g, kJ: 486, kcal: 116, BE: 1,0

Für den Biskuitteig:

3 Eier (Größe M)
2 EL heißes Wasser
60 g Zucker
1 Pck. Dr. Oetker Vanillin-Zucker
60 g Weizenmehl
1 Msp. Dr. Oetker Backin

Für die Füllung:

8 Blatt weiße Gelatine
300 g frische Himbeeren oder aufgetaute TK-Himbeeren
30 g Zucker
200 ml Apfelschorle
300 g fettarmer Kefir (1,5 % Fett)
200 g Schlagsahne

Zum Garnieren:

100 g frische Himbeeren
1 TL Puderzucker

Zubereitungszeit: 40 Minuten, ohne Kühlzeit
Backzeit: etwa 10 Minuten

1. Den Backofen vorheizen.
Ober-/Unterhitze: etwa 200 °C
Heißluft: etwa 180 °C

2. Für den Teig Eier und Wasser mit Handrührgerät mit Rührbesen auf höchster Stufe in etwa 1 Minute schaumig schlagen. Den Zucker mit Vanillin-Zucker mischen, in etwa 1 Minute unter Rühren einstreuen und die Masse noch etwa 2 Minuten weiterschlagen.

3. Mehl mit Backpulver mischen, auf die Eiercreme geben und kurz auf niedrigster Stufe unterrühren. Teig auf ein Backblech (30 x 40 cm, gefettet, mit Backpapier belegt) geben und glatt streichen. Das Backblech auf mittlerer Einschubleiste in den vorgeheizten Backofen schieben. Die Biskuitplatte etwa 10 Minuten backen.

4. Die Biskuitplatte 3–5 Minuten nach dem Backen mit dem Backpapier von der langen Seite aus aufrollen, auf einem Kuchenrost erkalten lassen.

5. Für die Füllung Gelatine nach Packungsanleitung in kaltem Wasser einweichen. Himbeeren verlesen, evtl. vorsichtig abspülen und gut abtropfen lassen. 150 g von den Himbeeren abwiegen und pürieren. Himbeerpüree mit Zucker und Schorle verrühren.

6. Gelatine leicht ausdrücken und in einem kleinen Topf unter Rühren erwärmen, bis sie vollständig gelöst ist. 2 Esslöffel von der Fruchtpüreemischung unterrühren, dann mit der restlichen Fruchtpüreemischung verrühren. Kefir unterrühren und die Masse in den Kühlschrank stellen.

7. Sahne steif schlagen. Wenn die Masse anfängt dicklich zu werden, Sahne unterheben. Biskuitrolle vorsichtig auseinanderrollen, mit zwei Dritteln der Füllung bestreichen, dabei einen etwa 1 cm breiten Rand frei lassen und mit den restlichen Himbeeren belegen.

8. Biskuitrolle vorsichtig von der langen Seite aus mithilfe des Backpapiers wieder aufrollen, dabei das Backpapier gleichzeitig lösen. Biskuitrolle rundherum mit der restlichen Füllung bestreichen und etwa 2 Stunden in den Kühlschrank stellen.

9. Zum Garnieren Himbeeren verlesen. Biskuitrolle mit den Himbeeren garnieren, mit Puderzucker bestäuben und in 16 Stücke einteilen.

Tipps: Nach Belieben die Biskuitrolle mit Minzeblättchen garnieren. Im Kühlschrank bleibt die Himbeer-Kefir-Rolle 2–3 Tage frisch.

Himbeerküchlein | Beliebt

12 Stück

Pro Stück: E: 5,3 g, F: 5,1 g, Kh: 12,4 g, kJ: 493, kcal: 118, BE: 1,0

250 g Magerquark
80 g Zucker
1 Pck. Dr. Oetker Bourbon-Vanille-Zucker
1 Prise Salz
50 g weiche Joghurt-Butter (65 % Fett)
3 Eigelb (Größe M)
50 g Hartweizengrieß
½ TL Dr. Oetker Backin
3 Eiweiß (Größe M)
125 g TK-Himbeeren

Für die Form:
1 ½ EL Hartweizengrieß (15 g)

Zubereitungszeit: 10 Minuten
Backzeit: etwa 25 Minuten

1. Den Backofen vorheizen.
Ober-/Unterhitze: etwa 180 °C
Heißluft: etwa 160 °C

2. Für den Teig den Magerquark mit Zucker, Vanille-Zucker, Salz und Butter in eine Rührschüssel geben, mit Handrührgerät mit Rührbesen verrühren. Eigelb nach und nach unterrühren, bis eine cremige Masse entstanden ist.

3. Grieß mit Backpulver mischen und unterrühren. Eiweiß steif schlagen und unterheben.

4. Den Teig in eine Muffinform (für 12 Muffins, gefettet, mit Grieß ausgestreut) füllen, dabei darauf achten, dass die Förmchen nur zu zwei Dritteln mit Teig gefüllt sind. Die Himbeeren gefroren auf dem Teig verteilen und leicht eindrücken.

5. Die Form auf dem Rost auf mittlerer Einschubleiste in den vorgeheizten Backofen schieben. Die Küchlein etwa 25 Minuten backen.

6. Die Himbeerküchlein etwa 10 Minuten in der Form auf einem Kuchenrost etwas abkühlen lassen und dann aus der Form lösen.

Tipps: Diese Küchlein schmecken frisch am besten. Aber gut verpackt und kühl gestellt bleiben die Himbeerküchlein 2–3 Tage frisch. Sie sind super schnell zuzubereiten und deshalb auch für Überraschungsgäste geeignet.

Himbeer-Minz-Kuchen | Mit Alkohol

16 Stücke

Pro Stück: E: 2,1 g, F: 3,9 g, Kh: 11,8 g, kJ: 390, kcal: 93, BE: 1,0

Zum Vorbereiten:

50 g Butter
225 g frische Himbeeren
6–8 Blätter Minze

Für den Biskuitteig:

3 Eier (Größe M)
100 g Puderzucker
1 Prise Salz
100 g Weizenmehl
1 gestr. TL Dr. Oetker Backin

Zum Tränken:

2–3 TL Himbeergeist

Außerdem:

1 TL Puderzucker

Zubereitungszeit: 25 Minuten, ohne Abkühlzeit
Backzeit: etwa 40 Minuten

1. Zum Vorbereiten Butter zerlassen und abkühlen lassen. In der Zwischenzeit Himbeeren verlesen, evtl. vorsichtig abspülen und gut abtropfen lassen. Minzeblätter abspülen und trocken tupfen. 150 g von den Himbeeren mit der Hälfte der Minzeblätter pürieren. Restliche Minzeblätter grob in Streifen schneiden.

2. Den Backofen vorheizen.
Ober-/Unterhitze: etwa 180 °C
Heißluft: etwa 160 °C

3. Für den Teig Eier in einer Rührschüssel mit Handrührgerät mit Rührbesen auf höchster Stufe in etwa 1 Minute schaumig schlagen. Puderzucker mit Salz mischen und in etwa 1 Minute unter Rühren einstreuen, dann noch etwa 2 Minuten weiterschlagen.

4. Mehl mit Backpulver mischen, auf die Eiercreme geben und kurz auf niedrigster Stufe unterrühren. Butter mit Himbeerpüree mischen und kurz unterheben. Den Teig in eine Springform (Ø 26 cm, Boden gefettet, mit Backpapier belegt) geben und glatt streichen.

5. Restliche Himbeeren und Minzestreifen auf dem Teig verteilen. Die Form auf dem Rost auf mittlerer Einschubleiste in den vorgeheizten Backofen schieben. Den Kuchen etwa 40 Minuten backen.

6. Die Form nach dem Backen auf einen Kuchenrost stellen und sofort mit Himbeergeist tränken. Den Kuchen etwa 10 Minuten in der Form stehen lassen, dann vom Rand und aus der Form lösen und mit dem Backpapier auf einem Kuchenrost erkalten lassen. Anschließend Backpapier entfernen.

7. Den Kuchen am Rand mit Puderzucker bestäuben.

Tipps: Der Kuchen ist gefriergeeignet. Anstelle von frischen Himbeeren können Sie auch TK-Himbeeren verwenden. Damit sie schneller auftauen, die Himbeeren auf einem großen, mit Küchenpapier belegten Teller verteilen und bei 450 Watt in der Mikrowelle etwa 1 ½ Minuten auftauen lassen.

Himbeer-Mokka-Torte | Beliebt

16 Stücke

Pro Stück: E: 3,6 g, F: 3,6 g, Kh: 18,8 g, kJ: 516, kcal: 123, BE: 1,5

Für den Rührteig:

100 g weiche Halbfett-Butter (39 % Fett)
70 g Zucker
1 Prise Salz
2 Eier (Größe M)
200 g Weizenmehl
½ Pck. Dr. Oetker Backin
1 gestr. TL Kakaopulver
2 TL lösliches Espressopulver
5 EL fettarme Milch (1,5 % Fett)

Für den Belag:

375 g frische Himbeeren

Für das Baiser:

3 Eiweiß (Größe M)
2 TL Zitronensaft
60 g Zucker

Zubereitungszeit: 35 Minuten, ohne Abkühlzeit
Backzeit: etwa 30 Minuten

1. Den Backofen vorheizen.
Ober-/Unterhitze: etwa 180 °C
Heißluft: etwa 160 °C

2. Für den Teig Butter mit Handrührgerät mit Rührbesen auf höchster Stufe geschmeidig rühren. Nach und nach Zucker und Salz unterrühren. So lange rühren, bis eine gebundene Masse entstanden ist.

3. Die Eier nach und nach unterrühren (jedes Ei etwa ½ Minute). Mehl mit Backpulver, Kakao und Espressopulver mischen, abwechselnd in 2 Portionen mit der Milch auf mittlerer Stufe kurz unterrühren.

4. Den Teig in eine Springform (Ø 26 cm, Boden gefettet, mit Backpapier belegt) geben und glatt streichen. Die Form auf dem Rost im unteren Drittel in den vorgeheizten Backofen schieben und den Boden vorbacken. Den Tortenboden etwa 15 Minuten backen.

5. Die Form auf einen Kuchenrost stellen. Den Gebäckboden etwas abkühlen lassen.

6. Für den Belag Himbeeren verlesen, evtl. kurz abspülen, gut auf Küchenpapier abtropfen lassen und auf dem vorgebackenen Gebäckboden verteilen.

7. Für das Baiser Eiweiß und Zitronensaft mit Handrührgerät mit Rührbesen auf höchster Stufe steif schlagen. Der Schnee muss so fest sein, dass ein Messerschnitt sichtbar bleibt.

8. Nach und nach Zucker unterschlagen. Die Baisermasse auf die Himbeeren geben und wolkenartig verstreichen.

9. Die Form wieder auf dem Rost in den vorgeheizten Backofen schieben. Die Torte **bei gleicher Backofeneinstellung weitere etwa 15 Minuten backen.**

10. Die Torte etwa 5 Minuten in der Form auf einem Kuchenrost etwas abkühlen lassen, dann aus der Form lösen und auf einem Kuchenrost erkalten lassen.

Tipps: Statt Himbeeren können Sie für dieses Rezept die gleiche Menge Brombeeren oder Heidelbeeren verwenden. Aber auch 375 g gut abgetropfte Sauerkirschen aus dem Glas passen geschmacklich gut zum Mokkatortenboden und der Baiserhaube. Wer den Mokkageschmack nicht so mag, lässt das Espressopulver im Teig weg und erhöht stattdessen die Kakaopulvermenge auf 2 gestrichene Teelöffel.

Himbeer-Vanille-Windbeutel

Etwas Besonderes – für Gäste

10 Stück

Pro Stück: E: 7,1 g, F: 6,0 g, Kh: 15,7 g, kJ: 618, kcal: 148, BE: 1,5

Für den Brandteig:

125 ml (1/8 l) Wasser
30 g Butter
1 Prise Salz
100 g Weizenmehl
2 Eier (Größe M)

Für die Füllung:

125 g frische oder TK-Himbeeren
250 g Magerquark
300 g Vanillejoghurt (3,5 % Fett)

Zum Bestäuben:

2 TL Puderzucker

Zubereitungszeit: 30 Minuten
Backzeit: etwa 20 Minuten

1. Den Backofen vorheizen.
Ober-/Unterhitze: etwa 220 °C
Heißluft: etwa 200 °C

2. Für den Teig Wasser mit Butter und Salz am besten in einem Stieltopf zum Kochen bringen. Mehl auf einmal in die von der Kochstelle genommene Flüssigkeit geben, zu einem glatten Kloß rühren, und unter Rühren etwa 1 Minute erhitzen (abbrennen). Den heißen Kloß sofort in eine Rührschüssel geben.

3. Ein Ei mit Handrührgerät mit Knethaken auf höchster Stufe unterarbeiten. Das zweite Ei verquirlen und nur so viel davon unter den Teig arbeiten, bis er stark glänzt und in langen Spitzen an einem Löffel hängen bleibt.

4. Mit zwei Teelöffeln 10 kleine Teighäufchen auf ein Backblech (gefettet, bemehlt) setzen. Das Backblech auf mittlerer Einschubleiste in den vorgeheizten Backofen schieben. Gebäck etwa 20 Minuten backen.

5. Während der ersten 15 Minuten der Backzeit die Backofentür nicht öffnen, da das Gebäck sonst zusammenfällt. Sofort nach dem Backen von jedem Windbeutel einen Deckel abschneiden und das Gebäck auf einem Kuchenrost erkalten lassen.

6. Für die Füllung frische Himbeeren verlesen, evtl. vorsichtig abspülen und gut abtropfen lassen, TK-Himbeeren auftauen und auf Küchenpapier abtropfen lassen. Quark mit Joghurt verrühren, Himbeeren vorsichtig unterrühren. Die Windbeutel mit der Quarkcreme füllen und mit Puderzucker bestäubt sofort servieren.

Tipps: Die Windbeutel erst kurz vor dem Servieren füllen, sie schmecken frisch am besten. Ungefüllte Windbeutel können auch eingefroren werden. Zum Auftauen die Windbeutel bei Ober-/Unterhitze: etwa 180 °C in den vorgeheizten Backofen schieben und in etwa 5 Minuten aufbacken.

Holunder-Apfel-Smoothie I

Fruchtig – für Gäste

4 Portionen

Pro Portion: E: 0,5 g, F: 0,5 g, Kh: 47,0 g, kJ: 838, kcal: 200, BE: 4,0

700 g Apfelmus (aus dem Glas)
50 ml Holunderblüten-Sirup (erhältlich im Bioladen oder Getränkehandel)
300 ml Apfelsaft

Zubereitungszeit: 10 Minuten, ohne Abkühlzeit
Gefrierzeit: etwa 2 Stunden

1. Apfelmus mit Sirup und Apfelsaft verrühren, in eine gefrierfeste Form geben und zugedeckt in den Gefrierschrank stellen. Die Masse etwa 2 Stunden gefrieren lassen. Dabei alle 30 Minuten umrühren.

2. Die Apfelmusmasse mit einem Stabmixer pürieren. Smoothie in 4 Longdrinkgläser füllen.

Tipp: Sie können die Masse auch in einer vorbereiteten Eismaschine etwa 35 Minuten gefrieren lassen.

Italienisches Baguette

Zum Mitnehmen

2 Stück

Pro Portion: E: 17,5 g, F: 7,5 g, Kh: 49,7 g, kJ: 1425, kcal: 341, BE: 4,0

- *2 Salatblätter (z. B. Kopfsalat- oder Römersalatblätter)*
- *4 Tomaten (je 50 g)*
- *2 Baguette-Brötchen (je 90 g)*
- *4 TL Pesto (20 g, Fertigprodukt)*
- *70 g Truthahnbraten- oder Puten-Lachsschinken-Aufschnitt*

Zubereitungszeit: 10 Minuten

1. Salatblätter waschen und trocken tupfen. Tomaten abspülen, abtrocknen, halbieren und die Stängelansätze herausschneiden. Tomaten in Scheiben schneiden. Brötchen längs so aufschneiden, dass sie noch zusammenhängen.

2. Brötchen mit Pesto bestreichen, mit Salatblättern, Tomatenscheiben und Aufschnitt belegen. Brötchen zusammenklappen.

Tipp: Baguette zum Mitnehmen in Frischhaltefolie wickeln.

Johannisbeer-Mohn-Kuchen I

Fruchtig
16 Stücke

Pro Stück: E: 4,6 g, F: 5,7 g, Kh: 24,1 g, kJ: 707, kcal: 169, BE: 2,0

Zum Vorbereiten:
350 g rote Johannisbeeren

Für den Rührteig:
120 g weiche Halbfett-Butter (39 % Fett)
120 g Zucker
1 Pck. Dr. Oetker Vanillin-Zucker
1 Prise Salz
2–3 Tropfen Butter-Vanille-Aroma (aus dem klassischen Röhrchen)
3 Eier (Größe M)
300 g Weizenmehl
3 gestr. TL Dr. Oetker Backin
45 g Mohnsamen
150 g fettarmer Naturjoghurt (1,5 % Fett)

Zum Bestäuben:
1 TL Puderzucker

Zubereitungszeit: 20 Minuten, ohne Abkühlzeit
Backzeit: etwa 40 Minuten

1. Johannisbeeren vorsichtig abspülen und in einem Sieb gut abtropfen lassen. 16 kleine Rispen (etwa 100 g) zum Garnieren beiseitestellen. Die restlichen Johannisbeeren von den Rispen zupfen und auf Küchenpapier abtropfen lassen.

2. Den Backofen vorheizen.
Ober-/Unterhitze: etwa 180 °C
Heißluft: etwa 160 °C

3. Für den Teig Butter mit Handrührgerät mit Rührbesen auf höchster Stufe geschmeidig rühren. Nach und nach Zucker, Vanillin-Zucker, Salz und Aroma unterrühren. So lange rühren, bis eine gebundene Masse entstanden ist.

4. Die Eier nach und nach unterrühren (jedes Ei etwa ½ Minute). Mehl mit Backpulver mischen. Mohn untermischen. Mehlmischung abwechselnd mit Joghurt kurz unterrühren.

5. Teig in eine Springform (Ø 26 cm, mit Backpapier belegt) geben und glatt streichen. Die Johannisbeeren auf den Teig geben und mit einer Gabel vorsichtig unter den Teig ziehen.

6. Die Form auf dem Rost im unteren Drittel in den vorgeheizten Backofen schieben. Den Kuchen etwa 40 Minuten backen.

7. Den Kuchen in der Form auf einem Kuchenrost etwa 10 Minuten abkühlen lassen. Dann aus der Form lösen und erkalten lassen.

8. Vor dem Servieren Kuchen in 16 Stücke einteilen, mit den Johannisbeerrispen garnieren und mit Puderzucker bestäuben.

Tipps: Dieser saftig-fruchtige Kuchen lässt sich ohne Garnierung, in Stücke portioniert und in Folie gewickelt wunderbar einfrieren. So können Sie nach Lust, Laune und Bedarf einzelne Stücke auftauen. Ohne Garnierung planen Sie bitte 250 g frische Johannisbeeren für den Kuchen ein.

Kartoffel-Beilagen | Beliebt

je 4 Portionen

Salzkartoffeln

(im Foto hinten)

Pro Portion: E: 3,1 g, F: 0,2 g, Kh: 22,2 g, kJ: 447, kcal: 107, BE: 2,0

750 g Kartoffeln
1 TL Salz

Zubereitungszeit: 15 Minuten
Garzeit: 15–20 Minuten

1. Kartoffeln schälen, abspülen und abtropfen lassen. Größere Kartoffeln ein- oder zweimal durchschneiden.

2. Die Kartoffeln in einen Topf geben und knapp mit Wasser bedeckt zum Kochen bringen. Die Kartoffeln zugedeckt zum Kochen bringen. Salz hinzufügen und die Kartoffeln in 15–20 Minuten gar kochen.

3. Kartoffeln abgießen. Kartoffeln im offenen Topf unter leichtem Schütteln abdämpfen.

Tipp: Salzkartoffeln passen gut zu Fleisch- und Fischgerichten mit Sauce.

Rezeptvariante: Für **Petersilienkartoffeln** (im Foto vorn, pro Portion: E: 3,2 g, F: 5,4 g, Kh: 22,4 g, kJ: 650, kcal: 155, BE: 2,0) die Kartoffeln wie die Salzkartoffeln zubereiten und in 20–30 g zerlassener Butter und 3 Esslöffeln gehackter Petersilie (etwa 1 Bund) schwenken.

Pellkartoffeln

Pro Portion: E: 3,4 g, F: 0,2 g, Kh: 25,0 g, kJ: 503, kcal: 120, BE: 2,0

etwa 750 g festkochende oder vorwiegend festkochende Kartoffeln
½ TL Salz

Zubereitungszeit: 20 Minuten
Garzeit: 20–25 Minuten

1. Kartoffeln unter fließendem Wasser abbürsten und abtropfen lassen. Kartoffeln in einen Topf geben und knapp mit Wasser bedeckt zum Kochen bringen. Salz hinzugeben.

2. Kartoffeln zugedeckt zum Kochen bringen und, je nach Größe der Kartoffeln, in 20–25 Minuten gar kochen.

3. Kartoffeln abgießen, mit kaltem Wasser abschrecken und nochmals abgießen.

4. Kartoffeln je nach Art der Verwendung heiß oder noch warm mit einem Messer pellen.

Tipp: Heiße Kartoffeln zum Pellen auf eine Dreizackgabel spießen.

Einkaufstipp: Kartoffeln sollten Sie immer kühl, luftig und trocken lagern. Wenn Sie keine geeignete Lagerungsmöglichkeit haben, kaufen Sie Kartoffeln am besten nur in kleinen Mengen.

Kartoffel-Ei-Curry mit Erbsen I

Preiswert – vegetarisch

4 Portionen

Pro Portion: E: 17,3 g, F: 14,8 g, Kh: 33,1 g, kJ: 1421, kcal: 339, BE: 2,5

600 g	kleine Kartoffeln
1	Zwiebel
25 g	Butter oder Margarine
25 g	Weizenmehl
1–2 TL	Currypulver
300 ml	Gemüsebrühe
250 ml (1/4 l)	fettarme Milch (1,5 % Fett)
300 g	TK-Möhren-Erbsen-Mischung
4–6	Eier (Größe M)
	Salz
	frisch gemahlener Pfeffer

Zubereitungszeit: 30 Minuten

1. Kartoffeln unter fließendem kalten Wasser gründlich waschen, evtl. abbürsten. Kartoffeln in einem Topf knapp mit Wasser bedeckt zum Kochen bringen und zugedeckt 15–18 Minuten garen.

2. In der Zwischenzeit Zwiebel abziehen und in kleine Würfel schneiden. Die Butter oder Margarine in einem Topf zerlassen. Zwiebelwürfel darin glasig dünsten. Mehl hinzufügen und unter Rühren so lange erhitzen, bis es hellgelb ist, Curry unterrühren. Brühe und Milch hinzugießen und mit einem Schneebesen durchschlagen. Dabei darauf achten, dass keine Klümpchen entstehen.

3. TK-Möhren-Erbsen-Mischung hinzugeben, zum Kochen bringen und 5–8 Minuten bei schwacher Hitze kochen lassen, dabei gelegentlich umrühren.

4. Kartoffeln abgießen, abdämpfen, leicht abkühlen lassen und pellen. Kartoffeln halbieren.

5. Eier in kochendem Wasser etwa 8 Minuten hart kochen, dann die Eier mit kaltem Wasser abschrecken.

6. Die Sauce mit Salz, Pfeffer und evtl. noch etwas Curry abschmecken. Kartoffelhälften unter die Sauce rühren und etwa 4 Minuten miterhitzen.

7. Eier schälen und halbieren. Kartoffel-Curry mit den Eierhälften anrichten.

Kartoffeln mit würziger Gemüse-Quark-Füllung | Vegetarisch

4 Portionen

Pro Portion: E: 23,9 g, F: 6,3 g, Kh: 50,8 g, kJ: 1542, kcal: 368, BE: 3,5

8 etwa gleich große Kartoffeln (etwa 1 kg)
2 Knoblauchzehen
je 2 rote und gelbe Paprikaschoten (je 200 g)
500 g Magerquark
2 EL Speiseöl (z. B. Rapsöl, 20 g)
8 EL Mineralwasser
2 TL mittelscharfer Senf
2 EL gemischte, gehackte, frische Kräuter oder TK-Kräuter
Salz
frisch gemahlener Pfeffer

1 EL glatte Petersilienblättchen

Zubereitungszeit: 30 Minuten

1. Kartoffeln gründlich abbürsten und mit Wasser bedeckt in einem Topf zum Kochen bringen, in etwa 20 Minuten gar kochen.

2. In der Zwischenzeit Knoblauch abziehen und durch eine Knoblauchpresse drücken. Paprikaschoten halbieren, entstielen, entkernen und die weißen Scheidewände entfernen. Schoten abspülen, abtropfen lassen und in kleine Würfel schneiden. Etwa 2 Esslöffel von den Paprikawürfeln zum Garnieren beiseitelegen.

3. Quark mit Öl, Mineralwasser und Senf verrühren. Knoblauch, Kräuter und Paprikawürfel unterrühren, mit Salz und Pfeffer abschmecken.

4. Kartoffeln abgießen und kreuzweise einschneiden, etwas aufdrücken und mit dem Gemüsequark füllen.

5. Kartoffeln mit den beiseitegelegten Paprikawürfeln und mit Petersilienblättchen garniert servieren.

Kartoffelpüree-Varianten

Beliebt

je 4 Portionen

Kartoffelpüree mit Erbsen und Kerbel

(im Foto hinten)

Pro Portion: E: 11,6 g, F: 6,9 g, Kh: 42,4 g, kJ: 1198, kcal: 286, BE: 3,5

1 kg	*mehligkochende Kartoffeln*
	Salz
300 g	*TK-Erbsen*
25 g	*Butter*
etwa	
250 ml (1/4 l)	*Milch (1,5 % Fett)*
	frisch geriebene Muskatnuss
	frisch gemahlener Pfeffer
2 EL	*gehackter Kerbel*

Zubereitungszeit: 25 Minuten

1. Kartoffeln schälen, abspülen, abtropfen lassen und in Stücke schneiden. Kartoffelstücke in einem Topf mit Wasser bedeckt zum Kochen bringen, Salz hinzugeben. Die Kartoffelstücke zugedeckt in 15–20 Minuten gar kochen.

2. In der Zwischenzeit Erbsen zugedeckt in etwas Salzwasser gar dünsten. Erbsen in einem Sieb abtropfen lassen und anschließend noch warm mit der Butter vermengen.

3. Die Kartoffeln abgießen und noch heiß durch eine Kartoffelpresse geben oder fein zerstampfen. Milch erhitzen und nach und nach unterrühren (je nach Beschaffenheit der Kartoffeln, kann die Milchmenge etwas variieren).

4. Die Buttererbsen unter das Püree rühren. Püree mit Salz, Muskat und Pfeffer würzen. Das Kartoffelpüree vor dem Servieren mit Kerbel verrühren.

Kartoffelpüree mit Möhren

(im Foto vorn)

Pro Portion: E: 4,3 g, F: 3,0 g, Kh: 22,8 g, kJ: 584, kcal: 139, BE: 1,5

700 g	*Möhren*
500 g	*mehligkochende Kartoffeln*
1 TL	*Salz*
100 g	*saure Sahne (10 % Fett)*
	Salz
	frisch gemahlener Pfeffer
	frisch geriebene Muskatnuss
2 EL	*gehackte glatte Petersilie*

Zubereitungszeit: 30 Minuten

1. Möhren putzen, schälen, abspülen und abtropfen lassen. Kartoffeln schälen, abspülen und abtropfen lassen. Möhren und Kartoffeln in grobe Würfel schneiden. Kartoffel- und Möhrenwürfel in einem Topf mit Wasser bedeckt zum Kochen bringen, Salz hinzugeben. Die Kartoffel- und Möhrenwürfel zugedeckt in 15–20 Minuten gar kochen.

2. Kartoffel- und Möhrenwürfel abgießen, dabei die Kochflüssigkeit auffangen. Kartoffel- und Möhrenwürfel noch heiß durch eine Kartoffelpresse geben oder fein zerstampfen. Saure Sahne unterrühren.

3. Püree mit Salz, Pfeffer und Muskat würzen, evtl. etwas von der Kochflüssigkeit unterrühren. Petersilie unter das Püree rühren.

Tipp: Kartoffelpürees schmecken gut als Beilage zu gebratenem Fleisch oder Fisch.

Kartoffel-Spinat-Gratin

Gut vorzubereiten

4 Portionen

Pro Portion: E: 16,2 g, F: 10,2 g, Kh: 33,6 g, kJ: 1259, kcal: 300, BE: 2,5

600 g TK-Blattspinat
Salz
frisch gemahlener Pfeffer
frisch geriebene Muskatnuss
1 kg kleine Kartoffeln
250 ml (1/4 l) Milch

1/2 Bund Schnittlauch
125 g Mozzarella-Käse

Zubereitungszeit: 30 Minuten
Garzeit: etwa 45 Minuten

1. Blattspinat nach Packungsanleitung in einem Topf mit etwas Wasser garen. Spinat etwas abkühlen lassen, leicht ausdrücken und grob hacken. Spinat mit Salz, Pfeffer und Muskat würzen.

2. In der Zwischenzeit die Kartoffeln schälen, abspülen, abtropfen lassen und in feine Scheiben schneiden.

3. Den Backofen vorheizen.
Ober-/Unterhitze: etwa 200 °C
Heißluft: etwa 180 °C

4. Kartoffelscheiben dachziegelartig in eine flache Auflaufform (gefettet) schichten. Den Spinat auf und zwischen den Kartoffelscheiben verteilen.

5. Milch in einem Topf erwärmen, mit Salz, Pfeffer und Muskat würzen. Milch über die Kartoffelscheiben und den Spinat gießen. Die Form auf dem Rost auf mittlerer Einschubleiste in den vorgeheizten Backofen schieben. Das Gratin etwa 45 Minuten garen.

6. In der Zwischenzeit Schnittlauch abspülen, trocken tupfen und in feine Röllchen schneiden. Mozzarella abtropfen lassen und in kleine Würfel schneiden. Schnittlauchröllchen mit den Mozzarella-Würfeln vermengen, nach der Hälfte der Garzeit auf dem Gratin verteilen und das Kartoffel-Spinat-Gratin fertig garen.

Tipps: Statt Mozzarella können Sie auch 125 g fein geriebenen Parmesan-Käse verwenden (pro Portion: E: 20,3 g, F: 14,9 g, Kh: 33,6 g, kJ: 1501, kcal: 358, BE: 2,5). Dadurch bekommt das Gratin einen herzhafteren Geschmack. Vermengen Sie vor dem Einschichten eine durchgepresste Knoblauchzehe mit dem Spinat, so schmeckt er pikanter.

Kartoffelsuppe mit Porree und Garnelen

Einfach

4 Portionen

Pro Portion: E: 13,4 g, F: 7,4 g, Kh: 36,0 g, kJ: 1135, kcal: 271, BE: 3,0

1 kg	*vorwiegend festkochende Kartoffeln*
2 Stangen	*Porree (Lauch, etwa 400 g)*
1	*Zwiebel (etwa 65 g)*
20 g	*Butter*
750 ml (3/4 l)	*Gemüsebrühe*
4 Stängel	*Majoran oder 1 Msp. gerebelter Majoran*
100 g	*Garnelen in Lake (aus dem Kühlregal)*
250 ml (1/4 l)	*Milch*
	Salz
	frisch gemahlener Pfeffer
5–7 Tropfen	*Worcestersauce (Fertigprodukt)*

Zubereitungszeit: 30 Minuten

1. Die Kartoffeln schälen, abspülen, abtropfen lassen und in kleine Würfel schneiden. Porree putzen. Die Stangen längs halbieren, gründlich waschen und abtropfen lassen. Porree in schmale Streifen schneiden. Zwiebel abziehen und fein würfeln.

2. Butter in einem Topf erhitzen. Zwiebelwürfel darin unter gelegentlichem Rühren andünsten. Kartoffelwürfel und Porreestreifen hinzufügen und kurz mitdünsten.

3. Gemüsebrühe hinzugießen, zum Kochen bringen und zugedeckt 12–15 Minuten köcheln lassen, bis die Kartoffeln weich sind.

4. Inzwischen Majoran abspülen, trocken tupfen und die Blättchen von den Stängeln zupfen.

5. Etwa ein Drittel des Gemüses mit einer Schaumkelle herausnehmen und auf einen Teller geben. Die restliche Suppe fein pürieren.

6. Garnelen in einem Sieb abtropfen lassen. Milch unter Rühren in die Suppe gießen. Garnelen unterrühren. Die Kartoffelsuppe nochmals kurz erwärmen, beiseitegelegtes Gemüse wieder unterrühren.

7. Die Suppe mit Salz, Pfeffer und Worcestersauce abschmecken, mit Majoran bestreut servieren.

Ernährungstipp: 100 g gekochte Kartoffeln haben nur etwa 70 kcal und sind doch sehr sättigende Eiweißlieferanten. Dessen biologische Wertigkeit wird durch die Zugabe der Milch in dieser Suppe noch erhöht. „Dickmacher" werden Kartoffeln erst dann, wenn sie z.B. in Fett gebraten oder frittiert werden.

Rezeptvariante: Kartoffelsuppe mit Schinken. Wer keine Garnelen mag, kann stattdessen 200 g mageren gekochten Schinken in feine Würfel schneiden. Die Schinkenwürfel dann zum Schluss unter die Suppe rühren und kurz miterwärmen (pro Portion: E: 19,6 g, F: 8,8 g, Kh: 35,8 g, kJ: 1291, kcal: 308, BE: 3,0).

Käse-Beeren-Torte I

Ohne zu Backen

16 Stücke

Pro Stück: E: 5,7 g, F: 8,3 g, Kh: 19,8 g, kJ: 748, kcal: 179, BE: 1,5

Für den Boden:

90 g Halbfett-Butter (39 % Fett)
150 g Löffelbiskuits

Für den Belag:

10 Blatt weiße Gelatine
600 g fettreduzierter Frischkäse mit Joghurt (13 % Fett)
300 g fettarmer Naturjoghurt (1,5 % Fett)
125 g Zucker
180 ml weißer Traubensaft
20 ml Zitronensaft
300 g gemischte, frische Beeren (z. B. rote Johannisbeeren, Heidelbeeren und Himbeeren) oder aufgetaute TK-Beeren

Zubereitungszeit: 40 Minuten, ohne Kühlzeit

1. Für den Boden Butter zerlassen, etwas abkühlen lassen. Runde Tortenspitze oder Backpapier (Ø etwa 28 cm) auf eine Tortenplatte legen und einen geschlossenen Springformrand (Ø 26 cm, ohne Boden) daraufstellen.

2. Die Löffelbiskuits in einen Gefrierbeutel geben. Den Beutel fest verschließen. Die Löffelbiskuits mit einer Teigrolle fein zerbröseln und in eine Schüssel geben. Butter hinzugeben und mit den Biskuitbröseln verrühren.

3. Die Masse gleichmäßig in dem Springformrand verteilen und mit einem Esslöffel gut zu einem Boden andrücken, in den Kühlschrank stellen.

4. Für den Belag die Gelatine in kaltem Wasser nach Packungsanleitung einweichen. Frischkäse, Joghurt und Zucker mit Handrührgerät mit Rührbesen geschmeidig rühren. Die Gelatine leicht ausdrücken und mit Trauben- und Zitronensaft in einem Topf unter Rühren bei schwacher Hitze erwärmen, bis sie vollständig gelöst ist.

5. Die Gelatinemischung zuerst mit 2 Esslöffeln von der Frischkäse-Joghurt-Masse verrühren, dann unter die restliche Frischkäse-Joghurt-Masse rühren.

6. Belag in den Kühlschrank stellen, bis er beginnt dicklich zu werden.

7. Die Beeren verlesen oder waschen, gut abtropfen lassen und entstielen, einige Beeren (etwa 75 g) zum Garnieren beiseitelegen. Restliche Beeren unter den Belag heben.

8. Belag auf den Biskuitbröselboden geben und glatt streichen.

9. Die Käse-Beeren-Torte etwa 4 Stunden in den Kühlschrank stellen.

10. Die Torte mit einem Messer vom Springformrand lösen. Springformrand entfernen und Torte mit den beiseitegelegten Beeren garnieren.

Tipps: Im Kühlschrank hält die Torte 2–3 Tage frisch. Statt eines Springformrand (ohne Boden) können Sie auch einen Tortenring nehmen. Statt der Bröselmasse können Sie auch einen dünnen Biskuitboden backen. Dafür den Backofen vorheizen (Ober-/Unterhitze: etwa 180 °C, Heißluft: etwa 160 °C). 1 Ei und 1 Esslöffel heißes Wasser mit Handrührgerät mit Rührbesen auf höchster Stufe in etwa 1 Minute schaumig schlagen. 30 g Zucker und 1 Päckchen Dr. Oetker Vanillin-Zucker mischen, in etwa 1 Minute einstreuen, dann noch etwa 2 Minuten weiterschlagen. 25 g Weizenmehl mit 15 g Speisestärke und ½ gestrichenen Teelöffel Dr. Oetker Backin mischen, auf die Eiercreme geben und kurz auf niedrigster Stufe unterrühren. Den Teig in eine Springform (Ø 26 cm, Boden mit Backpapier belegt) füllen und glatt streichen. Die Form auf dem Rost auf mittlerer Einschubleiste in den vorgeheizten Backofen schieben. Den Boden 12–15 Minuten backen (pro Stück: E: 5,0 g, F: 5,6 g, Kh: 17,2 g, kJ: 593, kcal: 142, BE: 1,5).

Käse-Heidelbeer-Kuchen I

Beliebt

16 Stücke

Pro Stück: E: 7,1 g, F: 4,3 g, Kh: 13,5 g, kJ: 512, kcal: 122, BE: 1,0

Zum Vorbereiten:

300 g frische Heidelbeeren oder TK-Heidelbeeren

Für die Quarkmasse:

500 g Magerquark
75 g Zucker
1 Pck. Dr. Oetker Vanillin-Zucker
5 Eigelb (Größe M)
75 g Hartweizengrieß
75 g Halbfett-Butter (39 % Fett)
1 Pck. Dr. Oetker Finesse Geriebene Zitronenschale
15 ml Zitronensaft
5 Eiweiß (Größe M)
25 g Zucker
1 Prise Salz

Zum Bestäuben:

2 TL Puderzucker

Zubereitungszeit: 30 Minuten
Backzeit: etwa 65 Minuten

1. Zum Vorbereiten frische Heidelbeeren verlesen, vorsichtig abspülen und in einem Sieb gut abtropfen lassen. TK-Heidelbeeren nach Packungsanleitung auftauen lassen.

2. Den Backofen vorheizen.
Ober-/Unterhitze: etwa 180 °C
Heißluft: etwa 160 °C

3. Für die Quarkmasse Quark, Zucker, Vanillin-Zucker, Eigelb, Grieß, Butter, Zitronenschale und -saft in eine Rührschüssel geben. Die Zutaten mit Handrührgerät mit Rührbesen geschmeidig rühren. Das Eiweiß steif schlagen. Zucker und Salz unterrühren. Eischnee unter die Quarkmasse heben.

4. Die Quarkmasse in eine Springform (Ø 26 cm, Boden gefettet) geben und glatt streichen.

5. Die Heidelbeeren auf der Quarkmasse verteilen. Die Form auf dem Rost auf mittlerer Einschubleiste in den vorgeheizten Backofen schieben und den Kuchen etwa 65 Minuten backen.

6. Den gebackenen Kuchen noch etwa 15 Minuten im ausgeschalteten Backofen bei leicht geöffneter Backofentür stehen lassen, erst dann herausnehmen. Die Form auf einen Kuchenrost stellen. Den Kuchen etwas abkühlen lassen, dann aus der Form lösen und auf eine Tortenplatte legen. Kuchen erkalten lassen.

Käse-Joghurt-Creme auf Knusperbrot I

Vegetarisch

8 Stücke

Pro Stück: E: 5,4 g, F: 5,1 g, Kh: 8,5 g, kJ: 431, kcal: 103, BE: 0,5

175 g Schafkäse
150 g Naturjoghurt (3,5 % Fett)
1 Möhre (150 g)
½ Bund Schnittlauch
30 g Rosinen
8 Salatblätter (z. B. Lollo bionda)
8 Scheiben Knusperbrot

Zubereitungszeit: 20 Minuten

1. Schafkäse in kleine Würfel schneiden, mithilfe einer Gabel zerdrücken und mit dem Joghurt verrühren.

2. Möhre putzen, schälen, abspülen und abtropfen lassen. Möhre halbieren und in dünne, etwa 1 cm lange Stifte schneiden oder grob raspeln.

3. Schnittlauch abspülen, trocken tupfen und in feine Röllchen schneiden. Etwa 1 Esslöffel Schnittlauchröllchen zum Garnieren beiseitelegen. Die restlichen Schnittlauchröllchen mit den Möhrenstiften oder -raspeln und den Rosinen unter die Joghurt-Schafkäse-Creme rühren.

4. Die Salatblätter waschen und trocken tupfen. Je 1 Salatblatt auf eine Knusperscheibe legen. Die Creme darauf verteilen, mit den beiseitegelegten Schnittlauchröllchen bestreuen.

Kasseler auf Gemüsestreifen

Klassisch

4 Portionen

Pro Portion: E: 24,5 g, F: 15,8 g, Kh: 11,3 g, kJ: 1197, kcal: 285, BE: 0,5

750 g Möhren
2 Fenchelknollen (etwa 400 g)
2 EL Rapsöl (20 g)
je 1 TL gerebelter Thymian und Rosmarin
frisch gemahlener Pfeffer
Salz
500 g ausgelöster Kasseler Braten (Lummer- oder Stielkotelett)
150 ml Wasser

Zubereitungszeit: 30 Minuten
Garzeit: etwa 35 Minuten

1. Möhren putzen, schälen, abspülen und abtropfen lassen. Vom Fenchel etwas Fenchelgrün abspülen, trocken tupfen und zum Garnieren beiseitelegen. Dann von den Fenchelknollen die Stiele dicht oberhalb der Knollen abschneiden. Die Knollen abspülen, abtropfen lassen und halbieren. Möhren und Fenchel in feine Streifen schneiden.

2. Den Backofen vorheizen.
Ober-/Unterhitze: etwa 200 °C
Heißluft: etwa 180 °C

3. Rapsöl in einer großen Pfanne erhitzen. Möhren- und Fenchelstreifen unter Rühren etwa 5 Minuten darin dünsten. Das Gemüse mit Thymian, Rosmarin, Pfeffer und Salz würzen. Möhren- und Fenchelstreifen in eine flache Auflaufform oder einen Bräter geben.

4. Kasseler mit Küchenpapier trocken tupfen und auf die Möhren- und Fenchelstreifen legen. Wasser hinzugießen.

5. Auflaufform oder Bräter zugedeckt auf dem Rost im unteren Drittel in den vorgeheizten Backofen schieben. Kasseler auf Gemüsestreifen etwa 35 Minuten garen.

6. Kasseler einige Minuten ruhen lassen, dann aus der Form nehmen und in Scheiben schneiden. Möhren- und Fenchelgemüse nochmals mit Salz und Pfeffer abschmecken. Kasselerscheiben darauf anrichten und sofort mit dem beiseitegelegten Fenchelgrün garniert servieren.

Tipp: Extra fettarm und ohne Andünsten des Gemüses können Sie alle Zutaten im Tontopf (Römertopf®) garen. Beachten Sie dazu die Herstelleranleitung. Vorbereitetes Gemüse und Fleisch in den Tontopf schichten und auf dem Rost in den kalten Backofen schieben. Dann wie im Rezept beschrieben im Backofen garen. Die Garzeit beträgt etwa 80 Minuten.

Kerniger Beeren-Quark I

Fruchtig – für Kinder

2 Portionen

Pro Portion: E: 15,8 g, F: 7,3 g, Kh: 26,7 g, kJ: 1022, kcal: 243, BE: 2,0

4 EL Vollkorn-Haferflocken (40 g)
1 TL Kürbiskerne (5 g)
1 TL Zucker (5 g)
1 EL grob geschroteter Leinsamen (10 g)
150 g frische oder aufgetaute TK-Beeren (z. B. Himbeeren, Erdbeeren oder Heidelbeeren)
125 g Magerquark
150 g Naturjoghurt (3,5 % Fett)
1 TL Zucker (5 g)

Zubereitungszeit: 15 Minuten

1. Haferflocken und Kürbiskerne in einer Pfanne ohne Fett unter Rühren goldbraun rösten.

2. Zucker daraufstreuen und unter gelegentlichem Rühren kurz karamellisieren lassen.

3. Alles auf einen Teller geben und abkühlen lassen. Leinsamen unterrühren.

4. Frische Beeren abspülen, abtropfen lassen und entstielen. Große Früchte in kleine Stücke schneiden.

5. Quark mit Joghurt und Zucker in einer Schüssel glatt rühren, in 2 Schälchen mit den Früchten anrichten. Beeren-Quark mit Knusperflocken bestreut servieren.

KiBa-Torte | Für Kinder

16 Stücke

Pro Stück: E: 4,0 g, F: 4,3 g, Kh: 24,8 g, kJ: 655, kcal: 157, BE: 2,0

Für den Biskuitteig:

4 Eier (Größe M)
2 EL heißes Wasser
150 g Zucker
1 Prise Salz
125 g Weizenmehl
1 gestr. TL Dr. Oetker Backin
1 Pck. Dr. Oetker Pudding-Pulver Schokoladen-Geschmack

Für die Füllung:

3 Pck. Sahnesteif
1 kleines Glas Sauerkirschen (Abtropfgewicht 185 g)
3 Bananen (etwa 450 g, ohne Schale)
4–5 EL Zitronensaft
30 g Puderzucker
250 g Magerquark
125 g Crème double
etwa 3 EL Kirsch-Fruchtaufstrich oder -konfitüre (75 g)

Zum Bestreuen:

15 g bunte Zuckerperlen/ Zuckerdeko

Zubereitungszeit: 25 Minuten, ohne Kühlzeit
Backzeit: 30–35 Minuten

1. Den Backofen vorheizen.
Ober-/Unterhitze: etwa 180 °C
Heißluft: etwa 160 °C

2. Für den Teig Eier und Wasser mit Handrührgerät mit Rührbesen auf höchster Stufe in etwa 1 Minute schaumig schlagen. Zucker mit Salz mischen, in etwa 1 Minute unter Rühren einstreuen, dann noch etwa 2 Minuten weiterschlagen.

3. Mehl mit Backpulver und Pudding-Pulver mischen, auf die Eiercreme geben und kurz auf niedrigster Stufe unterrühren. Den Teig in eine Springform (Ø 26 cm, Boden gefettet, mit Backpapier belegt) geben und verstreichen. Die Form auf dem Rost im unteren Drittel in den vorgeheizten Backofen schieben. Den Boden 30–35 Minuten backen.

4. Boden aus der Form lösen, auf einen mit Backpapier belegten Kuchenrost stürzen und erkalten lassen. Dann das Backpapier abziehen. Den Boden auf eine Tortenplatte legen.

5. Den Tortenboden bis auf einen etwa 1 cm breiten Boden und Rand aushöhlen (Brösel evtl. für ein Dessert verwenden). 1 Päckchen Sahnesteif auf den Boden streuen.

6. Für die Füllung Kirschen in einem Sieb abtropfen lassen, dann auf Küchenpapier legen. 1 Banane grob würfeln, mit 2–3 Esslöffeln Zitronensaft, Puderzucker und Quark in einen Rührbecher geben und mit Handrührgerät mit Rührbesen verrühren. Crème double mit den restlichen Päckchen Sahnesteif steif schlagen. Bananen-Quark-Masse portionsweise unterziehen.

7. Kirschen mit 2 Esslöffeln Fruchtaufstrich (Konfitüre) mischen. Übrige Bananen längs teilen, im restlichen Zitronensaft wenden und auf den Boden legen. Kirschen in die Zwischenräume füllen.

8. Die Bananencreme darauf verstreichen (evtl. den oberen Rand des Teiges dünn mit einstreichen).

9. Übrigen Fruchtaufstrich (Konfitüre) glatt rühren oder evtl. leicht erwärmen, auf die Creme träufeln. Torte bis zum Servieren in den Kühlschrank stellen.

10. Vor dem Servieren den Tortenrand mit Zuckerperlen oder Zuckerdeko bestreuen.

Tipps: Wenn es noch rascher gehen soll, greifen Sie einfach auf einen fertig gekauften Biskuitboden vom Konditor zurück. Wenn Sie die Brösel mithilfe eines Löffels ausheben, können Sie evtl. Herzen aus den Stücken ausstechen und später auf die fertige Torte legen.

Kichererbsensalat I

Vegetarisch

4 Portionen

Pro Portion: E: 11,4 g, F: 13,7 g, Kh: 31,5 g, kJ: 1260, kcal: 301, BE: 2,0

1 Dose Kichererbsen (Abtropfgewicht 480 g)
1 Bund Frühlingszwiebeln
4 Fleischtomaten (je etwa 200 g)

Für die Salatsauce:

2 Knoblauchzehen
2 TL mittelscharfer Senf
½ TL Zucker
Salz
frisch gemahlener Pfeffer
2–3 EL Weinessig (20–30 g)
4 EL Rapsöl (40 g)

1 Bund glatte Petersilie

Zubereitungszeit: 25 Minuten

1. Kichererbsen in ein Sieb geben, mit kaltem Wasser abspülen und gut abtropfen lassen. Frühlingszwiebeln putzen, abspülen, abtropfen lassen und in feine Ringe schneiden.

2. Tomaten abspülen, abtrocknen, halbieren und die Stängelansätze herausschneiden. Tomaten würfeln.

3. Für die Salatsauce Knoblauch abziehen, fein hacken und mit Senf, Zucker, Salz, Pfeffer und Essig verrühren. Rapsöl unterschlagen.

4. Kichererbsen, Frühlingszwiebelringe und Tomatenwürfel mit der Salatsauce vermengen.

5. Petersilie abspülen, trocken tupfen und die Blättchen von den Stängeln zupfen. Blättchen hacken und den Salat damit bestreuen.

Tipp: Nach Belieben die Tomaten enthäuten.

Kichererbsen-Sambal | Exotisch

4 Portionen

Pro Portion: E: 13,7 g, F: 9,3 g, Kh: 46,0 g, kJ: 1391, kcal: 332, BE: 3,5

2 Dosen	*Kichererbsen (Abtropfgewicht je 265 g)*
8	*getrocknete Aprikosen*
2	*rote Zwiebeln*
200 g	*junger Spinat*
300 g	*Cocktailtomaten*
2 EL	*Speiseöl (z. B. Olivenöl, 20 g)*
1–2 EL	*Currypulver, mild*
1–2 TL	*Sambal Oelek*
1–2 EL	*brauner Zucker*
500 ml (1/2 l)	*Gemüsebrühe*
	Salz
1 EL	*Speisestärke (7 g)*
10 Blättchen	*Minze*
1–2 EL	*Limettensaft*

Zubereitungszeit: 30 Minuten

1. Kichererbsen in ein Sieb geben, mit kaltem Wasser abspülen und abtropfen lassen. Aprikosen in kleine Stücke schneiden. Zwiebeln abziehen, halbieren und in etwa 1/2 cm breite Streifen schneiden.

2. Spinat putzen, gründlich abspülen und gut abtropfen lassen. Tomaten abspülen, abtropfen lassen und halbieren. Stängelansätze herausschneiden.

3. Speiseöl in einem Topf erhitzen. Zwiebelstreifen darin unter Rühren andünsten, mit Curry, Sambal Oelek und Zucker würzen. Kichererbsen, Aprikosenstücke, Tomatenhälften und Spinat untermischen. Brühe hinzugießen, mit Salz würzen.

4. Die Zutaten zum Kochen bringen und 2–3 Minuten kochen lassen. Die Speisestärke mit etwas Wasser anrühren, unter das Gemüse rühren und kurz aufkochen lassen.

5. Minzeblättchen abspülen, trocken tupfen, grob zerschneiden und unterrühren. Sambal mit Limettensaft und den Gewürzen nochmals abschmecken.

Tipps: Servieren Sie nach Belieben noch Basmatireis dazu. Dafür 200 g Reis nach Packungsanleitung zubereiten (zusätzlich pro Portion: E: 4,3 g, F: 0,3 g, Kh: 38,0 g, kJ: 731, kcal: 172, BE: 3,0).

Kichererbsensuppe mit Kartoffeln | Vegetarisch

4 Portionen

Pro Portion: E: 18,6 g, F: 5,7 g, Kh: 56,8 g, kJ: 1513, kcal: 362, BE: 4,5

600 g	*mehligkochende Kartoffeln*
1 ¼ l	*Gemüsebrühe*
3 Dosen	*Kichererbsen (Abtropfgewicht je 265 g)*
100 g	*Frühlingszwiebeln*
2	*Möhren (200 g)*
	Salz
	frisch gemahlener Pfeffer

Zubereitungszeit: 30 Minuten

1. Die Kartoffeln schälen, abspülen, abtropfen lassen und in kleine Würfel schneiden. Die Kartoffelwürfel mit der Brühe in einem großen Topf zum Kochen bringen und etwa 10 Minuten bei schwacher Hitze zugedeckt köcheln lassen.

2. Inzwischen die Kichererbsen in ein Sieb geben und abtropfen lassen. Frühlingszwiebeln putzen, abspülen, abtropfen lassen und in feine Ringe schneiden.

3. Die Möhren putzen, schälen, abspülen, abtropfen lassen und in dünne Scheiben schneiden.

4. Kichererbsen, Frühlingszwiebeln und Möhren ebenfalls in die Brühe geben und etwa 5 Minuten zugedeckt mitköcheln lassen. Die Suppe mit Salz und Pfeffer abschmecken.

Kirschkuchen mit Guss

Fruchtig

16 Stücke

Pro Stück: E: 3,3 g, F: 7,7 g, Kh: 24,6 g, kJ: 765, kcal: 184, BE: 2,0

Zum Vorbereiten:

1 Glas Sauerkirschen (Abtropfgewicht 370 g)

Für den Rührteig:

125 g weiche Joghurt-Butter (65 % Fett)
125 g Zucker
1 Pck. Dr. Oetker Vanillin-Zucker
1 Prise Salz
3 Eier (Größe M)
200 g Weizenmehl
2 gestr. TL Dr. Oetker Backin
1 EL Milch

Zum Bestreuen:

30 g gehobelte Mandeln

Für den Guss:

1 Pck. ungezuckerter Tortenguss, rot
250 ml (1/4 l) Kirschsaft aus dem Glas
1 TL Zucker

Zubereitungszeit: 30 Minuten, ohne Abkühlzeit
Backzeit: etwa 40 Minuten

1. Zum Vorbereiten die Sauerkirschen in einem Sieb gut abtropfen lassen. Dabei den Saft auffangen und 250 ml (1/4 l) davon abmessen.

2. Den Backofen vorheizen.
Ober-/Unterhitze: etwa 180 °C
Heißluft: etwa 160 °C

3. Für den Rührteig die Butter in einer Rührschüssel mit Handrührgerät mit Rührbesen auf höchster Stufe geschmeidig rühren. Nach und nach Zucker, Vanillin-Zucker und Salz unterrühren. So lange rühren, bis eine gebundene Masse entstanden ist. Eier nach und nach unterrühren (jedes Ei etwa 1/2 Minute).

4. Das Mehl mit Backpulver mischen. Das Gemisch in 2 Portionen abwechselnd mit der Milch auf mittlerer Stufe unterrühren.

5. Den Teig in eine Springform (Ø 26 cm, Boden gefettet) geben und glatt streichen. Sauerkirschen darauf verteilen, dabei rundherum einen etwa 1 cm breiten Rand frei lassen. Mandeln daraufstreuen.

6. Die Form auf einem Rost im unteren Drittel in den vorgeheizten Backofen schieben. Den Kuchen etwa 40 Minuten backen.

7. Nach dem Backen die Form auf einen Kuchenrost stellen. Den Kuchen in der Form etwa 1 Stunde erkalten lassen, dann aus der Form lösen.

8. Für den Guss aus Tortengusspulver, Kirschsaft und Zucker nach Packungsanleitung einen Guss zubereiten. Den Guss löffelweise von der Mitte aus zügig über die Kirschen geben. Den Kirschkuchen mindestens 30 Minuten in den Kühlschrank stellen.

Kirsch-Mandel-Kuchen | Beliebt

8 Stücke

Pro Stück: E: 3,9 g, F: 7,8 g, Kh: 23,5 g, kJ: 757, kcal: 181, BE: 2,0

175 g Sauerkirschen (aus dem Glas)

Für den Rührteig:

60 g weiche Halbfett-Butter (39 % Fett)
50 g Zucker
1 Prise Salz
1 Ei (Größe M)
100 g Weizenmehl
25 g Speisestärke
1 gestr. TL Dr. Oetker Backin
20 g gemahlene Mandeln
3 EL Kirschsaft aus dem Glas

Für die Form:

1 TL Semmelbrösel

Zum Bestreuen:

2 EL gehobelte Mandeln

Zubereitungszeit: 15 Minuten
Backzeit: etwa 40 Minuten

1. Die Kirschen in einem Sieb gut abtropfen lassen, den Saft dabei auffangen, 3 Esslöffel davon abmessen und beiseitestellen.

2. Den Backofen vorheizen.
Ober-/Unterhitze: etwa 180 °C
Heißluft: etwa 160 °C

3. Für den Rührteig Halbfett-Butter mit Handrührgerät mit Rührbesen auf höchster Stufe geschmeidig rühren. Nach und nach Zucker und Salz unterrühren. So lange rühren, bis eine gebundene Masse entstanden ist. Ei unterrühren (etwa ½ Minute).

4. Mehl mit Speisestärke und Backpulver mischen und abwechselnd mit den Mandeln und dem Kirschsaft unterrühren. Den Rührteig in eine Springform (Ø 18 cm, gefettet, mit Semmelbröseln ausgestreut) füllen und glatt streichen.

5. Die Kirschen auf dem Teig verteilen und mit Mandeln bestreuen. Die Form auf dem Rost im unteren Drittel in den vorgeheizten Backofen schieben. Den Kuchen etwa 40 Minuten backen.

6. Den Kuchen in der Form auf einem Kuchenrost erkalten lassen, dann aus der Form lösen und auf eine Tortenplatte geben.

Kirsch-Reis-Kuchen | Fruchtig

16 Stücke

Pro Stück: E: 7,2 g, F: 4,8 g, Kh: 22,9 g, kJ: 694, kcal: 166, BE: 2,0

Zum Vorbereiten:

1 Glas Sauerkirschen (Abtropfgewicht 370 g)
400 ml fettarme Milch (1,5 % Fett)
1 Pck. Dr. Oetker Bourbon-Vanille-Zucker
100 g Milchreis

Für den Teig:

50 g weiche Joghurt-Butter (65 % Fett)
125 g Zucker
1 Pck. Dr. Oetker Finesse Geriebene Zitronenschale
3 Eigelb (Größe M)
50 g Speisestärke
1 TL Dr. Oetker Backin
500 g Magerquark
3 Eiweiß (Größe M)

Zum Bestreuen:

20 g gehackte Pistazienkerne

Zubereitungszeit: 45 Minuten, ohne Abkühlzeit
Backzeit: etwa 75 Minuten

1. Zum Vorbereiten Sauerkirschen in einem Sieb gut abtropfen lassen.

2. Die Milch und Vanille-Zucker in einem Topf zum Kochen bringen. Milchreis hinzugeben, unter Rühren zum Kochen bringen und nach Packungsanleitung in 15–20 Minuten bei schwacher Hitze ausquellen lassen. Milchreis etwas abkühlen lassen.

3. Den Backofen vorheizen.
Ober-/Unterhitze: etwa 180 °C
Heißluft: etwa 160 °C

4. Für den Teig Joghurt-Butter mit Handrührgerät mit Rührbesen auf höchster Stufe geschmeidig rühren. Nach und nach Zucker und Zitronenschale unterrühren. So lange rühren, bis eine gebundene Masse entstanden ist. Eigelb nach und nach unterrühren (jedes Eigelb knapp 1/2 Minute).

5. Speisestärke mit Backpulver mischen und auf mittlerer Stufe unterrühren. Quark und Milchreis unterrühren. Eiweiß steif schlagen, zusammen mit den Sauerkirschen vorsichtig unterheben.

6. Den Teig in eine Springform (Ø 26 cm, Boden gefettet) geben, glatt streichen und mit Pistazienkernen bestreuen. Die Form auf dem Rost im unteren Drittel in den vorgeheizten Backofen schieben. Den Kuchen etwa 75 Minuten backen, evtl. nach 40 Minuten mit Backpapier zudecken.

7. Die Form auf einen Kuchenrost stellen. Den Kuchen etwas abkühlen lassen, dann aus der Form lösen. Den Kuchen kalt oder warm servieren.

Tipp: Statt Speisestärke können Sie auch 1 Päckchen Dr. Oetker Pudding-Pulver Vanille-Geschmack in den Teig geben.

Knoblauchhähnchen aus dem Wok | Gut vorzubereiten

4 Portionen

Pro Portion: E: 23,4 g, F: 9,5 g, Kh: 13,5 g, kJ: 995, kcal: 239, BE: 0,5

1 Bund Frühlingszwiebeln (etwa 250 g)
3 Knoblauchzehen
10 g frischer Ingwer
4 EL Sojasauce (etwa 40 g)
1 EL Speiseöl (z. B. Sojaöl, etwa 10 g)
1/4 TL geschroteter Chili

300 g Hähnchenbrustfilet
30 g Cashewkerne
2 Möhren (etwa 200 g)
1 Chinakohl (etwa 700 g)
1 EL Speiseöl (z. B. Olivenöl, etwa 10 g)
200 g Cocktailtomaten
1–2 EL Sojasauce (10–20 g)
2–3 EL Zitronensaft
evtl. frisch gemahlener Pfeffer
1 Bund Schnittlauch

Zubereitungszeit: 30 Minuten, ohne Marinierzeit

1. Die Frühlingszwiebeln putzen, abspülen, abtropfen lassen und 2 Stück davon in feine Stücke schneiden. Knoblauch abziehen. Ingwer schälen. Knoblauch und Ingwer sehr fein hacken. Frühlingszwiebelstücke mit Sojasauce, Knoblauch, Ingwer, Öl und Chili mischen.

2. Hähnchenbrustfilet unter fließendem kalten Wasser abspülen, trocken tupfen und in Streifen schneiden. Streifen mit der Marinade mischen und mindestens 2 Stunden zugedeckt im Kühlschrank durchziehen lassen.

3. Cashewkerne in einem Wok ohne Fett unter Rühren anrösten und herausnehmen. Restliche Frühlingszwiebeln ebenfalls in Stücke schneiden. Möhren putzen, schälen, abspülen, abtropfen lassen und in feine Stifte schneiden. Chinakohl putzen, vierteln, abspülen, abtropfen lassen und den Strunk herausschneiden. Den Chinakohl in Streifen schneiden.

4. Filetstreifen aus der Marinade nehmen und trocken tupfen. Öl im Wok erhitzen. Hähnchenstreifen darin bei starker Hitze unter Wenden etwa 1 Minute braten. Frühlingszwiebeln, Möhren und Chinakohl dazugeben und alles unter Wenden bei starker Hitze etwa 5 Minuten braten.

5. Cocktailtomaten abspülen, abtrocknen, halbieren und die Stängelansätze herausschneiden. Marinadeflüssigkeit mit den Frühlingszwiebeln in den Wok geben und alles weitere 3–4 Minuten unter Wenden bei starker Hitze braten. Zuletzt Tomatenhälften untermischen.

6. Die Wok-Pfanne mit Sojasauce, Zitronensaft und evtl. Pfeffer abschmecken. Den Schnittlauch abspülen, trocken tupfen und in Röllchen schneiden. Knoblauch-Hähnchen-Pfanne mit Schnittlauch und Cashewkernen anrichten, sofort servieren.

Tipp: Servieren Sie nach Belieben noch Basmatireis dazu. Dafür 200 g Reis nach Packungsanleitung zubereiten (zusätzlich pro Portion: E: 4,3 g, F: 0,3 g, Kh: 38,0 g, kJ: 731, kcal: 172, BE: 3,0).

Knusper-Obstsalat

Fruchtig – für Kinder

2 Portionen

Pro Portion: E: 4,1 g, F: 2,0 g, Kh: 47,1 g, kJ: 959, kcal: 229, BE: 4,0

4 EL	*Vollkorn-Haferflocken (40 g)*
100 g	*blaue Weintrauben*
1	*kleiner Apfel (etwa 150 g)*
1	*große Banane (etwa 200 g)*
	Saft von
1	*Orange*
2 TL	*flüssiger Honig (12 g)*

Zubereitungszeit: 15 Minuten, ohne Abkühlzeit

1. Haferflocken in einer Pfanne ohne Fett unter Rühren goldgelb rösten. Dann die Haferflocken auf einem Teller abkühlen lassen.

2. Trauben und Apfel waschen, trocken tupfen. Trauben halbieren, evtl. entkernen. Apfel vierteln, entkernen und in kleine Stücke schneiden. Banane schälen, in dünne Scheiben schneiden.

3. Orangensaft mit 1 Teelöffel Honig verrühren und sofort mit den Obststücken mischen. Salat mit Haferflocken bestreuen, mit dem restlichen Honig beträufeln.

Kokos-Ananas-Muffins

Mit Alkohol

12 Stück

Pro Stück: E: 3,2 g, F: 4,6 g, Kh: 34,4 g, kJ: 831, kcal: 199, BE: 3,0

Zum Vorbereiten:

1 Dose Ananasstücke (Abtropfgewicht 340 g)

Für die Baisermasse:

3 Eiweiß (Größe M)
130 g Zucker
30 g Kokosraspel

Für den Rührteig:

40 g weiche Halbfett-Butter (39 % Fett)
100 g Zucker
1 Pck. Dr. Oetker Vanillin-Zucker
3 Eigelb (Größe M)
130 g Weizenmehl
2 gestr. TL Dr. Oetker Backin
2–3 EL Batida de Côco (Kokoslikör, z. B. Mangaroca Batida de Côco)

Außerdem:

12 Muffin-Papier-Backförmchen

Zubereitungszeit: 30 Minuten
Backzeit: etwa 30 Minuten

1. Zum Vorbereiten die Ananasstücke in einem Sieb gut abtropfen lassen, evtl. etwas ausdrücken und anschließend in sehr kleine Stücke schneiden.

2. Den Backofen vorheizen.
Ober-/Unterhitze: etwa 180 °C
Heißluft: etwa 160 °C

3. Für die Baisermasse Eiweiß mit Handrührgerät mit Rührbesen auf höchster Stufe steif schlagen. Der Schnee muss so fest sein, dass ein Messerschnitt sichtbar bleibt. Nach und nach den Zucker kurz unterschlagen. Zwei Drittel der Kokosraspel vorsichtig unterheben.

4. Für den Teig Butter mit Handrührgerät mit Rührbesen auf höchster Stufe geschmeidig rühren. Nach und nach Zucker und Vanillin-Zucker unterrühren. So lange rühren, bis eine gebundene Masse entstanden ist.

5. Eigelb nach und nach unterrühren (jedes Eigelb etwa ½ Minute). Mehl mit Backpulver mischen, in 2 Portionen abwechselnd mit Kokoslikör auf mittlerer Stufe unterrühren. Ananasstücke unterheben.

6. Den Teig in eine Muffinform (für 12 Muffins, mit Papierbackförmchen ausgelegt) geben. Baisermasse darauf verteilen und restliche Kokosraspel daraufstreuen.

7. Die Form auf dem Rost auf mittlerer Einschubleiste in den vorgeheizten Backofen schieben. Die Muffins etwa 30 Minuten backen (die Muffins etwa nach der Hälfte der Backzeit mit Backpapier zudecken, da die Kokosraspel zu schnell bräunen).

8. Die Muffins etwa 10 Minuten in der Form stehen lassen, dann aus der Form nehmen und auf einem Kuchenrost erkalten lassen.

Tipp: Die Muffins schmecken frisch am besten.

Kokosmilchkuchen | Für Kinder

20 Stücke

Pro Stück: E: 3,7 g, F: 10,2 g, Kh: 39,0 g, kJ: 1101, kcal: 264, BE: 3,0

Für den All-in-Teig:

400 g	*Weizenmehl*
3 TL	*Dr. Oetker Backin*
225 g	*Zucker*
4	*Eier (Größe M)*
150 g	*weiche Butter oder Margarine*
150 ml	*Kokosmilch (cremig)*

Für den Guss:

250 g	*gesiebter Puderzucker*
etwa 100 ml	*Kokosmilch*
etwas	*gelbe und rote Speisefarbe*

Zubereitungszeit: 15 Minuten, ohne Abkühlzeit
Backzeit: etwa 20 Minuten

1. Den Backofen vorheizen.
Ober-/Unterhitze: etwa 180 °C
Heißluft: etwa 160 °C

2. Für den Teig das Mehl mit Backpulver in einer Rührschüssel vermischen. Restliche Teigzutaten hinzufügen und alles mit Handrührgerät mit Rührbesen zunächst kurz auf niedrigster, dann auf höchster Stufe in etwa 2 Minuten zu einem glatten Teig verarbeiten.

3. Den Teig auf einem Backblech (30 x 40 cm, gefettet, bemehlt) glatt streichen. Das Backblech auf mittlerer Einschubleiste in den vorgeheizten Backofen schieben. Den Kuchen etwa 20 Minuten backen. Das Backblech auf einen Kuchenrost stellen. Den Kuchen erkalten lassen.

4. Für den Guss den Puderzucker mit Kokosmilch zu einem dickflüssigen Guss verrühren. Den Kuchen mit etwa zwei Dritteln des Gusses überziehen. Den restlichen Guss in 3 Portionen teilen und mit Speisefarbe rot, gelb und orange einfärben.

5. Den Guss getrennt in Gefrierbeutel füllen, eine kleine Spitze abschneiden und abwechselnd Linien auf den noch feuchten Guss spritzen. Mit einem Holzstäbchen abwechselnd von oben nach unten und von unten nach oben durch den Guss ziehen, sodass geschwungene Linien entstehen.

Tipp: Wenn Sie keine Speisefarbe verwenden möchten, dann bestreichen Sie den Kuchen einfach nur mit dem Kokosmilchguss und streuen nach Belieben noch etwa 75 g geröstete Kokosraspel (pro Stück: E: 3,9 g, F: 12,6 g, Kh: 39,1 g, kJ: 1194, kcal: 286, BE: 3,5) dekorativ darauf.

Kräuterrouladen mit Möhren und Nudeln | Für Kinder

4 Portionen

Pro Portion: E: 31,0 g, F: 8,0 g, Kh: 42,9 g, kJ: 1555, kcal: 371, BE: 3,0

4 dünne Schweineschnitzel (je etwa 100 g)
Salz
frisch gemahlener Pfeffer
4 TL mittelscharfer Senf
25 g gemischte TK-Kräuter
750 g Möhren
1 EL Rapsöl (10 g)
300 ml Fleischbrühe

2 l Wasser
2 gestr. TL Salz
200 g Nudeln (z. B. Tagliatelle [Bandnudeln])

½ Bund glatte Petersilie
1 leicht geh. EL Crème fraîche

Außerdem:
4 Holzstäbchen

Zubereitungszeit: 30 Minuten

1. Die Schnitzel mit Küchenpapier trocken tupfen, mit Salz und Pfeffer bestreuen und mit Senf bestreichen. Die Kräuter darauf verteilen. Die Schnitzel von der schmalen Seite aus aufrollen und jeweils mit einem Holzstäbchen feststecken.

2. Die Möhren putzen, schälen, abspülen, abtropfen lassen und in Scheiben schneiden. Öl in einer großen, beschichteten Pfanne erhitzen. Die Rouladen von allen Seiten darin anbraten. Möhrenscheiben und Brühe hinzugeben und alles mit Salz und Pfeffer würzen. Die Rouladen zugedeckt bei mittlerer Hitze 10–15 Minuten garen lassen.

3. In der Zwischenzeit Wasser in einem großen Topf zugedeckt zum Kochen bringen. Dann Salz und Nudeln hinzugeben. Die Nudeln im geöffneten Topf bei mittlerer Hitze nach Packungsanleitung bissfest kochen, dabei gelegentlich umrühren.

4. Petersilie abspülen, trocken tupfen und die Blättchen von den Stängeln zupfen. Die Blättchen fein hacken.

5. Die Nudeln in ein Sieb geben, mit heißem Wasser abspülen und abtropfen lassen. Die Nudeln in eine Schüssel geben, mit der Petersilie bestreuen und zugedeckt warm stellen.

6. Kräuterrouladen aus der Pfanne nehmen und ebenfalls zugedeckt warm stellen. Crème fraîche unter die Möhrenscheiben rühren und das Gemüse nochmals mit Salz und Pfeffer abschmecken.

Kräuter-Schollenfilets auf Tomaten | Etwas teurer

4 Portionen

Pro Portion: E: 34,3 g, F: 9,3 g, Kh: 33,7 g, kJ: 1526, kcal: 365, BE: 2,5

1 kg festkochende Kartoffeln
1 TL Salz
1 Bund Kerbel
1 Bund glatte Petersilie
2 Stängel Dill
8 Schollenfilets oder aufgetaute TK-Schollenfilets (je etwa 80 g)
Saft von
½ Zitrone
frisch gemahlener Pfeffer
500 g Mini-Rispen-Tomaten
30 g Kräuterbutter
2–3 EL Gemüsebrühe

Außerdem:
evtl. 8 Holzstäbchen

Zubereitungszeit: 30 Minuten
Garzeit für den Fisch: 15–18 Minuten

1. Den Backofen vorheizen.
Ober-/Unterhitze: etwa 200 °C
Heißluft: etwa 180 °C

2. Kartoffeln schälen, abspülen und abtropfen lassen. Die Kartoffeln in einen Topf geben und so viel Wasser hinzufügen, dass die Kartoffeln knapp bedeckt sind. Kartoffeln zugedeckt zum Kochen bringen. Salz hinzugeben. Die Kartoffeln zugedeckt in 20–25 Minuten gar kochen.

3. Inzwischen Kerbel, Petersilie und Dill abspülen und trocken tupfen. Die Blättchen und Spitzen von den Stängeln zupfen. Blättchen und Spitzen fein hacken. Kräuter vermischen.

4. Schollenfilets unter fließendem kalten Wasser abspülen, trocken tupfen, von beiden Seiten mit Zitronensaft beträufeln, mit Salz und Pfeffer würzen. Die Fischfilets auf der Arbeitsfläche auslegen. Die Hälfte der Kräuter daraufstreuen. Fischfilets aufrollen, evtl. mit Holzstäbchen feststecken.

5. Tomaten abspülen, trocken tupfen und vierteln, dabei evtl. die Stängelansätze herausschneiden. Die Tomaten in eine Auflaufform (gefettet) geben, mit Salz und Pfeffer kräftig würzen. Die Hälfte der restlichen Kräuter daraufstreuen.

6. Die Schollenfiletröllchen daraufsetzen und mit den restlichen Kräutern bestreuen. Kräuterbutter in Flöckchen auf die Fischfilets setzen. Gemüsebrühe zugeben. Die Form auf dem Rost im unteren Drittel in den vorgeheizten Backofen schieben. Die Fischröllchen 15–18 Minuten garen.

7. Kartoffeln abgießen, zu den Kräuter-Schollenfilets servieren.

Tipps: Frische Schollenfilets sind meist länger und dünner geschnitten als TK-Filets. Sie lassen sich daher leicht aufrollen. TK-Schollenfilets stattdessen einfach zusammenklappen und mit Holzstäbchen feststecken. Statt Schollenfilets können Sie auch Atlantik-Seezungen- oder Seelachsfilets verwenden. Noch schneller geht es, wenn Sie statt frischer Kräuter 50 g TK-Kräuter verwenden.

Ernährungstipps: Schollenfilet zählt zu den mageren Fischfilets (100 g Schollenfilet enthält nur etwa 2 g Fett, aber etwa 17 g Eiweiß). Die Scholle gehört zu den bekanntesten Vertretern der sogenannten Plattfische. Die Kräuterbutter verhindert in diesem Rezept, dass der Fisch zu trocken wird. Außerdem harmoniert sie prima mit den Tomaten und hilft uns fettlösliche Vitamine aufzunehmen.

Kürbis mit Zartweizen und Frischkäse überbacken

Gut vorzubereiten
2 Portionen

Pro Portion: E: 22,0 g, F: 12,5 g, Kh: 59,1 g, kJ: 1839, kcal: 440, BE: 5,0

125 g Zartweizen (vorgegarter Weizen)
1 l Gemüsebrühe
1 Zwiebel
etwa 650 g Kürbis (z. B. Hokkaido)
1 EL Sonnenblumenöl (10 g)

2 EL Schnittlauchröllchen
etwa ½ TL Dr. Oetker Finesse Geriebene Zitronenschale
150 g körniger Frischkäse
Salz, frisch gemahlener Pfeffer
frisch geriebene Muskatnuss
1–2 TL zerstoßene, rosa Pfefferbeeren

Zubereitungszeit: 25 Minuten
Garzeit: etwa 20 Minuten

1. Zartweizen nach Packungsanleitung mit der Gemüsebrühe zubereiten. Dann den Zartweizen in ein Sieb abgießen, dabei die Gemüsebrühe auffangen, 50–75 ml abmessen und beiseitestellen.

2. In der Zwischenzeit Zwiebel abziehen und fein würfeln. Kürbis entkernen und evtl. Innenfasern entfernen. Kürbis in Spalten schneiden und schälen. Etwa 400 g Kürbisfruchtfleisch in etwa 1 ½ cm große Würfel schneiden.

3. Den Backofen vorheizen.
Ober-/Unterhitze: etwa 200 °C
Heißluft: etwa 180 °C

4. Öl in einem Topf erhitzen. Die Zwiebelwürfel darin andünsten. Kürbiswürfel zufügen und unter gelegentlichem Rühren etwa 2 Minuten mitdünsten. Abgemessene Gemüsebrühe hinzugießen. Die Kürbiswürfel zugedeckt in etwa 8 Minuten bissfest dünsten, dabei sollte die Gemüsebrühe fast verdampft sein.

5. In der Zwischenzeit Schnittlauchröllchen mit Zitronenschale und Frischkäse mischen und mit Salz und Pfeffer würzen. Das Kürbisgemüse mit Salz und Muskatnuss abschmecken. Den Zartweizen untermischen.

6. Die Kürbis-Weizen-Mischung in einer Auflaufform (gefettet) verteilen.

7. Die Käsemasse löffelweise daraufgeben und vorsichtig verstreichen. Zerstoßene, rosa Pfefferbeeren daraufstreuen.

8. Die Form auf dem Rost im unteren Drittel in den vorgeheizten Backofen schieben. Das Kürbisgemüse etwa 20 Minuten überbacken und anschließend heiß servieren.

Tipp: Dieses Rezept lässt sich für 4 Portionen einfach verdoppeln. Die Garzeit bleibt gleich.

Ernährungstipps: Das Kürbisfruchtfleisch ist kalorienarm und enthält viel Beta-Carotin. Körniger Frischkäse ist relativ fettarm, dafür eiweißreich. Zartweizen liefert neben Kohlenhydraten zusätzlich wertvolles pflanzliches Eiweiß. Fazit: Diese Kombination ist ideal, um satt zu werden und fit und schlank zu bleiben.

Rezeptvariante: Für **überbackene Möhren mit Zartweizen** statt Kürbis etwa 450 g Möhren schälen, putzen, abspülen, abtropfen lassen und in dünne Scheiben schneiden (pro Portion: E: 22,5 g, F: 12,5 g, Kh: 58,7 g, kJ: 1813, kcal: 433, BE: 4,0).

Lachswürfel auf Erbsenpüree

Raffiniert – für Gäste

2 Portionen

Pro Portion: E: 42,0 g, F: 12,6 g, Kh: 26,0 g, kJ: 1632, kcal: 390, BE: 2,0

400 g TK-Erbsen
Salz
½ Bund Minze
frisch gemahlener Pfeffer

Für die Lachswürfel:

300 g Lachsfilet
1 Knoblauchzehe
1 EL Speiseöl (z. B. Sonnenblumenöl, 10 g)
Saft von ½ Zitrone

Zubereitungszeit: 20 Minuten

1. Erbsen nach Packungsanleitung in etwas Salzwasser garen, bis sie weich sind.

2. In der Zwischenzeit Minze abspülen und trocken tupfen. Einige Minzeblättchen zum Garnieren beiseitelegen. Restliche Blättchen von den Stängeln zupfen und in feine Streifen schneiden.

3. Erbsen abgießen, dabei etwa 2 Esslöffel des Kochwassers auffangen und 1 Esslöffel Erbsen zum Garnieren beiseitestellen. Restliche Erbsen mit dem aufgefangenen Kochwasser in einen hohen Rührbecher geben. Die Erbsen grob pürieren. Erbsenpüree mit Salz und Pfeffer würzen. Das Püree zugedeckt warm stellen.

4. Für die Lachswürfel Lachsfilet unter fließendem kalten Wasser abspülen, trocken tupfen und in etwa 2 cm große Würfel schneiden. Knoblauch abziehen und in Scheiben schneiden.

5. Öl in einer beschichteten Pfanne erhitzen. Knoblauch darin anbraten, dann die Lachswürfel hinzugeben und unter mehrmaligem Wenden etwa 3 Minuten kräftig anbraten. Die Lachswürfel mit Salz und Pfeffer würzen, mit Zitronensaft beträufeln und auf Küchenpapier gut abtropfen lassen.

6. Die Minzestreifen unter das warm gestellte Erbsenpüree rühren. Das Püree auf Tellern verteilen. Die Lachswürfel daraufsetzen, mit den beiseitegelegten Minzeblättern und gegarten Erbsen garnieren.

Tipps: Das Gericht eignet sich auch gut als Vorspeise für 4 Personen. Besonders dekorativ sieht es dann aus, wenn Sie das Gericht mit gebratenen Chilischoten anrichten. Für Vorspeisenteller 2 rote Chilischoten abspülen, abtrocknen und vorsichtig so längs halbieren, dass der Stiel mit dran bleibt. Dann die Chilihälften mit dem Knoblauch im Öl anbraten.

Ernährungstipp: Die Zufuhr von Omega-3-Fettsäuren ist für unseren Körper sehr wichtig, da wir diese nicht selber bilden können. Lachs ist ein guter Lieferant dieser essenziellen Fettsäure, die uns unter anderem vor Herz-Kreislauf-Erkrankungen schützen kann. Die Kombination von Lachs mit Erbsenpüree ist eine gute Eiweiß- und Ballaststoffquelle.

Lasagne mit Erbsen und Zucchini | Für Kinder

4 Portionen

Pro Portion: E: 15,3 g, F: 11,0 g, Kh: 46,2 g, kJ: 1459, kcal: 349, BE: 3,5

1 mittelgroße Zucchini (400 g)
2 Zwiebeln (etwa 100 g)
1 EL Olivenöl (10 g)
500 g passierte Tomaten
Salz
1–2 TL Pizzagewürz
150 g TK-Erbsen
100 ml Gemüsebrühe
frisch geriebene Muskatnuss
frisch gemahlener Pfeffer
100 g Crème légère
12 Lasagneplatten (ohne Vorkochen)
4 EL geraspelter Mozzarella-Käse (60 g)

Zubereitungszeit: 30 Minuten
Garzeit: etwa 30 Minuten

1. Den Backofen vorheizen.
Ober-/Unterhitze: etwa 200 °C
Heißluft: etwa 180 °C

2. Die Zucchini abspülen, abtrocknen und die Enden abschneiden. Zucchini in dünne Scheiben schneiden. Zwiebeln abziehen und fein würfeln.

3. Öl in einer Pfanne erhitzen. Zucchinischeiben und Zwiebelwürfel hinzugeben und unter Rühren anbraten. Dann die passierten Tomaten unterrühren.

4. Das Ganze mit Salz und Pizzagewürz abschmecken und etwa 2 Minuten einkochen.

5. Erbsen und Gemüsebrühe in einem Topf aufkochen, mit Muskat und Pfeffer kräftig würzen. Crème légère zufügen, umrühren und noch einmal aufkochen.

6. Eine Auflaufform (mindestens 30 x 20 cm, gefettet) mit einer Schicht Lasagneplatten auslegen. Die Hälfte der Tomaten-Zucchini-Sauce einfüllen, mit Lasagneplatten bedecken. Die Erbsen-Sahne-Sauce einfüllen und wieder mit Lasagneplatten bedecken.

7. Den Rest der Tomaten-Zucchini-Sauce darauf verteilen und mit geraspeltem Mozzarella bestreuen.

8. Die Form auf dem Rost auf mittlerer Einschubleiste in den vorgeheizten Backofen schieben. Lasagne etwa 30 Minuten garen.

Limetten-Buttermilch-Torte I

Fruchtig

16 Stücke

Pro Stück: E: 3,0 g, F: 3,6 g, Kh: 22,9 g, kJ: 580, kcal: 139, BE: 2,0

Für den Biskuitteig:

2	*Eier (Größe M)*
2 EL	*heißes Wasser*
75 g	*Zucker*
1 Pck.	*Dr. Oetker Vanillin-Zucker*
50 g	*Weizenmehl*
25 g	*Speisestärke*
1 gestr. TL	*Dr. Oetker Backin*
1 EL	*Kokosraspel (10 g)*

Für die Fruchtmasse:

1 Pck.	*Dr. Oetker Pudding-Pulver Vanille-Geschmack*
300 ml	*Apfelsaft*
100 ml	*Limettensaft*
40 g	*Zucker*

Für die Creme:

8 Blatt	*weiße Gelatine*
500 ml (1/2 l)	*Fruchtbuttermilch mit Zitronengeschmack*
3 EL	*Limettensaft*
15 g	*Zucker*
100 g	*Schlagsahne*

Zum Garnieren:

2	*Bio-Limetten (unbehandelt, ungewachst)*
3 EL	*Apfelsaft*
15 g	*Zucker*

Zubereitungszeit: 40 Minuten, ohne Kühl- und Durchziehzeit
Backzeit: 15–20 Minuten

1. Den Backofen vorheizen.
Ober-/Unterhitze: etwa 180 °C
Heißluft: etwa 160 °C

2. Für den Teig Eier und Wasser mit Handrührgerät mit Rührbesen auf höchster Stufe in etwa 1 Minute schaumig schlagen. Den Zucker und Vanillin-Zucker mischen, in etwa 1 Minute einstreuen, dann noch etwa 2 Minuten weiterschlagen. Mehl mit Stärke und Backpulver mischen, auf die Eiercreme sieben und kurz auf niedrigster Stufe unterrühren. Kokosraspel unterheben.

3. Teig in einer Springform (Ø 26 cm, Boden gefettet, mit Backpapier belegt) verstreichen. Die Form auf dem Rost auf mittlerer Einschubleiste in den vorgeheizten Backofen schieben. Den Gebäckboden 15–20 Minuten backen.

4. Gebäckboden auf einen mit Backpapier belegten Kuchenrost stürzen, erkalten lassen und mitgebackenes Backpapier abziehen. Gebäckboden auf eine Tortenplatte legen. Tortenring darumstellen.

5. Für die Fruchtmasse Pudding-Pulver mit 5 Esslöffeln Apfelsaft verrühren. Limettensaft mit restlichem Apfelsaft und Zucker zum Kochen bringen. Angerührtes Pudding-Pulver unterrühren, kurz aufkochen, dann etwas abkühlen lassen. Fruchtmasse wellenartig auf dem Boden verstreichen, dabei einen etwa 1 cm breiten Rand frei lassen, in den Kühlschrank stellen.

6. Für die Creme Gelatine nach Packungsanleitung in kaltem Wasser einweichen. Buttermilch mit Limettensaft und Zucker verrühren. Gelatine leicht ausdrücken und in einem kleinen Topf bei schwacher Hitze unter Rühren erwärmen, bis sie völlig gelöst ist. 4 Esslöffel von der Buttermilchmischung unterrühren, dann mit der restlichen Buttermilchmischung verrühren und in den Kühlschrank stellen.

7. Die Sahne steif schlagen. Sobald die Buttermilchmischung beginnt dicklich zu werden, Sahne unterheben und auf der Fruchtmasse verstreichen. Torte mindestens 2 Stunden in den Kühlschrank stellen.

8. Zum Garnieren Limetten heiß abwaschen, abtrocknen und mit einem Zestenreißer feine Streifen abziehen. Geschälte Limetten in dünne Scheiben schneiden. Apfelsaft und Zucker in einem kleinen Topf unter Rühren zum Kochen bringen und bei mittlerer Hitze

etwa 5 Minuten einkochen lassen. Den Topf von der Kochstelle ziehen. Die Limettenscheiben darin etwa 1 Stunde durchziehen lassen.

9. Zum Servieren Tortenring entfernen. Die Limettenscheiben auf Küchenpapier abtropfen lassen und die Tortenoberfläche damit garnieren. Limettenzesten darauf verteilen.

Tipp: Für die Früchtemasse können Sie statt Pudding-Pulver Vanille-Geschmack auch Sahne-Geschmack verwenden.

Mandarinen-Amarena-Kuchen

Gut vorzubereiten

16 Stücke

Pro Stück: E: 7,3 g, F: 6,0 g, Kh: 27,3 g, kJ: 818, kcal: 195, BE: 2,5

Für den Teig:

1 Glas Amarena-Kirschen (Abtropfgewicht 130 g)
150 g Weizenmehl
3 gestr. TL Dr. Oetker Backin
1 Pck. Dr. Oetker Pudding-Pulver Sahne-Geschmack
70 g Zucker
2 Eier (Größe M)
80 g weiche Butter oder Margarine
100 g Naturjoghurt (3,5 % Fett)

Für die Creme:

6 Blatt weiße Gelatine
1 Dose Mandarinen (Abtropfgewicht 175 g)
500 g Magerquark
100 ml fettarme Milch (1,5 % Fett)
75 g Zucker
2 EL Zitronensaft
1 Pck. Dr. Oetker Finesse Geriebene Zitronenschale
3 EL Mandarinensaft aus der Dose

Für den Guss und den Rand:

Mandarinensaft aus der Dose
2 EL Kirschsaft aus dem Glas
1 Pck. ungezuckerter Tortenguss, klar
1 EL gehackte Pistazien

Zubereitungszeit: 35 Minuten, ohne Kühlzeit
Backzeit: 25–30 Minuten

1. Den Backofen vorheizen.
Ober-/Unterhitze: etwa 180 °C
Heißluft: etwa 160 °C

2. Für den Teig die Kirschen in einem Sieb abtropfen lassen, dabei den Saft auffangen. Etwa 10 Kirschen beiseitelegen.

3. Mehl mit Backpulver und Pudding-Pulver in einer Rührschüssel mischen. Danach Zucker, Eier, Butter oder Margarine und Joghurt hinzufügen. Die Zutaten mit Handrührgerät mit Rührbesen erst kurz auf niedrigster, dann auf höchster Stufe in etwa 2 Minuten zu einem glatten Teig verrühren. Den Teig in eine Springform (Ø 26 cm, mit Backpapier belegt) geben und glatt streichen. Kirschen darauf verteilen.

4. Die Form auf dem Rost im unteren Drittel in den vorgeheizten Backofen schieben. Den Kuchenboden 25–30 Minuten backen.

5. Kuchenboden etwa 10 Minuten in der Form stehen lassen. Dann aus der Form lösen und auf einem Kuchenrost erkalten lassen. Kuchenboden auf eine Tortenplatte legen. Tortenring darumstellen.

6. Für die Creme Gelatine nach Packungsanleitung einweichen. Mandarinen in einem Sieb abtropfen lassen, dabei den Saft auffangen. Quark mit Milch, Zucker, Zitronensaft und -schale verrühren.

7. Gelatine leicht ausdrücken und mit Mandarinensaft unter Rühren erwärmen, bis sie völlig gelöst ist. Aufgelöste Gelatine zuerst mit 2 Esslöffeln von der Quarkmasse verrühren, dann mit der restlichen Quarkmasse verrühren. Die Hälfte der Mandarinen unterheben. Die Creme auf dem Kuchenboden verstreichen und mindestens 2 Stunden in den Kühlschrank stellen.

8. Restliche Mandarinen und die beiseitegelegten Kirschen auf der Cremeschicht verteilen.

9. Restlichen Mandarinensaft mit 2 Esslöffeln Kirschsaft verrühren und mit Wasser auf 250 ml (1/4 l) auffüllen.

10. Aus Tortengusspulver und Saftmischung nach Packungsanleitung einen Guss bereiten, diesen auf der Kuchenoberfläche verstreichen und den Kuchen mindestens 1 Stunde in den Kühlschrank stellen.

11. Tortenring entfernen. Kuchenrand mit Pistazien bestreuen.

Tipp: Im Kühlschrank hält die Torte 2–3 Tage frisch.

Mandarinen-Quark-Muffins

Zum Mitnehmen

12 Stück

Pro Stück: E: 8,6 g, F: 7,0 g, Kh: 30,6 g, kJ: 928, kcal: 222, BE: 2,5

Für den Knetteig:

200 g Weizenmehl
1 gestr. TL Dr. Oetker Backin
50 g Haferkleieflocken
1 Pck. Dr. Oetker Vanillin-Zucker
80 g Zucker
2 Eigelb (Größe M)
4 EL kaltes Wasser
100 g kalte Halbfett-Butter in Flöckchen (39 % Fett)

Für die Quarkfüllung:

40 g Halbfett-Butter (39 % Fett)
2 Eiweiß (Größe M)
1 Pck. Dr. Oetker Vanillin-Zucker
400 g Magerquark
1 Pck. Dr. Oetker Finesse Geriebene Zitronenschale
40 g Zucker
20 g Hartweizengrieß
1 Dose Mandarinen (Abtropfgewicht 175 g)

Zubereitungszeit: 40 Minuten, ohne Kühlzeit
Backzeit: 30–35 Minuten

1. Für den Teig Mehl mit Backpulver in einer Rührschüssel mischen. Die restlichen Zutaten hinzufügen und mit Handrührgerät mit Knethaken zunächst kurz auf niedrigster, dann auf höchster Stufe gut durcharbeiten. Dann den Teig auf der leicht bemehlten Arbeitsfläche kurz zu einem Teig verkneten. Teig in Frischhaltefolie gewickelt etwa 30 Minuten in den Kühlschrank stellen.

2. Den Backofen vorheizen.
Ober-/Unterhitze: etwa 180 °C
Heißluft: etwa 160 °C

3. Für die Quarkfüllung Butter zerlassen und etwas abkühlen lassen. Das Eiweiß mit Vanillin-Zucker steif schlagen. Butter mit Quark, Zitronenschale, Zucker und Grieß verrühren. Steif geschlagenes Eiweiß und zuletzt die abgetropften Mandarinen unterheben.

4. Teig in 14 gleich große Portionen teilen. 12 Teigportionen nacheinander zwischen zwei Lagen Frischhaltefolie zu runden Platten (Ø etwa 10 cm) ausrollen.

5. Die Teigplatten in die Vertiefungen einer Muffinform (für 12 Muffins, gefettet) geben, dabei einen Rand andrücken. Teig mit einer Gabel einstechen. Quarkmasse darin verteilen.

6. Die restlichen 2 Teigportion zu einem Quadrat (etwa 12 cm) ausrollen, daraus je 12 feine Streifen schneiden. Je 2 Streifen miteinander verknoten und auf die Quarkmassen legen, leicht eindrücken.

7. Die Form auf dem Rost auf mittlerer Einschubleiste in den vorgeheizten Backofen schieben. Die Muffins 30–35 Minuten backen.

8. Muffins etwa 10 Minuten in der Form etwas abkühlen lassen. Dann die Muffins aus der Form lösen und auf einem Kuchenrost erkalten lassen.

Tipps: Die Mandarinen-Quark-Muffins sind einzeln verpackt gut zum Mitnehmen geeignet und halten sich kalt gestellt 2–3 Tage frisch.

Mandarinen-Quark-Speise I

Preiswert

4 Portionen

Pro Portion: E: 26,2 g, F: 0,6 g, Kh: 20,4 g, kJ: 839, kcal: 200, BE: 1,5

3 Blatt weiße Gelatine
1 Dose Mandarinen (Abtropfgewicht 175 g)
750 g Magerquark

Zubereitungszeit: 20 Minuten, ohne Kühlzeit

1. Gelatine nach Packungsanleitung in kaltem Wasser einweichen. Mandarinen in einem Sieb abtropfen lassen, dabei den Saft in einem kleinen Topf auffangen. Den Quark in einer Schüssel glatt rühren.

2. Mandarinensaft leicht erwärmen. Gelatine leicht ausdrücken und in den Topf geben. Die Gelatine unter Rühren im warmen Saft auflösen. 2 Esslöffel Quark unterrühren. Dann die Saft-Gelatine-Mischung unter den restlichen Quark rühren. Anschließend die Mandarinen unterheben.

3. Die Mandarinen-Quark-Speise zugedeckt mindestens 30 Minuten in den Kühlschrank stellen.

Tipp: Die Quarkspeise lässt sich gut vorbereiten. Zum Mitnehmen die Speise in 4 verschließbare Gefäße füllen und im Kühlschrank kalt stellen.

Ernährungstipp: Quark ist sehr eiweißreich und wird mit unterschiedlichen Fettgehalten angeboten. 100 g Magerquark hat nur etwa 0,3 g Fett und etwa 72 kcal. Magerquark ist somit gut für eine fettarme Ernährung geeignet.

Rezeptvarianten: Die Quarkspeise lässt sich auch mit einer Dose Aprikosenhälften (Abtropfgewicht 240 g) oder Pfirsichhälften (Abtropfgewicht 250 g) zubereiten. Pro Portion **Aprikosen-Quark-Speise:** E: 26,4 g, F: 0,5 g, Kh: 25,5 g, kJ: 927, kcal: 222, BE: 2,0. Pro Portion **Pfirsich-Quark-Speise:** E: 26,3 g, F: 0,5 g, Kh: 25,7 g, kJ: 923, kcal: 221, BE: 2,0.

Mandarinen-Zitronen-Rolle

Für Gäste – fruchtig

16 Stücke

Pro Stück: E: 5,1 g, F: 2,5 g, Kh: 22,1 g, kJ: 562, kcal: 134, BE: 2,0

Für den Biskuitteig:

4 Eier (Größe M)
1 Eigelb (Größe M)
65 g Zucker
1 Pck. Dr. Oetker Vanillin-Zucker
80 g Weizenmehl
1 Msp. Dr. Oetker Backin

Für die Füllung:

1 Dose Mandarinen (Abtropfgewicht 480 g)
250 g Magerquark
100 ml Mandarinensaft aus der Dose
1 Pck. Dr. Oetker Vanillin-Zucker
1 Pck. Mousse Zitrone (Cremepulver)

Für den Guss:

3 EL gesiebter Puderzucker
etwa 2 TL Mandarinensaft aus der Dose

Zubereitungszeit: 30 Minuten, ohne Kühlzeit
Backzeit: etwa 10 Minuten

1. Den Backofen vorheizen.
Ober-/Unterhitze: etwa 200 °C
Heißluft: etwa 180 °C

2. Für den Teig Eier und Eigelb mit Handrührgerät mit Rührbesen auf höchster Stufe in etwa 1 Minute schaumig schlagen. Den Zucker und Vanillin-Zucker mischen, in etwa 1 Minute einstreuen, dann noch etwa 2 Minuten weiterschlagen.

3. Mehl mit Backpulver mischen, auf die Eiercreme geben und kurz auf niedrigster Stufe unterrühren. Den Teig auf ein Backblech (30 x 40 cm, gefettet, mit Backpapier belegt) geben und glatt streichen.

4. Das Backblech auf mittlerer Einschubleiste in den vorgeheizten Backofen schieben. Biskuitplatte etwa 10 Minuten backen.

5. Die Biskuitplatte vorsichtig lösen, auf eine Arbeitsfläche stürzen, mit dem Backpapier erkalten lassen. Biskuitplatte mit dem Backpapier wenden.

6. Für die Füllung Mandarinen gut abtropfen lassen, Saft dabei auffangen, 100 ml für die Füllung und 2 Teelöffel für den Guss davon abmessen. 16 Mandarinen zum Garnieren beiseitelegen.

7. Quark mit Saft und Vanillin-Zucker geschmeidig rühren und in einen mit heißem Wasser ausgespülten Rührbecher geben. Cremepulver hinzufügen und nach Packungsanleitung in etwa 3 Minuten aufschlagen, Mandarinen unterheben.

8. Die Creme gleichmäßig auf der Biskuitplatte verstreichen, dabei an den kurzen Seiten und an der oberen langen Seite einen Rand frei lassen. Biskuitplatte von der langen Seite aus mithilfe des Backpapiers aufrollen, dabei das Backpapier gleichzeitig lösen.

9. Für den Guss Puderzucker und Saft zu einer dickflüssigen Masse verrühren, in einen Gefrierbeutel füllen, eine kleine Ecke abschneiden. Guss im Zickzack-Muster auf die Biskuitrolle spritzen. Beiseitegelegte Mandarinen darauflegen, vorsichtig in den Guss drücken. Mandarinen-Zitronen-Rolle mindestens 1 Stunde in den Kühlschrank stellen.

Mango-Lassi-Eisdrink, -Sorbet oder -Eis | Etwas Besonderes

4 Portionen

Pro Portion: E: 5,7 g, F: 5,3 g, Kh: 41,4 g, kJ: 1029, kcal: 246, BE: 3,5

1 Mango (etwa 300 g Fruchtfleisch)
70 g gesiebter Puderzucker
Saft von 1 Limette
500 g Naturjoghurt (3,5 % Fett)

Zum Garnieren:

1 reife Mango
einige Zitronenmelisseblättchen
einige Trinkhalme

Zubereitungszeit: 20 Minuten
Gefrierzeit: bis zu 5 Stunden

1. Die Mango halbieren und den Stein herauslösen. Mangohälften schälen und etwa 300 g Fruchtfleisch abwiegen. Fruchtfleisch in kleine Würfel schneiden.

2. Mangowürfel mit Puderzucker und Limettensaft in einem hohen Rührbecher fein pürieren. Joghurt unterrühren. Die Mango-Joghurt-Masse in eine gefrierfeste Schüssel füllen. Die Schüssel zugedeckt in den Gefrierschrank stellen. Die Mango-Joghurt-Masse 2–5 Stunden gefrieren lassen.

3. Die Mango-Joghurt-Masse alle 30 Minuten mit einem Schneebesen kräftig durchrühren. Nach etwa 2 Stunden kann die Masse als Eisdrink, nach etwa 4 Stunden als Sorbet und nach etwa 5 Stunden als Eiskugeln portioniert serviert werden.

4. Zum Garnieren Mango halbieren und den Stein herauslösen. Die Mangohälften schälen und in Spalten schneiden. Zitronenmelisseblättchen abspülen und trocken tupfen.

5. Sorbet oder Eis mit den Mangospalten und Zitronenmelisseblättchen garniert servieren. Den Eisdrink mit Trinkhalmen servieren.

Tipp: Sie können die Mango-Joghurt-Masse auch in einer vorbereiteten Eismaschine 40–50 Minuten gefrieren lassen.

Mangotarte, gestürzte | Raffiniert

12 Stücke

Pro Stück: E: 3,2 g, F: 6,7 g, Kh: 23,2 g, kJ: 699, kcal: 167, BE: 2,0

Für den Rührteig:

80 g weiche Joghurt-Butter (65 % Fett)
50 g Zucker
1 Pck. Dr. Oetker Vanillin-Zucker
1 Prise Salz
1 Pck. Dr. Oetker Finesse Geriebene Zitronenschale
2 Eier (Größe M)
175 g Weizenmehl
1 gestr. TL Dr. Oetker Backin
7 EL Apfelsaft

Für den Belag:

2 Mangos (etwa 500 g Mangofruchtfleisch)

15 g gehackte Pistazienkerne

Für die Form:

15 g Zucker

Zubereitungszeit: 20 Minuten
Backzeit: etwa 15 Minuten

1. Den Backofen vorheizen.
Ober-/Unterhitze: etwa 200 °C
Heißluft: etwa 180 °C

2. Für den Teig Butter mit Handrührgerät mit Rührbesen auf höchster Stufe geschmeidig rühren. Nach und nach Zucker, Vanillin-Zucker, Salz und Zitronenschale hinzufügen. So lange rühren, bis eine gebundene Masse entstanden ist. Eier nach und nach unterrühren (jedes Ei etwa ½ Minute).

3. Mehl mit Backpulver mischen und abwechselnd mit dem Saft auf mittlerer Stufe kurz unterrühren.

4. Für den Belag Mangos halbieren. Das Fruchtfleisch vom Stein schneiden und schälen. Fruchtfleisch in

Spalten schneiden. Mangospalten kreisförmig in eine Tarteform (Ø 28–30 cm, gefettet, mit Zucker ausgestreut) legen. Teig daraufgeben und vorsichtig glatt streichen.

5. Die Form auf dem Rost im unteren Drittel in den vorgeheizten Backofen schieben. Gestürzte Mangotarte etwa 15 Minuten backen.

6. Tarte etwas abkühlen lassen. Einen großen, flachen Teller auf die Form legen und die Form mit dem Teller so umdrehen, dass die Tarte auf dem Teller liegt. Die gestürzte Mangotarte mit Pistazien bestreuen und in 12 Stücke einteilen.

Tipps: Dieser Kuchen schmeckt warm sehr gut. Wenn der Kuchen abgekühlt ist, können Sie die Kuchenstücke auch einzeln einfrieren.

Mango-Windbeutel | Für Kinder
12 Stück

Pro Stück: E: 5,0 g, F: 3,2 g, Kh: 12,9 g, kJ: 426, kcal: 102, BE: 1,0

Für den Brandteig:
125 ml (1/8 l) Wasser
30 g Joghurt-Butter (65 % Fett)
75 g Weizenmehl
15 g Speisestärke
2–3 Eier (Größe M)
1 Msp. Dr. Oetker Backin

Für die Füllung:
1 Dose Mangos (Abtropfgewicht 225 g)
250 g Magerquark
15 g Puderzucker
1 Pck. Dr. Oetker Vanillin-Zucker
1 EL Zitronensaft
1 Pck. Dr. Oetker Sahnesteif

Zum Bestäuben:
10 g Puderzucker

Zubereitungszeit: 45 Minuten, ohne Abkühlzeit
Backzeit: etwa 25 Minuten

1. Den Backofen vorheizen.
Ober-/Unterhitze: etwa 200 °C
Heißluft: etwa 180 °C

2. Für den Teig Wasser mit Butter am besten in einem Stieltopf zum Kochen bringen. Mehl mit Speisestärke mischen, sieben, auf einmal in die von der Kochstelle genommene Flüssigkeit schütten, zu einem glatten Kloß rühren und unter Rühren etwa 1 Minute erhitzen.

3. Den heißen Kloß sofort in eine Rührschüssel geben. Nach und nach Eier mit Handrührgerät mit Knethaken auf höchster Stufe unterarbeiten. Die Eiermenge hängt von der Beschaffenheit des Teiges ab. Er muss stark glänzen und so von einem Löffel abreißen, dass lange Spitzen hängen bleiben. Backpulver in den erkalteten Teig arbeiten.

4. Zwölf Teighäufchen mit zwei Teelöffeln oder mit einem Spritzbeutel mit Sterntülle (Ø 15 mm) auf ein Backblech (gefettet, mit Backpapier belegt) geben oder spritzen.

5. Das Backblech im unteren Drittel in den vorgeheizten Backofen schieben. Das Gebäck etwa 25 Minuten backen.

6. Während der ersten 15 Minuten der Backzeit die Backofentür nicht öffnen, da das Gebäck sonst zusammenfällt.

7. Die Windbeutel vom Backpapier lösen und sofort von jedem Windbeutel einen Deckel abschneiden. Windbeutel auf einem Kuchenrost erkalten lassen.

8. Für die Füllung Mangos in einem Sieb abtropfen lassen.

9. Die Hälfte der Mangostücke pürieren, mit Quark, Puderzucker, Vanillin-Zucker, Zitronensaft und Sahnesteif geschmeidig rühren. Restliche Mangostücke in Würfel schneiden und unterheben.

10. Windbeutel mit der Mango-Quark-Creme füllen und die Deckel auflegen.

11. Windbeutel mit Puderzucker bestäuben und sofort servieren.

Marmorierter Käsekuchen ohne Boden | Einfach

16 Stücke

Pro Stück: E: 9,2 g, F: 1,1 g, Kh: 14,1 g, kJ: 442, kcal: 106, BE: 1,0

Für die Quarkmasse:

2 *Eier (Größe M)*
80 g *Zucker*
1 EL *Zitronensaft*
1 Pck. *Dr. Oetker Pudding-Pulver Vanille-Geschmack*
1 kg *Magerquark*

125 g *Fruchtaufstrich Himbeere oder Himbeerkonfitüre*

Zubereitungszeit: 15 Minuten
Backzeit: etwa 60 Minuten

1. Backofen vorheizen.
Ober-/Unterhitze: etwa 180 °C
Heißluft: etwa 160 °C

2. Für die Quarkmasse Eier mit Zucker und Zitronensaft mit Handrührgerät mit Rührbesen in etwa 1 Minute schaumig rühren. Das Pudding-Pulver unterrühren. Quark hinzufügen und ebenfalls unterrühren.

3. Die Masse in eine Springform (Ø 26 cm, Boden gefettet) füllen und glatt streichen. Den Fruchtaufstrich oder die Konfitüre (dabei die Konfitüre vorher durch ein Sieb streichen, um die Kerne zu entfernen) mit einem Löffel auf der Quarkmasse verteilen. Mit einer Gabel den Fruchtaufstrich oder die Konfitüre spiralförmig unter die Quarkmasse ziehen.

4. Die Form auf dem Rost im unteren Drittel in den vorgeheizten Backofen schieben. Den Kuchen etwa 60 Minuten backen, nach etwa 30 Minuten mit Backpapier zudecken.

5. Den gebackenen Kuchen noch etwa 10 Minuten im ausgeschalteten Backofen bei leicht geöffneter Backofentür stehen lassen, erst dann herausnehmen und in der Form auf einem Kuchenrost erkalten lassen. Dann die Springform lösen und entfernen. Den Kuchen auf eine Tortenplatte geben.

Medaillons auf Bohnen-Tomaten-Gemüse | Einfach

2 Portionen

Pro Portion: E: 38,9 g, F: 5,8 g, Kh: 9,7 g, kJ: 1048, kcal: 250, BE: 0,8

3 Stängel Thymian
150 ml Gemüsebrühe
300 g grüne TK-Bohnen
1 Lorbeerblatt
2 Schalotten
1 Knoblauchzehe
4–5 Tomaten (etwa 250 g)
300 g Schweinefilet
Salz, frisch gemahlener Pfeffer
1 TL Speiseöl (z. B. Olivenöl, 4 g)

Zubereitungszeit: 30 Minuten

1. Die Thymianstängel abspülen und trocken tupfen. Die Gemüsebrühe in einem Topf zum Kochen bringen. Bohnen, Lorbeerblatt und Thymianstängel hinzufügen, etwa 10 Minuten garen.

2. Schalotten und Knoblauch abziehen, fein würfeln. Tomaten abspülen, abtrocknen, vierteln und die Stängelansätze herausschneiden.

3. Schweinefilet mit Küchenpapier trocken tupfen, evtl. entsehnen und entfetten, in 4 Scheiben schneiden. Filetscheiben von beiden Seiten mit Salz und Pfeffer bestreuen.

4. Olivenöl in einer beschichteten Pfanne erhitzen. Die Fleischstücke darin von beiden Seiten je etwa 5 Minuten braten, dann herausnehmen und zugedeckt warm stellen.

5. Schalotten- und Knoblauchwürfel im Bratensatz anbraten. Tomatenviertel hinzufügen und kurz mitbraten. Die Bohnen mit der Brühe hinzufügen und unterrühren. Bohnen-Tomaten-Gemüse einmal kurz aufkochen lassen, mit Salz und Pfeffer abschmecken.

6. Medaillons auf Bohnen-Tomaten-Gemüse anrichten und servieren.

Tipps: Wer möchte, schmeckt das Tomaten-Bohnen-Gemüse zusätzlich mit etwas Bohnenkraut ab, das leicht pfeffrig schmeckt. Wer noch eine Beilage dazu möchte, serviert Naturreis dazu. Dafür 100 g Naturreis nach Packungsanleitung zubereiten. (zusätzlich pro Portion: E: 3,5 g, F: 1,0 g, Kh: 37,5 g, kJ: 711, kcal: 178, BE: 3,5).

Ernährungstipp: Schweinefleisch und Naturreis sind gute Vitamin-B1-Lieferanten. Dieses Vitamin ist für unseren Energiestoffwechsel sehr wichtig. Da der Körper dieses Vitamin nicht über einen längeren Zeitraum speichern kann, ist eine regelmäßige Zufuhr wichtig.

Milchreis | Klassisch – für Kinder

6 Portionen

Pro Portion: E: 7,5 g, F: 6,1 g, Kh: 40,3 g, kJ: 1045, kcal: 250, BE: 3,5

1 l Milch
1 Prise Salz
20 g Zucker
1 Pck. Dr. Oetker Vanillin-Zucker
175 g Milchreis (Rundkornreis)
20–30 g Zucker
½ TL gemahlener Zimt

Zubereitungszeit: 15 Minuten
Garzeit: etwa 35 Minuten

1. Die Milch mit Salz, Zucker und Vanillin-Zucker in einem Topf unter gelegentlichem Rühren zum Kochen bringen.

2. Milchreis unterrühren, unter Rühren zum Kochen bringen und mit halb aufgelegtem Deckel bei schwacher Hitze etwa 35 Minuten ausquellen lassen. Dabei gelegentlich umrühren, damit der Reis nicht anbrennt.

3. Den fertigen Milchreis noch warm mit Zucker und Zimt bestreuen und servieren. Oder den Milchreis erkalten lassen und dann mit Zimt und Zucker bestreut servieren.

Tipp: Als Hauptgericht reicht der Milchreis für 3–4 Portionen.

Mini-Heidelbeer-Streuselkuchen

Beliebt

6 Stücke

Pro Stück: E: 4,6 g, F: 8,6 g, Kh: 33,5 g, kJ: 971, kcal: 233, BE: 3,0

Für den Streuselteig:

180 g Weizenmehl
½ TL Dr. Oetker Backin
Salz
50 g Zucker
60 g weiche Joghurt-Butter (65 % Fett)
1 Ei (Größe M)

Für den Belag:

200 g frische Heidelbeeren oder aufgetaute, gut abgetropfte TK-Heidelbeeren

Für die Form:

10 g Semmelbrösel

Zubereitungszeit: 20 Minuten
Backzeit: etwa 25 Minuten

1. Den Backofen vorheizen.
Ober-/Unterhitze: etwa 200 °C
Heißluft: etwa 180 °C

2. Für den Streuselteig Mehl mit Backpulver in einer Rührschüssel mischen. Restliche Zutaten hinzufügen und mit Handrührgerät mit Rührbesen zunächst kurz auf niedrigster, dann auf höchster Stufe zu groben Streuseln verarbeiten.

3. Danach zwei Drittel der Streusel in eine Springform (Ø 18 cm, gefettet, mit Semmelbröseln ausgestreut) geben und gleichmäßig als Boden und zu einem kleinen Rand andrücken.

4. Die Heidelbeeren verlesen, vorsichtig abspülen und gut abtropfen lassen.

5. Die Heidelbeeren gleichmäßig auf dem Teigboden verteilen und mit den restlichen Streuseln bestreuen.

6. Die Form auf dem Rost auf mittlerer Einschubleiste in den vorgeheizten Backofen schieben. Kuchen etwa 25 Minuten backen.

7. Den Kuchen in der Form etwas abkühlen lassen. Springformrand lösen und entfernen. Kuchen erkalten lassen und in 6 Stücke schneiden.

Tipp: Gut verpackt und kühl aufbewahrt hält sich der Kuchen 2–3 Tage frisch.

Rezeptvariante: Für einen **Mini-Apfel-Streuselkuchen** (pro Stück: E: 4,5 g, F: 8,6 g, Kh: 35,7 g, kJ: 1000, kcal: 240, BE: 3,0) können Sie den Streuselkuchen mit Apfelwürfeln statt mit Heidelbeeren backen. Dafür 2 kleine Äpfel (je 150 g) schälen, vierteln und entkernen. Äpfel in kleine Würfel schneiden und auf den Teigboden verteilen.

Möhrensuppe mit Kichererbsen

Exotisch

4 Portionen

Pro Portion: E: 11,3 g, F: 11,7 g, Kh: 27,4 g, kJ: 1114, kcal: 266, BE: 1,5

600 g	*Möhren*
1	*Fenchelknolle (etwa 250 g)*
1	*Zwiebel (etwa 65 g)*
1 walnussgroßes Stück	*frischer Ingwer*
1 Stängel	*Zitronengras*
40 g	*Butter*
1–2 TL	*Currypulver, Salz*
800 ml	*Geflügelfond (aus dem Glas) oder Instant-Geflügelbrühe*
250 ml (1/4 l)	*Orangensaft*
1 Dose	*Kichererbsen (Abtropfgewicht 265 g)*
4 EL	*Naturjoghurt (3,5 % Fett)*
1 TL	*Chiliflocken*

Zubereitungszeit: 30 Minuten

1. Die Möhren putzen, schälen, abspülen, abtropfen lassen und in kleine Stücke schneiden. Fenchelknolle putzen, die Stiele dicht oberhalb der Knolle und Wurzelende abschneiden. Knolle abspülen, abtropfen lassen, halbieren und in kleine Stücke schneiden.

2. Zwiebel abziehen. Ingwer schälen. Zwiebel und Ingwer klein würfeln. Von dem Zitronengrasstängel die äußeren Blätter ablösen. Den Stängel in 2–3 Stücke schneiden und etwas flach klopfen.

3. Butter in einem Topf zerlassen. Zitronengrasstücke darin andünsten. Zwiebel-, Ingwerwürfel, Möhren- und Fenchelstücke portionsweise hinzugeben und mit andünsten. Gemüse mit etwas Curry und 1 Teelöffel Salz würzen. Geflügelfond oder -brühe und Orangensaft hinzugießen, zum Kochen bringen und 10–15 Minuten kochen lassen.

4. Die Kichererbsen in einem Sieb abtropfen lassen. Die Zitronengrasstücke aus der Suppe entfernen. Die Hälfte der Kichererbsen unterrühren. Die Suppe pürieren und nochmals mit den Gewürzen abschmecken.

5. Restliche Kichererbsen in die Suppe geben und kurz miterwärmen.

6. Die Möhrensuppe in 4 Portionen teilen und jeweils 1 Esslöffel Joghurt einrühren. Die Möhrensuppe mit Chiliflocken bestreut servieren

Möhrensuppe mit roten Linsen und Minze | Vegetarisch

4 Portionen

Pro Portion: E: 12,4 g, F: 4,9 g, Kh: 30,2 g, kJ: 907, kcal: 215, BE: 2,0

750 g Möhren
10 g frischer Ingwer
1 rote Peperoni
1 1/2 EL Speiseöl (z. B. Sonnenblumenöl, 15 g)
150 g rote Linsen
frisch gemahlener Pfeffer
1 Msp. gemahlener Kardamom
800 ml Gemüsebrühe
1–2 Stängel Minze
Salz
frisch geriebene Muskatnuss

Zubereitungszeit: 30 Minuten

1. Möhren putzen, schälen, abspülen, abtropfen lassen und in kleine Würfel schneiden. Ingwer schälen und fein würfeln. Peperoni längs aufschneiden, entkernen, abspülen, trocken tupfen und in feine Streifen schneiden.

2. Öl in einem Topf erhitzen. Möhrenwürfel, Ingwer und Peperoni darin etwa 5 Minuten unter gelegentlichem Rühren andünsten.

3. Linsen, Pfeffer und Kardamom hinzufügen und etwa 2 Minuten mit andünsten. Brühe hinzugießen, die Zutaten zum Kochen bringen und zugedeckt 8–10 Minuten leicht köcheln lassen.

4. Inzwischen Minzestängel abspülen, trocken tupfen und die Blättchen von den Stängeln zupfen. Die Suppe vor dem Servieren mit Salz und Muskatnuss abschmecken, mit Minze bestreuen.

Ernährungstipp: Rote Linsen sind, wie alle Hülsenfrüchte, gute Eiweißlieferanten. Außerdem sind Linsen reich an Ballast- und Mineralstoffen sowie an Spurenelementen wie z. B. Eisen. Eisen ist wichtig für unsere Leistungsfähigkeit. Eisen aus pflanzlichen Lebensmitteln wird vom Körper besser aufgenommen, wenn Sie dazu Vitamin-C-haltige Lebensmittel (z. B. Orangensaft oder Obst zum Nachtisch) kombinieren.

Beilage: Dazu schmeckt Fladenbrot. Ein halbes Fladenbrot (etwa 200 g, zusätzlich pro Portion: E: 3,5 g, F: 0,6 g, Kh: 24,0 g, kJ: 493, kcal: 118, BE: 2,0) in 4 gleich große Stücke teilen und dazureichen.

Müsli-Muffins mit Kirschen

Für Kinder

12 Stück

Pro Stück: E: 3,6 g, F: 1,5 g, Kh: 36,0 g, kJ: 733, kcal: 175, BE: 3,0

Zum Vorbereiten:

175 g Sauerkirschen (aus dem Glas)
15 g Weizenmehl
1 Eiweiß (Größe M)

Für den Teig:

230 g Weizenmehl
1 Pck. Dr. Oetker Backin
125 g Zucker
1 Pck. Dr. Oetker Vanillin-Zucker
1 Prise Salz
1 Eigelb (Größe M)
200 ml Buttermilch
50 g Knusper-Müsli

Für den Guss:

10 g Speisestärke
150 ml Kirschsaft aus dem Glas

Zum Garnieren:

etwa 20 g bunte Zuckerperlen

Außerdem:

12 Muffin-Papier-Backförmchen

Zubereitungszeit: 40 Minuten, ohne Abkühlzeit
Backzeit: etwa 25 Minuten

1. Zum Vorbereiten die Sauerkirschen in einem Sieb gut abtropfen lassen, dabei den Saft auffangen und 150 ml für den Guss davon abmessen. Sauerkirschen in Mehl wälzen. Eiweiß steif schlagen.

2. Den Backofen vorheizen.
Ober-/Unterhitze: etwa 180 °C
Heißluft: etwa 160 °C

3. Für den Teig Mehl mit Backpulver in einer Rührschüssel mischen. Zucker, Vanillin-Zucker, Salz, Eigelb und Buttermilch hinzufügen. Die Zutaten mit Handrührgerät mit Rührbesen erst kurz auf niedrigster, dann auf höchster Stufe in etwa 2 Minuten geschmeidig rühren.

4. Den Eischnee zusammen mit den Sauerkirschen und dem Müsli vorsichtig unterheben. Den Teig in eine Muffinform (für 12 Muffins, mit Papierförmchen ausgelegt) geben und glatt streichen.

5. Die Form auf dem Rost auf mittlerer Einschubleiste in den vorgeheizten Backofen schieben. Die Muffins etwa 25 Minuten backen.

6. Die Muffins aus der Form nehmen und auf einem Kuchenrost erkalten lassen.

7. Für den Guss Speisestärke mit 4 Esslöffeln von dem Sauerkirschsaft anrühren. Den restlichen Sauerkirschsaft in einem Topf zum Kochen bringen.

8. Die angerührte Speisestärke unter Rühren in den von der Kochstelle genommenen Saft geben, kurz aufkochen lassen.

9. Den Guss etwas abkühlen lassen und die Muffins damit bestreichen, mit bunten Zuckerperlen garnieren.

Tipp: Den Guss möglichst erst 1–2 Stunden vor dem Servieren zubereiten, da die Zuckerperlen sonst schnell auf dem Guss durchweichen.

Nudelsalat mit Parmaschinken und Melone | Einfach

4 Portionen

Pro Portion: E: 10,7 g, F: 12,6 g, Kh: 44,6 g, kJ: 1426, kcal: 340, BE: 3,5

2 l	*Wasser*
2 TL	*Salz*
200 g	*Nudeln (z. B. Penne)*
4	*Tomaten (400 g)*
einige Stängel	*Basilikum*
100 g	*Frühlingszwiebeln*
4–6 EL	*Weinessig (40–60 g)*
2 TL	*mittelscharfer Senf*
	Salz
	frisch gemahlener Pfeffer
1 Prise	*Zucker*
3 EL	*Speiseöl (z. B. Rapsöl, 30 g)*
50 g	*schwarze Oliven mit Stein*
300 g	*Honigmelonen-Fruchtfleisch*
50 g	*Parmaschinken in Scheiben*

Zubereitungszeit: 30 Minuten, ohne Durchziehzeit

1. Das Wasser in einem großen Topf zugedeckt zum Kochen bringen. Dann Salz und Nudeln zugeben. Die Nudeln im geöffneten Topf bei mittlerer Hitze nach Packungsanleitung bissfest kochen, dabei gelegentlich umrühren. Anschließend die Nudeln in ein Sieb geben, mit heißem Wasser abspülen und abtropfen lassen.

2. Tomaten abspülen, abtrocknen, halbieren und die Stängelansätze herausschneiden. Tomaten fein würfeln.

3. Basilikum abspülen und trocken tupfen. Die Blättchen von den Stängeln zupfen. Einige Blättchen zum Garnieren beiseitelegen, restliche Blättchen fein hacken. Frühlingszwiebeln putzen, abspülen, abtropfen lassen und in Ringe schneiden.

4. Weinessig mit Senf verrühren und mit Salz, Pfeffer und Zucker abschmecken. Öl unterrühren und mit Tomatenstücken, Basilikum, Nudeln und Oliven vermischen, etwa 30 Minuten durchziehen lassen.

5. Melonenfruchtfleisch entkernen, fein würfeln. Den Schinken in Streifen schneiden, mit Melonenwürfeln unter den Nudelsalat geben. Zum Servieren den Salat mit den beiseitegelegten Basilikumblättchen garniert servieren.

Nudelsalat mit Schinkenröllchen

Gut vorzubereiten

4 Portionen

Pro Portion: E: 15,2 g, F: 9,4 g, Kh: 35,7 g, kJ: 1225, kcal: 293, BE: 2,5

1 1/4 l Wasser
1 TL Salz
125 g Hartweizennudeln (z. B. Spirelli)

600 g Zucchini
1 EL Speiseöl (z. B. Olivenöl, 10 g)
Salz
frisch gemahlener Pfeffer
1 Dose Gemüsemais (Abtropfgewicht 285 g)
100 g Rucola (Rauke)
1/2 Bund glatte Petersilie

Für die Salatsauce:

2 EL mittelscharfer Senf
2 EL saure Sahne (10 % Fett)
2 Msp. gemahlener Piment
1 EL Olivenöl (10 g)

4 Scheiben Kochschinken ohne Fettrand (je 30 g)

Zubereitungszeit: 30 Minuten

1. Das Wasser in einem großen Topf zugedeckt zum Kochen bringen. Dann Salz und Nudeln zugeben. Die Nudeln im geöffneten Topf bei mittlerer Hitze nach Packungsanleitung bissfest kochen, dabei gelegentlich umrühren. Zucchini abspülen, abtrocknen und die Enden abschneiden. Zucchini in etwa 5 cm lange dünne Streifen schneiden.

2. Öl in einer Pfanne erhitzen. Die Zucchinistreifen darin unter Rühren anbraten, mit Salz und Pfeffer würzen, aus der Pfanne nehmen.

3. Die Nudeln in ein Sieb geben, mit kaltem Wasser abspülen und abtropfen lassen. Mais in einem Sieb abtropfen lassen.

4. Den Rucola verlesen, dicke Stängel abschneiden. Rucola waschen und trocken schleudern, einige Blätter zum Garnieren beiseitelegen. Petersilie abspülen, trocken tupfen und die Blättchen von den Stängeln zupfen. Rucola und Petersilie in Streifen schneiden.

5. Für die Salatsauce den Senf mit saurer Sahne und Piment verrühren, mit Salz und Pfeffer abschmecken. Öl unterschlagen. Nudeln mit Mais, Rucola und Petersilie vermischen. Salatsauce unterrühren.

6. Zucchinistreifen auf die Schinkenscheiben legen. Schinken aufrollen und auf dem Salat anrichten. Salat mit beiseitegelegten Rucolablättern garniert servieren.

Obstkuchen mit Mohn-Marzipan-Creme | Raffiniert

16 Stücke

Pro Stück: E: 3,6 g, F: 7,8 g, Kh: 16,8 g, kJ: 641, kcal: 153, BE: 1,5

Für den Biskuitteig:

25 g Butter oder Margarine
2 Eier (Größe M)
2 EL heißes Wasser
60 g Zucker
35 g Weizenmehl
25 g Speisestärke
1 geh. TL Kakaopulver

Für die Creme:

4 Blatt weiße Gelatine
500 g Mohn-Marzipan-Joghurt
200 g Schlagsahne

Zum Garnieren:

130 g Aprikosenhälften (aus der Dose)
½ Ogen-Melone (etwa 500 g Fruchtfleisch)
200 g frische Himbeeren

Zubereitungszeit: 40 Minuten, ohne Kühlzeit
Backzeit: etwa 25 Minuten

1. Für den Teig die Butter oder Margarine zerlassen und abkühlen lassen.

2. Den Backofen vorheizen.
Ober-/Unterhitze: etwa 180 °C
Heißluft: etwa 160 °C

3. Eier und Wasser mit Handrührgerät mit Rührbesen auf höchster Stufe in etwa 1 Minute schaumig schlagen. Den Zucker in etwa 1 Minute einstreuen, dann noch etwa 2 Minuten weiterschlagen. Zuletzt zerlassene Butter oder Margarine kurz unterrühren.

4. Mehl mit Speisestärke und Kakao mischen, auf die Eiercreme geben und kurz auf niedrigster Stufe unterrühren. Den Teig in eine Obstkuchenform (Ø 28 cm, gefettet, bemehlt) geben und glatt streichen.

5. Die Form auf dem Rost auf mittlerer Einschubleiste in den vorgeheizten Backofen schieben. Kuchenboden etwa 25 Minuten backen.

6. Den Biskuitboden in der Form kurz (etwa 1 Minute) abkühlen lassen, dann aus der Form lösen und auf einen mit Backpapier belegten Kuchenrost stürzen. Biskuitboden erkalten lassen.

7. Für die Creme die Gelatine in kaltem Wasser nach Packungsanleitung einweichen und leicht ausdrücken. Die ausgedrückte Gelatine in einem kleinen Topf unter Rühren bei schwacher Hitze erwärmen, bis sie völlig gelöst ist, leicht abkühlen lassen.

8. Aufgelöste Gelatine mit 4 Esslöffeln Joghurt verrühren. Dann mit dem restlichen Joghurt verrühren. Die Sahne steif schlagen und unterheben. Joghurt-Sahne-Masse in den Kühlschrank stellen. Die etwas dicklich gewordene Joghurt-Sahne-Masse auf dem Biskuitboden verteilen und glatt streichen.

9. Zum Garnieren Aprikosen in einem Sieb abtropfen lassen und in Spalten schneiden. Melonenhälfte entkernen, das Fruchtfleisch mit einem Kugelausstecher aus der Schale lösen. Himbeeren verlesen, abspülen und gut auf Küchenpapier abtropfen lassen. Den Biskuitboden mit dem vorbereiteten Obst belegen. Den Kuchen etwa 2 Stunden in den Kühlschrank stellen.

Obstsalat mit Mandeln I

Fruchtig

4 Portionen

Pro Portion: E: 4,5 g, F: 7,8 g, Kh: 36,6 g, kJ: 1020, kcal: 244, BE: 3,0

50 g gehobelte Mandeln
2 mittelgroße Orangen (etwa 300 g)
1–2 EL Zitronensaft
3 EL Orangensaft
20–30 g Zucker
1 kleine Mango (etwa 250 g)
3 Pflaumen (etwa 300 g)
2 Äpfel (etwa 300 g)
2 Kiwis (etwa 100 g)
250 g Erdbeeren

Zubereitungszeit: 30 Minuten

1. Mandeln in einer Pfanne ohne Fett unter Rühren leicht anrösten, dann auf einen Teller geben.

2. Die Orangen so schälen, dass die weiße Haut mit entfernt wird. Die Orangenfilets über einer Schüssel herausschneiden, den Saft auffangen. Zitronensaft, Orangensaft und Zucker verrühren.

3. Das Fruchtfleisch der Mango an beiden Seiten vom Stein schneiden und die Mango schälen. Pflaumen abspülen, abtrocknen und den Stein entfernen. Äpfel schälen, vierteln und entkernen. Kiwis schälen. Erdbeeren abspülen, gut abtropfen lassen und entstielen.

4. Das vorbereitete Obst in feine Spalten oder Stücke schneiden. Das Obst mit dem Saft-Orangenfilet-Gemisch vermengen.

5. Den Obstsalat in eine Schüssel füllen und mit Mandeln bestreuen.

Tipps: Die Zutaten für den Obstsalat können beliebig variiert werden. So schmeckt auch eine Mischung aus Ananasstückchen, Nektarinen, Weintrauben und reifen Birnen (mit etwas Zitronensaft beträufelt, damit sie nicht braun werden). Möglichst Früchte der Saison verwenden, da sie dann am besten schmecken.

Obstsalat-Variationen I

Zum Mitnehmen

je 2 Portionen

Beeren-Ananas-Salat

(im Foto hinten)

Pro Portion: E: 3,1 g, F: 1,0 g, Kh: 63,3 g, kJ: 1208, kcal: 289, BE: 5,5

Saft von
1 Zitrone
1 gestr. EL flüssiger Honig (15 g)
1 Msp. gemahlener Zimt
2 Bananen (je etwa 150 g)
200 g frisches Ananasfruchtfleisch
150 g TK-Beerencocktail
2 Vollkorn-Reiswaffeln (je 12 g)

Zubereitungszeit: 10 Minuten, ohne Durchziehzeit

1. Zitronensaft mit Honig und Zimt in einer Schüssel glatt rühren. Bananen schälen, in dünne Scheiben schneiden und mit der Zitronensaft-Honig-Mischung verrühren.

2. Das Ananasfruchtfleisch in kleine Stücke schneiden und mit den gefrorenen Beeren unterheben. Den Salat mindestens 30 Minuten durchziehen lassen. Den Obstsalat durchrühren, mit den Reiswaffeln servieren.

Ernährungstipp: Bananen und Beeren versorgen uns mit Magnesium. Außerdem sind Bananen gute Vitamin-B6-Lieferanten. Vitamin C bringt die Ananas mit. So ist dieser Salat eine gute Möglichkeit, unsere Immunabwehr zu stärken.

Exotischer Obstsalat

(im Foto vorn)

Pro Portion: E: 3,5 g, F: 1,6 g, Kh: 38,9 g, kJ: 817, kcal: 195, BE: 3,0

Saft von
1 Zitrone
1 gestr. EL flüssiger Honig (15 g)
1 Msp. gemahlener Zimt
1 Mango (etwa 400 g)
1 Papaya (etwa 400 g)
2 Kaktusfeigen (etwa 250 g)
100 g Physalis (etwa 24 Stück)

Zubereitungszeit: 10 Minuten, ohne Durchziehzeit

1. Zitronensaft mit Honig und Zimt verrühren. Das Fruchtfleisch der Mango vom Stein schneiden, schälen, in Spalten schneiden, mit 2 Esslöffeln der Zitronensaftmischung beträufeln. Papaya halbieren, entkernen, schälen und in Spalten schneiden.

2. Von den Kaktusfeigen jeweils die Enden abschneiden. Schale vorsichtig abziehen. Die Kaktusfeigen in Scheiben schneiden. Physalis aus der Hülle lösen, abspülen, trocken tupfen und nach Belieben halbieren. Früchte in 2 Schälchen anrichten, mit der restlichen Zitronensaftmischung beträufeln.

Tipps: Statt der Kaktusfeigen können Sie auch 2 Kiwis verarbeiten. Kiwis schälen und in Scheiben schneiden. Physalis ist auch unter dem Namen Kapstachelbeere bekannt.

Paprika-Fisch-Pfanne | Einfach

4 Portionen

Pro Portion: E: 35,4 g, F: 7,6 g, Kh: 42,7 g, kJ: 1636, kcal: 391, BE: 2,5

800 g festkochende Kartoffeln
1 gestr. TL Salz
1 TL Kümmelsamen

je 2 rote und gelbe Paprikaschoten (je 200 g)
400 g Chinakohl
2 Zwiebeln (100 g)
600 g Seelachs- oder Tilapiafilet
Salz, frisch gemahlener Pfeffer
2 EL Speiseöl (z. B. Olivenöl, 20 g)
2 EL Tomatenmark (50 g)
100 ml heißes Wasser
1–2 TL Paprikapulver edelsüß

Zubereitungszeit: 25 Minuten

1. Kartoffeln gründlich waschen und in einem Topf mit Salz, Kümmel und knapp mit Wasser bedeckt zum Kochen bringen. Die Kartoffeln zugedeckt in etwa 20 Minuten gar kochen.

2. In der Zwischenzeit die Paprikaschoten halbieren, entstielen, entkernen und die weißen Scheidewände entfernen. Schoten abspülen, abtropfen lassen und in etwa 1 cm breite Streifen schneiden.

3. Den Chinakohl putzen, vierteln und den Strunk herausschneiden. Den Chinakohl abspülen, abtropfen lassen und in Streifen schneiden. Die Zwiebeln abziehen und in Ringe schneiden.

4. Fischfilet unter fließendem kalten Wasser abspülen, trocken tupfen, halbieren und mit Salz und Pfeffer würzen.

5. Öl in einer großen Pfanne erhitzen. Fischfilet darin von jeder Seite etwa 3 Minuten braten, anschließend aus der Pfanne nehmen und zugedeckt warm stellen.

6. Paprika-, Chinakohlstreifen und Zwiebelringe in die Pfanne geben und unter Rühren etwa 2 Minuten anbraten. Tomatenmark mit Wasser verrühren, unter das Gemüse rühren und einmal kurz aufkochen lassen. Gemüse mit Paprikapulver und evtl. mit Salz würzen.

7. Fischfilet wieder in die Pfanne geben. Kartoffeln abgießen und noch heiß zur Paprika-Fisch-Pfanne servieren.

Paprikanest | Beliebt

4 Portionen

Pro Portion: E: 10,1 g, F: 7,1 g, Kh: 35,8 g, kJ: 1043, kcal: 249, BE: 2,0

125 g Zartweizen (vorgegarter Weizen)
1 l Gemüsebrühe

2 rote oder gelbe Paprikaschoten
3 Möhren (300 g)
1 Beet Kresse
50 g Kochschinken ohne Fettrand

Für die Marinade:
1 EL Weißweinessig (10 g)
2 EL Olivenöl (20 g)
Salz
1 Prise Currypulver
1 Prise Zucker

Zubereitungszeit: 20 Minuten

1. Zartweizen nach Packungsanleitung zubereiten und abgießen.

2. In der Zwischenzeit Paprika halbieren, entstielen, entkernen und die weißen Scheidewände entfernen. Die Schoten abspülen und abtropfen lassen.

3. Möhren putzen, schälen, abspülen, abtropfen lassen und raspeln.

4. Kresse abspülen, vorsichtig trocken tupfen und vom Beet schneiden. Schinken in dünne Streifen schneiden.

5. Für die Marinade Essig mit Öl verrühren, mit Salz, Curry und Zucker abschmecken. Möhrenraspel, Kresse, gekochten Zartweizen und Schinken mit der Marinade vermengen.

6. Die Füllung nochmals mit den Gewürzen abschmecken und in die Paprikahälften füllen. Evtl. die restliche Füllung dazureichen.

Pfirsichkuchen | Für Kinder

16 Stücke

Pro Stück: E: 2,5 g, F: 8,8 g, Kh: 20,1 g, kJ: 716, kcal: 171, BE: 1,5

Für den Belag:

1 Dose Pfirsichhälften (Abtropfgewicht 480 g)
25 g gehackte Pistazienkerne

Für den Rührteig:

125 g weiche Butter oder Margarine
75 g Zucker
1 Pck. Dr. Oetker Vanillin-Zucker
1 Prise Salz
1 gestr. TL Dr. Oetker Finesse Orangenschalen-Aroma
2 Eier (Größe M)
150 g Weizenmehl
2 gestr. TL Dr. Oetker Backin

Zum Bestreichen und Bestreuen:

2 geh. EL Aprikosenkonfitüre
1 EL gehackte Pistazienkerne

Zubereitungszeit: 35 Minuten, ohne Abkühlzeit
Backzeit: etwa 35 Minuten

1. Die Pfirsichhälften in einem Sieb gut abtropfen lassen.

2. Den Backofen vorheizen.
Ober-/Unterhitze: etwa 200 °C
Heißluft: etwa 180 °C

3. Für den Teig Butter oder Margarine mit Handrührgerät mit Rührbesen auf höchster Stufe geschmeidig rühren. Nach und nach Zucker, Vanillin-Zucker, Salz und Orangen-Aroma unterrühren. So lange rühren, bis eine gebundene Masse entstanden ist.

4. Die Eier nach und nach unterrühren (jedes Ei etwa 1/2 Minute). Mehl mit Backpulver mischen und auf mittlerer Stufe kurz unterrühren. Den Rührteig in eine Springform (Ø 26 cm, Boden gefettet) geben und glatt streichen. Pistazienkerne auf den Teig streuen. Die Pfirsichhälften mit der Wölbung nach oben auf dem Teig verteilen.

5. Die Form auf dem Rost im unteren Drittel in den vorgeheizten Backofen schieben. Den Kuchen etwa 35 Minuten backen.

6. Die Form auf einen Kuchenrost stellen. Den Springformrand nach etwa 10 Minuten lösen und entfernen. Den Kuchen erkalten lassen.

7. Konfitüre in einem kleinen Topf unter Rühren aufkochen lassen und auf den Kuchen streichen (stückige Konfitüre nach dem Aufkochen durch ein Sieb streichen). Kuchen mit Pistazienkernen bestreuen. Die Konfitüre fest werden lassen.

Pflaumenkuchen | Fruchtig

20 Stücke

Pro Stück: E: 3,2 g, F: 3,2 g, Kh: 28,8 g, kJ: 679, kcal: 162, BE: 2,5

Für den Belag:

1 1/2 kg Pflaumen
100 g Super Gelier Zucker 3:1
1 gestr. TL gemahlener Zimt

Für den Hefeteig:

375 g Weizenmehl
1 Pck. Hefeteig Garant
1 Ei (Größe M)
1 Pck. Dr. Oetker Vanillin-Zucker
2 EL flüssiger Honig
200 ml fettarme Milch (1,5 % Fett)
4 EL Sonnenblumenöl (40 g)

Zubereitungszeit: 30 Minuten, ohne Teiggehzeit
Backzeit: etwa 25 Minuten

1. Für den Belag Pflaumen abspülen, trocken tupfen, entstielen, halbieren, entsteinen und in Spalten schneiden.

2. Für den Teig Mehl in einer Rührschüssel mit Hefeteig Garant sorgfältig vermischen.

3. Die restlichen Teigzutaten hinzufügen und mit Handrührgerät mit Knethaken zunächst kurz auf niedrigster, dann auf höchster Stufen in etwa 2 Minuten zu einem glatten Teig verarbeiten.

4. Den Backofen vorheizen.
Ober-/Unterhitze: etwa 200 °C
Heißluft: etwa 180 °C

5. Teig leicht mit Mehl bestäuben und auf der leicht bemehlten Arbeitsfläche nochmals kurz durchkneten. Den Teig auf einem Backblech (30 x 40 cm, gefettet) ausrollen und mit den Pflaumenspalten belegen.

6. Den Gelierzucker mit Zimt mischen, daraufstreuen und den Teig etwa 15 Minuten gehen lassen.

7. Das Backblech auf mittlerer Einschubleiste in den vorgeheizten Backofen schieben. Den Kuchen etwa 25 Minuten backen.

8. Pflaumenkuchen nach dem Backen erkalten lassen und in 20 gleich große Stücke schneiden.

Tipps: Dieser Kuchen lässt sich gut einfrieren. Zum Auftauen 5 Minuten bei Ober-/Unterhitze: etwa 180 °C im vorgeheizten Backofen aufbacken, dann schmeckt er wie frisch gebacken. Wer mag, serviert noch 200 g, mit 1 Päckchen Dr. Oetker Vanillin-Zucker steif geschlagene Schlagsahne dazu (zusätzlich pro Stück: E: 0,2 g, F: 3,2 g, Kh: 0,7 g, kJ: 135, kcal: 32, BE: 0,1). Ein „schlanker" Sahneersatz sind 200 g Dickmilch (3,5 % Fett) verrührt mit 1 Päckchen Dr. Oetker Vanillin-Zucker (zusätzlich pro Stück nur: E: 0,3 g, F: 0,4 g, Kh: 0,8 g, kJ: 33, kcal: 8, BE: 0,1).

Pflaumentarte | Preiswert

12 Stücke

Pro Stück: E: 4,1 g, F: 5,6 g, Kh: 32,8 g, kJ: 840, kcal: 201, BE: 2,5

Zum Vorbereiten:

1 Glas Pflaumenhälften (Abtropfgewicht 385 g)
100 g Trockenpflaumen ohne Stein
etwa 3 EL Pflaumensaft aus dem Glas

Für den Teig:

100 g Zucker
3 EL Sonnenblumenöl (30 g)
1 TL gemahlener Zimt
2 TL Kakaopulver
3 Eier (Größe M)
175 g Weizenmehl
2 gestr. TL Dr. Oetker Backin
3 EL Milch

Zum Bestreuen und Bestreichen:

15 g gehobelte Mandeln
50 g rotes Johannisbeergelee

Zubereitungszeit: 40 Minuten, ohne Abkühlzeit
Backzeit: etwa 30 Minuten

1. Zum Vorbereiten die Pflaumenhälften in einem Sieb gut abtropfen lassen, dabei den Saft auffangen und 3 Esslöffel abmessen. Die Trockenpflaumen mit dem abgemessenen Saft in einen hohen Rührbecher geben und pürieren.

2. Den Backofen vorheizen.
Ober-/Unterhitze: etwa 180 °C
Heißluft: etwa 160 °C

3. Für den Teig Pflaumenpüree in eine Rührschüssel geben. Zucker, Sonnenblumenöl, Zimt und Kakao hinzufügen. Die Zutaten mit Handrührgerät mit Rührbesen zu einer geschmeidigen Masse verrühren. Eier nach und nach unterrühren (jedes Ei etwa 1/2 Minute). Mehl mit Backpulver mischen, in 2 Portionen abwechselnd mit der Milch auf mittlerer Stufe kurz unterrühren.

4. Den Teig in eine Tarteform (Ø 28–30 cm, gefettet) geben und glatt streichen. Dann die Pflaumenhälften mit der Wölbung nach unten rosettenförmig darauf verteilen.

5. Die Form auf dem Rost im unteren Drittel in den vorgeheizten Backofen schieben. Die Pflaumentarte etwa 30 Minuten backen.

6. Die Form auf einen Kuchenrost stellen. Tarte etwas abkühlen lassen.

7. Zum Bestreuen Mandeln in einer Pfanne ohne Fett unter Wenden goldbraun rösten und auf einen Teller geben.

8. Zum Bestreichen das Gelee in einem kleinen Topf unter Rühren erwärmen. Die Tarte damit bestreichen und mit den Mandeln bestreuen. Die Tarte auf dem Kuchenrost erkalten lassen und dann aus der Form lösen. Die Tarte in Stücke schneiden und servieren.

Tipp: Sie können die Tarte auch in einer Springform (Ø 26 cm, gefettet, bemehlt) backen. Die Backzeit erhöht sich dann um etwa 5 Minuten.

Pilzpfanne mit Rinderfilet

Etwas teurer

4 Portionen

Pro Portion: E: 33,8 g, F: 13,4 g, Kh: 40,3 g, kJ: 1733, kcal: 414, BE: 3,0

200 g	*Spätzle oder Nudeln*
600 g	*Austernpilze*
1 Bund	*Frühlingszwiebeln (etwa 300 g)*
8–10 Stängel	*Thymian*
400 g	*Rinderfilet*
2 EL	*Olivenöl (20 g)*
	Salz
	frisch gemahlener Pfeffer
1 Msp.	*gemahlener Piment*
100 g	*saure Sahne (10 % Fett)*
etwas	*Paprikapulver edelsüß*

Zubereitungszeit: 30 Minuten

1. Spätzle oder Nudeln nach Packungsanleitung zubereiten, in ein Sieb abgießen, kurz mit heißem Wasser abspülen, abtropfen lassen und evtl. warm stellen.

2. In der Zwischenzeit die Austernpilze putzen, evtl. mit Küchenpapier abreiben und in Streifen schneiden. Frühlingszwiebeln putzen, abspülen, abtropfen lassen und in dünne Ringe schneiden. Thymian abspülen, trocken tupfen und die Stängel etwas kleiner schneiden oder die Blättchen von den Stängeln zupfen.

3. Rinderfilet mit Küchenpapier trocken tupfen und in etwa 1 cm dicke Scheiben schneiden.

4. Olivenöl in einer großen, beschichteten Pfanne erhitzen. Die Filetscheiben darin evtl. portionsweise von beiden Seiten je etwa 2 Minuten braten. Filetscheiben aus der Pfanne nehmen, mit Salz und Pfeffer bestreuen und zugedeckt warm stellen.

5. Pilzstreifen und Frühlingszwiebelringe in die Pfanne geben und unter Rühren im verbliebenen Bratfett anbraten. 2 Esslöffel Wasser hinzufügen. Das Ganze etwa 3 Minuten unter Rühren garen. Pilzmischung mit Piment und Salz würzen.

6. Saure Sahne unterrühren. Filet mit der Pilzpfanne, Spätzle oder Nudeln servieren. Die Pilzpfanne mit Thymian garnieren. Die Nudeln oder Spätzle mit etwas Paprikapulver bestreuen.

Tipps: Piment, auch Nelkenpfeffer genannt, hat einen nelken- und zimtartigen Duft und einen leicht scharfen Geschmack. Bereiten Sie statt normaler Spätzle oder Nudeln Vollkornspätzle oder Vollkornnudeln zu.

Ernährungstipp: Rinderfilet ist besonders zartes und mageres Fleisch. Für unsere Ernährung kann Rindfleisch ein wichtiger Eisenlieferant sein. Eisenmangel beeinträchtigt unsere Leistungsfähigkeit und unser Immunsystem.

Putenbrust „Indische Art" I

Fruchtig – exotisch

4 Portionen

Pro Portion: E: 33,7 g, F: 7,5 g, Kh: 18,7 g, kJ: 1178, kcal: 282, BE: 1,5

500 g Putenbrustfilet
2 Zwiebeln (130 g)
2 EL Olivenöl (20 g)
Salz, frisch gemahlener Pfeffer
1 TL Currypulver
400 g Knollensellerie
2 säuerliche Äpfel (300 g)
1 Banane (etwa 180 g)
gemahlener Ingwer
150 g fettarmer Naturjoghurt (1,5 % Fett)

Zubereitungszeit: 30 Minuten

1. Das Putenbrustfilet unter fließendem kalten Wasser abspülen, trocken tupfen und in große Stücke schneiden. Zwiebeln abziehen und in feine Würfel schneiden.

2. Olivenöl in einer beschichteten Pfanne erhitzen. Die Filetstücke darin kräftig anbraten, mit Salz, Pfeffer und Curry würzen. Zwiebelwürfel hinzufügen und kurz mitbraten. Filetstücke herausnehmen und zugedeckt warm stellen.

3. Sellerie putzen, schälen, abspülen und abtropfen lassen. Sellerie in kleine Würfel schneiden, im verbliebenen Bratfett kurz andünsten, evtl. etwas Wasser hinzufügen und etwa 8 Minuten garen.

4. In der Zwischenzeit die Äpfel schälen, vierteln und entkernen. Banane schälen. Äpfel und Banane in feine Würfel schneiden, zu den Selleriewürfeln geben und unter Rühren kurz mitdünsten.

5. Das Fleisch wieder in die Pfanne geben, mit Curry, Pfeffer und Ingwer kräftig würzen und noch evtl. etwas Wasser hinzufügen.

6. Zuletzt Joghurt unterrühren, aber nicht mehr aufkochen lassen, damit der Joghurt nicht gerinnt.

Tipps: Nach Belieben das Gericht mit Koriander- oder Petersilienblättchen garniert servieren. Zusätzlich können Sie noch Langkornreis dazureichen. Dafür 200 g Langkornreis nach Packungsanleitung zubereiten (zusätzlich pro Portion: E: 3,5 g, F: 1,1 g, Kh: 36,7 g, kJ: 726, kcal: 174, BE: 3,0).

Putengulasch mit Sauerkraut und Möhren | Beliebt

4 Portionen

Pro Portion: E: 42,0 g, F: 12,7 g, Kh: 24,1 g, kJ: 1616, kcal: 389, BE: 1,5

Für das Gulasch:

600 g Putenbrustfilet
1 Zwiebel
4 Möhren (etwa 400 g)
2 EL Sonnenblumenöl (20 g)
Salz
frisch gemahlener Pfeffer
Paprikapulver edelsüß
1 Dose Sauerkraut (Einwaage 850 g)
1 Lorbeerblatt
250 ml (1/4 l) Gemüsebrühe
1 Apfel (etwa 150 g, möglichst rotschalig)

Für das Kartoffelpüree:

1 Beutel Instant-Kartoffelpüree (für 500 ml [1/2 l] Flüssigkeit)
375 ml (3/8 l) Wasser
etwa 1/2 TL Salz
125 ml (1/8 l) Milch
20 g Butter oder Margarine
1 EL gehackte TK-Petersilie
frisch geriebene Muskatnuss

Zubereitungszeit: 30 Minuten

1. Das Putenbrustfilet unter fließendem kalten Wasser abspülen und trocken tupfen. Filet in etwa 2 cm große Würfel schneiden. Zwiebel abziehen und fein würfeln. Möhren putzen, schälen, abspülen und abtropfen lassen. Möhren schräg in dünne Scheiben schneiden.

2. Öl in einer großen Pfanne erhitzen. Die Filetwürfel darin unter gelegentlichem Rühren anbraten, mit Salz, Pfeffer und Paprika würzen. Die Fleischwürfel aus der Pfanne nehmen und beiseitestellen.

3. Zwiebelwürfel und Möhrenscheiben im verbliebenen Bratfett unter gelegentlichem Rühren bei mittlerer Hitze etwa 3 Minuten andünsten. Sauerkraut und Lorbeerblatt hinzufügen. Gemüsebrühe hinzugießen, alles verrühren und aufkochen lassen.

4. Die beiseitegestellten Fleischwürfel wieder in die Pfanne geben. Das Gulasch etwa 15 Minuten bei mittlerer Hitze zugedeckt köcheln lassen, bis das Fleisch gar ist.

5. In der Zwischenzeit Kartoffelpüree nach Packungsanleitung mit Wasser, Salz, Milch, Butter oder Margarine zubereiten. Zum Schluss Petersilie unterrühren. Püree evtl. mit Salz und Muskatnuss abschmecken.

6. Apfel abspülen, abtrocknen, vierteln, entkernen und in dünne Spalten schneiden. 5 Minuten vor dem Ende der Gulaschgarzeit zum Gulasch geben und vorsichtig unterrühren. Gulasch zugedeckt zu Ende garen. Das Lorbeerblatt entfernen. Putengulasch mit Salz und Pfeffer abschmecken, mit Kartoffelpüree servieren.

Putenröllchen mit Brokkoli-Nudeln | Für Kinder

4 Portionen

Pro Portion: E: 40,3 g, F: 4,2 g, Kh: 42,3 g, kJ: 1567, kcal: 375, BE: 3,5

4	*dünne Putenschnitzel (je 125 g)*
	Salz
	frisch gemahlener Pfeffer
4 EL	*Tomatenmark*
etwa 16	*vorbereitete Basilikumblättchen*
1 EL	*Speiseöl (z. B. Olivenöl, 10 g)*
2	*Zwiebeln (100 g)*
3	*Lorbeerblätter*
400 ml	*Gemüsebrühe*
1 Dose	*passierte Tomaten (Einwage 212 ml)*
300 g	*Brokkoli*
500 ml (1/2 l)	*Wasser*
2 gestr. TL	*Salz*
2 l	*Wasser*
2 TL	*Salz*
200 g	*Hartweizennudeln (z. B. Spirelli)*

Außerdem:

4	*Rouladennadeln oder Holzstäbchen*

Zubereitungszeit: 25 Minuten

1. Die Putenschnitzel unter fließendem kalten Wasser abspülen, trocken tupfen und mit Salz und Pfeffer bestreuen. Die Schnitzel dünn mit etwas Tomatenmark bestreichen und mit je 3 Basilikumblättchen belegen. Schnitzel von der schmalen Seite aus aufrollen und mit Rouladennadeln oder Holzstäbchen feststecken.

2. Öl in einer Pfanne erhitzen. Putenröllchen darin rundum knusprig anbraten. Zwiebeln abziehen, halbieren, fein würfeln und mit den Lorbeerblättern in die Pfanne geben. Unter Rühren kurz mit anbraten. Brühe hinzugießen. Passierte Tomaten und restliches Tomatenmark einrühren, alles etwa 6 Minuten zugedeckt köcheln lassen.

3. Den Brokkoli putzen, in Röschen teilen, abspülen und abtropfen lassen. Wasser mit Salz zum Kochen bringen. Die Brokkoliröschen darin etwa 5 Minuten kochen. Dann die Brokkoliröschen abgießen und zugedeckt warm stellen.

4. In der Zwischenzeit das Wasser in einem großen Topf zugedeckt zum Kochen bringen. Dann Salz und Nudeln zugeben. Die Nudeln im geöffneten Topf bei mittlerer Hitze nach Packungsanleitung bissfest kochen, dabei gelegentlich umrühren.

5. Anschließend die Nudeln in ein Sieb geben, mit heißem Wasser abspülen und abtropfen lassen.

6. Die Nudeln mit Brokkoli mischen und evtl. warm stellen.

7. Lorbeerblätter aus der Sauce nehmen. Sauce mit Salz und Pfeffer abschmecken.

8. Die Putenröllchen mit den Brokkoli-Nudeln und der Sauce anrichten, mit den restlichen Basilikumblättchen garniert servieren.

Putensteaks mit gegrillter Ananas | Gut vorzubereiten

4 Portionen

Pro Portion: E: 36,8 g, F: 4,7 g, Kh: 11,8 g, kJ: 1007, kcal: 241, BE: 1,0

Für die Marinade:

2 EL Sojasauce (20 g)
1 gestr. TL brauner Zucker
2 EL Rapsöl (20 g)

4 Putensteaks (je etwa 150 g)
4 Scheiben frische Ananas (je etwa 80 g)
frisch gemahlener, grober, bunter Pfeffer

Zubereitungszeit: 15 Minuten, ohne Marinierzeit
Grillzeit: 10–15 Minuten

1. Für die Marinade Sojasauce mit Zucker und Rapsöl so lange verrühren, bis der Zucker aufgelöst ist.

2. Putensteaks unter fließendem kalten Wasser abspülen und trocken tupfen. Putensteaks und Ananasscheiben in eine flache Schale legen und mit Pfeffer bestreuen.

3. Die Marinade mit einem Pinsel gleichmäßig daraufstreichen. Die Putensteaks und Ananasscheiben mit Frischhaltefolie zugedeckt im Kühlschrank über Nacht durchziehen lassen. Evtl. die Putensteaks und Ananasscheiben nach einigen Stunden wenden.

4. Die Putensteaks und Ananasscheiben auf den heißen Grill legen und unter mehrmaligem Wenden 10–15 Minuten grillen.

Tipp: Zu diesem Gericht passt zum Beispiel der Basilikum-Tomaten-Reis von Seite 210.

Quark-Beeren-Trifle

Fruchtig – für Kinder

4 Portionen

Pro Portion: E: 38,1 g, F: 2,8 g, Kh: 24,7 g, kJ: 1550, kcal: 207, BE: 2,0

50 g kernige Haferflocken
10 g gehobelte Mandeln
200 g frische Beeren (z. B. Himbeeren, Erdbeeren und Heidelbeeren)
1–2 TL Zucker
1–2 TL Zitronensaft
500 g Magerquark
2 EL Holunderblütensirup
Mark von
½ Vanilleschote

Zubereitungszeit: 20 Minuten

1. Haferflocken mit den Mandeln in einer Pfanne ohne Fett unter Rühren bei schwacher Hitze anrösten und herausnehmen.

2. Himbeeren, Erdbeeren und Heidelbeeren verlesen, abspülen, abtropfen lassen und entstielen. Erdbeeren vierteln. Die vorbereiteten Früchte mit Zucker und Zitronensaft mischen.

3. Quark mit Holunderblütensirup und Vanillemark in einer Schüssel glatt rühren.

4. Zum Servieren zuerst die Früchte in Gläsern verteilen und den Quark daraufschichten. Haferflocken-Mandel-Mischung daraufstreuen.

Quark-Eierschecke | Einfach

16 Stücke

Pro Stück: E: 10,1 g, F: 9,2 g, Kh: 23,5 g, kJ: 916, kcal: 219, BE: 2,0

Für die Quarkmasse:

750 g Magerquark
170 g Zucker
1 Pck. Dr. Oetker Pudding-Pulver Vanille-Geschmack
2 Eier (Größe M)

Für die Eierscheckenmasse:

5 Eiweiß (Größe M)
100 g Zucker
375 ml (3/8 l) Milch
1 Pck. Dr. Oetker Pudding-Pulver Vanille-Geschmack
5 Eigelb (Größe M)
100 g Butter

Zubereitungszeit: 30 Minuten, ohne Abkühlzeit
Backzeit: 50–60 Minuten

1. Den Backofen vorheizen.
Ober-/Unterhitze: etwa 180 °C
Heißluft: etwa 160 °C

2. Für die Quarkmasse Quark, Zucker, Pudding-Pulver und Eier in eine Schüssel geben und die Zutaten mit Handrührgerät mit Rührbesen zu einer geschmeidigen Masse verrühren. Masse in eine Springform (Ø 26 cm, gefettet) geben und glatt streichen.

3. Für die Eierscheckenmasse Eiweiß steif schlagen. Ein Drittel des Zuckers langsam einstreuen, dabei den Eischnee weiterschlagen, bis er glänzt.

4. Von der Milch 100 ml abmessen und mit Pudding-Pulver, Eigelb und restlichem Zucker verrühren. Restliche Milch in einem Topf kurz aufkochen lassen und den Topf von der Kochstelle nehmen. Das angerührte Pudding-Pulver unterrühren und unter Rühren etwa 1 Minute aufkochen. Den Topf wieder von der Kochstelle nehmen. Butter unter den Pudding rühren. Den Eischnee in 2 Portionen kurz unterrühren.

5. Die Eierscheckenmasse löffelweise auf der Quarkmasse verteilen und glatt streichen. Die Form auf dem Rost im unteren Drittel in den vorgeheizten Backofen schieben. Den Kuchen 50–60 Minuten backen.

6. Die Form auf einen Kuchenrost stellen und die Eierschecke in der Form erkalten lassen. Die erkaltete Eierschecke aus der Form lösen und auf eine Tortenplatte setzen.

Tipps: Den Kuchen mit 1 1/2– 2 Esslöffeln Puderzucker bestäuben (zusätzlich pro Portion: E: 0,0 g, F: 0,0 g, Kh: 1,1 g, kJ: 18, kcal: 4, BE: 0,0). Besonders dekorativ sieht es aus, wenn Sie möglichst lange, dünne Papierstreifen (etwa 1/2 x 26 cm) rautenförmig über den Kuchen legen. Den Kuchen mit Puderzucker bestäuben, dann vorsichtig die Streifen abnehmen. Im Fachhandel gibt es auch spezielle Dekoplatten zu kaufen. Statt Pudding-Pulver Vanille-Geschmack Pudding-Pulver Sahne-Geschmack verwenden.

Quark-Pflaumen-Strudel | Für Gäste

8 Stücke

Pro Stück: E: 9,2 g, F: 4,6 g, Kh: 34,6 g, kJ: 916, kcal: 219, BE: 3,0

Für den Strudelteig:

200 g Weizenmehl
1 Prise Salz
1 Eigelb (Größe M)
1 EL Speiseöl (z. B. Sonnenblumenöl, 10 g)
8 EL warmes Wasser

Für die Füllung:

500 g frische Pflaumen
250 g Magerquark
100 g saure Sahne (10 % Fett)
1 Eigelb (Größe M)
60 g Zucker
2 Eiweiß (Größe M)

1 EL Hagelzucker

Zubereitungszeit: 30 Minuten, ohne Ruhezeit
Backzeit: etwa 35 Minuten

1. Für den Teig Mehl in eine Rührschüssel geben. Restliche Teigzutaten hinzufügen und mit Handrührgerät mit Knethaken zuerst auf niedrigster, dann auf höchster Stufe zu einem glatten Teig verarbeiten. In einem kleinen Topf Wasser kochen, den Topf ausgießen und abtrocknen. Den Teig auf Backpapier in den heißen Topf legen und zugedeckt 30 Minuten ruhen lassen.

2. Den Backofen vorheizen.
Ober-/Unterhitze: etwa 220 °C
Heißluft: etwa 200 °C

3. Für die Füllung Pflaumen abspülen, gut abtropfen lassen, halbieren und entsteinen. 400 g Fruchtfleisch abwiegen. Quark mit saurer Sahne, Eigelb und Zucker verrühren. Eiweiß verschlagen.

4. Den Teig auf einem großen, bemehlten Geschirrtuch dünn zu einem Rechteck (etwa 40 x 30 cm) ausrollen.

Die Strudelteigplatte zuerst mit der Hälfte des Eiweißes, dann mit der Quarkmasse bestreichen, dabei an den Seiten etwa 2 cm frei lassen. Pflaumenhälften auf der Quarkmasse verteilen.

5. Dann die frei gelassenen Teigränder der schmalen Seiten auf die Füllung klappen. Den Teig mithilfe des Geschirrtuchs von der längeren Seite aus aufrollen und an den Enden gut zusammendrücken.

6. Den Strudel auf ein Backblech (mit Backpapier belegt) legen, mit dem restlichen Eiweiß bestreichen und mit Hagelzucker bestreuen. Das Backblech im unteren Drittel in den vorgeheizten Backofen schieben. Strudel etwa 35 Minuten backen.

7. Strudel nach dem Backen etwas abkühlen lassen und in 8 Stücke einteilen.

Tipp: Der Quark-Pflaumen-Strudel schmeckt frisch am besten.

Quark-Porree-Soufflés | Raffiniert

4 Portionen

Pro Portion: E: 13,6 g, F: 7,8 g, Kh: 3,0 g, kJ: 580, kcal: 139, BE: 0,2

1 Stange Porree (Lauch, etwa 150 g)
1 TL Olivenöl
gerebelter Thymian
oder Majoran
2 Eigelb (Größe M)
250 g Magerquark
1 leicht
geh. EL Parmesan-Käse (etwa 15 g)
etwas glatte Petersilie
Salz, frisch gemahlener Pfeffer
2 Eiweiß (Größe M)

Zubereitungszeit: 25 Minuten, ohne Abkühlzeit
Garzeit: etwa 30 Minuten

1. Porree putzen, die Stange längs halbieren, gründlich waschen, abtropfen lassen und in feine Streifen schneiden. Öl in einem Topf erhitzen. Porreestreifen darin andünsten und 2–3 Minuten garen. Porreestreifen mit Thymian oder Majoran würzen, auf einen Teller geben und abkühlen lassen.

2. Den Backofen vorheizen.
Ober-/Unterhitze: etwa 180 °C
Heißluft: etwa 160 °C

3. Eigelb mit Quark und Käse verrühren. Petersilie abspülen und trocken tupfen. Die Blättchen von den Stängeln zupfen, Blättchen klein schneiden und mit den Porreestreifen unter die Quarkmasse rühren. Masse mit Salz und Pfeffer kräftig würzen.

4. Eiweiß sehr steif schlagen und vorsichtig (am besten mit einem Teigschaber) unter die Quark-Porree-Masse ziehen.

5. Die Soufflémasse in 4 kleine, feuerfeste Förmchen (gefettet, etwa 250 ml [1/4 l] Inhalt) füllen. Die Förmchen auf dem Rost auf mittlerer Einschubleiste in den vorgeheizten Backofen schieben. Soufflés etwa 30 Minuten garen.

6. Die Soufflés aus dem Backofen nehmen und sofort servieren.

Tipps: Die Soufflémasse sollte vor der Eischneezugabe kräftig gewürzt werden, da Eiweiß den Geschmack mildert. Soufflés sofort servieren, damit sie nicht zusammenfallen. Evtl. mit Petersilienblättchen garnieren.

Ratatouille mit Vollkornnudeln

Vegetarisch

2 Portionen

Pro Portion: E: 13,4 g, F: 9,8 g, Kh: 48,7 g, kJ: 1421, kcal: 337, BE: 3,0

1 Aubergine (300 g)
1 Zucchini (200 g)
je ½ rote und grüne Paprikaschote (200 g)
2 Tomaten (etwa 150 g)
100 g Champignons
2 Zwiebeln (130 g)
2 Knoblauchzehen

1 l Wasser
1 gestr. TL Salz
100 g Vollkorn-Spiralnudeln

1–2 EL Olivenöl (10–20 g)
4 Stängel Thymian
4 Stängel Rosmarin
frisch gemahlener Pfeffer

Zubereitungszeit: 30 Minuten

1. Aubergine und Zucchini abspülen, abtrocknen und die Enden abschneiden. Paprikahälften entstielen, entkernen und die weißen Scheidewände entfernen. Paprika und Tomaten abspülen, abtropfen lassen. Die Tomaten halbieren. Stängelansätze herausschneiden. Gemüse in größere Stücke schneiden.

2. Champignons putzen, mit Küchenpapier abreiben, evtl. abspülen, abtropfen lassen und in Scheiben schneiden. Zwiebeln und Knoblauch abziehen, in Würfel schneiden.

3. Wasser in einem Topf zugedeckt zum Kochen bringen. Dann Salz und Nudeln hinzufügen. Nudeln im geöffneten Topf bei mittlerer Hitze nach Packungsanleitung kochen lassen, dabei gelegentlich umrühren.

4. Öl in einer großen Pfanne erhitzen. Zwiebel- und Knoblauchwürfel darin andünsten. Dann Champignonscheiben, Zucchini-, Auberginen- und Paprikastücke unter Rühren nacheinander kurz anbraten. Tomatenstücke hinzufügen und das Ganze 5–10 Minuten garen.

5. Kräuterstängel abspülen, trocken tupfen und die Blättchen und Nadeln von den Stängeln zupfen. Das Ratatouille mit Salz, Pfeffer und Kräutern würzen.

6. Vollkornnudeln in ein Sieb geben, mit heißem Wasser abspülen, abtropfen lassen und mit Ratatouille servieren.

Ratatouille-Suppe | Klassisch

4 Portionen

Pro Portion: E: 8,3 g, F: 13,0 g, Kh: 10,1 g, kJ: 805, kcal: 192, BE: 0,2

100 g rote Zwiebeln
1–2 Knoblauchzehen
je 1 rote und gelbe Paprikaschote (je etwa 200 g)
200 g Auberginen
200 g Zucchini
2 EL Olivenöl (20 g)
1 EL Tomatenmark
1 l Gemüsebrühe
Salz, Cayennepfeffer
150 g Cocktailtomaten
je 2 Stängel Minze, Basilikum und Petersilie
30 g schwarze Oliven ohne Stein
etwas abgeriebene Schale von
1 Bio-Zitrone (unbehandelt, ungewachst)
50 g geraspelter Parmesan-Käse

Zubereitungszeit: 30 Minuten

1. Zwiebeln und Knoblauch abziehen, in kleine Würfel schneiden. Paprikaschoten halbieren, entstielen, entkernen und die weißen Scheidewände entfernen. Schotenhälften abspülen und abtropfen lassen.

2. Auberginen und Zucchini abspülen, abtrocknen und die Stängelansätze bzw. Enden abschneiden. Die Gemüsezutaten in etwa 1 cm große Stücke schneiden.

3. Olivenöl in einem Topf erhitzen. Zwiebel-, Knoblauchwürfel, Auberginen- und Paprikastücke darin kräftig unter Rühren andünsten. Tomatenmark unterrühren und kurz mitrösten. Brühe hinzugießen, zum Kochen bringen, mit Salz und Cayennepfeffer würzen. Das Gemüse etwa 12 Minuten ohne Deckel kochen lassen.

4. In der Zwischenzeit Tomaten abspülen, abtropfen lassen und die Stängelansätze herausschneiden. Tomaten vierteln. Kräuterstängel abspülen und trocken tupfen. Die Blättchen von den Stängeln zupfen. Blättchen grob schneiden.

5. Zucchinistücke, Tomatenviertel und Oliven nach etwa 9 Minuten Garzeit in die Suppe geben und mitgaren lassen. Zuletzt Zitronenschale und Kräuter hinzugeben. Den Topf von der Kochstelle nehmen.

6. Ratatouille-Suppe anrichten und Parmesan-Käse dazureichen.

Reis-Beilagen I

Beliebt – einfach

je 4 Portionen

Basilikum-Tomaten-Reis

(im Foto hinten)

Pro Portion: E: 5,2 g, F: 4,0 g, Kh: 40,5 g, kJ: 931, kcal: 222, BE: 3,5

1	*Zwiebel (65 g)*
1 EL	*Olivenöl (10 g)*
200 g	*Naturreis*
400 ml	*Gemüsebrühe*
1 Dose	*stückige Tomaten (Einwaage 400 g)*
	Paprikapulver edelsüß
	frisch gemahlener Pfeffer
½ Bund	*Basilikum*

Zubereitungszeit: 30 Minuten

1. Zwiebel abziehen und in feine Würfel schneiden. Öl in einem Topf erhitzen und Zwiebelwürfel darin glasig dünsten. Reis hinzugeben und unter Rühren kurz mit andünsten.

2. Brühe und Tomatenstücke hinzugeben und mit Paprika und Pfeffer würzen. Brühe zum Kochen bringen. Den Reis zugedeckt bei schwacher Hitze etwa 20 Minuten köcheln lassen.

3. Basilikum abspülen und trocken tupfen. Die Blättchen von den Stängeln zupfen, hacken und vor dem Servieren unterheben.

Paprikareis

(im Foto vorn)

Pro Portion: E: 3,8 g, F: 2,9 g, Kh: 41,1 g, kJ: 873, kcal: 206, BE: 3,5

1 l	*Salzwasser*
200 g	*Langkornreis (parboiled)*
je ½	*grüne und rote Paprikaschote (etwa 200 g)*
1 EL	*Olivenöl*
	Salz
	frisch gemahlener Pfeffer
	Paprikapulver edelsüß

Zubereitungszeit: 25 Minuten

1. Salzwasser in einem Topf zum Kochen bringen. Reis hinzufügen und zugedeckt 15–20 Minuten bei schwacher Hitze ausquellen lassen. In der Zwischenzeit Paprikaschoten entstielen, entkernen und die weißen Scheidewände entfernen. Schoten abspülen, abtropfen lassen und in feine Würfel schneiden.

2. Öl in einem Topf erhitzen. Die Paprikawürfel darin 3–5 Minuten dünsten, dabei gelegentlich umrühren. Das Gemüse mit Salz, Pfeffer und Paprikapulver würzen.

3. Den gegarten Reis abtropfen lassen, mit den Paprikawürfeln vermengen und den Paprikareis nochmals abschmecken.

Tipp: Die Reisbeilagen schmecken gut zu gegrillten Fleisch- oder Fischgerichten.

Reis-Quark-Auflauf mit Gemüse I

Für Kinder – einfach

4 Portionen

Pro Portion: E: 24,4 g, F: 15,2 g, Kh: 26,6 g, kJ: 1447, kcal: 345, BE: 1,5

1	*Knoblauchzehe*
1	*Zwiebel (50 g)*
1 EL	*Olivenöl (10 g)*
175 g	*Instant-Rundkornreis (Express-Reis)*
500 ml (1/2 l)	*Gemüsebrühe*
1	*Zucchini (etwa 350 g)*
150 g	*Cocktailtomaten*
1 Bund	*Frühlingszwiebeln (etwa 250 g)*
1 EL	*Olivenöl (10 g)*
3	*Eiweiß (Größe M)*
	Salz
3	*Eigelb (Größe M)*
250 g	*Magerquark*
	frisch gemahlener Pfeffer
100 g	*TK-Erbsen*
75 g	*geriebener, kalorienreduzierter Gouda-Käse (15 % Fett)*

Zubereitungszeit: 25 Minuten
Garzeit: 25–30 Minuten

1. Knoblauch und Zwiebel abziehen, fein würfeln. Öl in einem Topf erhitzen. Knoblauch und Zwiebel darin glasig dünsten.

2. Erst Reis, dann die Brühe dazugeben und den Reis bei schwacher Hitze zugedeckt nach Packungsanleitung garen lassen. Reis etwas abkühlen lassen.

3. In der Zwischenzeit Zucchini abspülen, abtrocknen und die Enden abschneiden. Die Zucchini in Scheiben schneiden. Cocktailtomaten abspülen, abtrocknen und halbieren. Nach Belieben die Stängelansätze herausschneiden.

4. Den Backofen vorheizen.
Ober-/Unterhitze: etwa 180 °C
Heißluft: etwa 160 °C

5. Frühlingszwiebeln putzen, abspülen, abtropfen lassen und in feine Ringe schneiden. Öl in einer Pfanne erhitzen. Die Frühlingszwiebeln darin unter gelegentlichem Rühren kurz anbraten und herausnehmen.

6. Eiweiß mit 1 Prise Salz sehr steif schlagen. Eigelb mit Quark, Salz, Pfeffer und Reis verrühren. Eischnee unterheben.

7. Zucchini, Tomaten und Frühlingszwiebeln mit den unaufgetauten Erbsen vorsichtig mit der Quarkmasse mischen und in eine Auflaufform (gefettet) geben. Käse daraufstreuen.

8. Die Form auf dem Rost im unteren Drittel in den vorgeheizten Backofen schieben. Den Quarkauflauf 25–30 Minuten garen (bis die Eimasse gestockt ist).

Tipps: Sie können diesen Auflauf z.B. auch mit 200 g Quinoa zubereiten. Dann bitte die auf der Packung angegebene Flüssigkeitsmenge beachten. Quinoa hat einen reisähnlichen, leicht getreidigen Geschmack.

Ernährungstipp: Achten Sie bei einer fettarmen Ernährung besonders darauf, nicht zu viele „versteckte" Fette zu verzehren. Diese befinden sich z.B. in Wurst, Süßigkeiten, Chips und Keksen. Meist ist uns nicht bewusst, dass wir deshalb zu viel Fett zu uns nehmen. Die tägliche Fettzufuhr sollte bei einer fettarmen Ernährung 40–50 g nicht überschreiten.

Rhabarber-Himbeer-Torte I

Fruchtig

16 Stücke

Pro Stück: E: 3,3 g, F: 7,8 g, Kh: 22,3 g, kJ: 734, kcal: 175, BE: 2,0

Für den All-in-Teig:

200 g Weizenmehl
1 gestr. TL Dr. Oetker Backin
150 g Zucker
1 Pck. Dr. Oetker Bourbon-Vanille-Zucker
3 Eier (Größe M)
75 g Schlagsahne
75 ml Sonnenblumenöl

Für den Belag:

500 g Rhabarber
150 g TK-Himbeeren

Für den Fruchtguss:

125 g TK-Himbeeren
3 Blatt weiße Gelatine
225 ml roter Johannisbeernektar

Zubereitungszeit: 40 Minuten, ohne Kühlzeit
Backzeit: etwa 40 Minuten

1. Den Backofen vorheizen.
Ober-/Unterhitze: etwa 180 °C
Heißluft: etwa 160 °C

2. Für den Teig Mehl mit Backpulver in einer Rührschüssel vermischen. Zucker, Bourbon-Vanille-Zucker, Eier, Sahne und Speiseöl hinzufügen. Die Zutaten mit Handrührgerät mit Rührbesen zunächst kurz auf niedrigster, dann auf höchster Stufe in etwa 2 Minuten zu einem glatten Teig verarbeiten. Den Teig in eine Springform (Ø 26 cm, gefettet) füllen und glatt streichen.

3. Rhabarber abspülen und abtropfen lassen. Stielenden und Blattansätze entfernen, die Stangen abziehen, Stangen in etwa 3 cm lange Stücke schneiden. Rhabarberstücke und tiefgekühlte Himbeeren auf dem Teig verteilen. Die Form auf dem Rost im unteren Drittel in den vorgeheizten Backofen schieben. Den Kuchen etwa 40 Minuten backen.

4. Die Form auf einen Kuchenrost stellen. Den Springformrand nach etwa 10 Minuten mit einem Messer entfernen. Den Kuchen erkalten lassen.

5. Für den Fruchtguss die TK-Himbeeren auf Küchenpapier geben und antauen lassen. Die Gelatine nach Packungsanleitung in kaltem Wasser einweichen. Die Gelatine leicht ausdrücken, in einem kleinen Topf bei schwacher Hitze unter Rühren auflösen. Den Topf von der Kochstelle nehmen. Nach und nach den Johannisbeernektar unterrühren. Den Guss in den Kühlschrank stellen.

6. Einen Tortenring oder den gesäuberten Springformrand um den Kuchen stellen. Die angetauten Himbeeren auf dem Kuchen verteilen. Wenn der Guss zu gelieren beginnt, den Guss auf dem Kuchen verteilen. Den Kuchen in den Kühlschrank stellen und den Guss fest werden lassen. Die Torte mit einem Messer aus der Form lösen.

Tipps: Anstelle von Gelatine können Sie auch einen Guss mit Tortenguss zubereiten. Dafür 225 ml roten Johannisbeernektar und 2 Esslöffel Wasser mischen. Den Guss mit 1 Päckchen ungezuckertem Tortenguss, 2 Esslöffeln Zucker und der abgemessenen Flüssigkeit nach Packungsanleitung zubereiten und auf dem Kuchen verteilen (pro Stück: E: 3,0 g, F: 7,8 g, Kh: 24,4 g, kJ: 759, kcal: 181, BE: 2,0). Sie können den Kuchen auch mit frischen Himbeeren zubereiten. Dann die Himbeeren verlesen, evtl. vorsichtig abspülen und gut abtropfen lassen.

Roastbeef-Gemüse-Teller |

Etwas Besonderes

2 Portionen

Pro Portion: E: 25,1 g, F: 9,9 g, Kh: 46,2 g, kJ: 1587, kcal: 379, BE: 2,0

4 Möhren (400 g)
150 g Champignons
500 g gelbe und rote Paprikaschoten
4–6 frische Salbeiblätter
1 EL Speiseöl (z. B. Olivenöl, 10 g)
Salz, frisch gemahlener Pfeffer
50 ml Gemüsebrühe
4 EL Essig (z. B. Weißwein- oder Apfel-Essig, 40 g)
1 TL geröstete Kürbiskerne
80 g Roastbeef-Aufschnitt
2 Vollkornbrötchen (je 60 g)

Zubereitungszeit: 30 Minuten

1. Möhren putzen, schälen, abspülen und schräg in dünne Scheiben schneiden. Champignons putzen, mit Küchenpapier abreiben, evtl. kurz abspülen und gut abtropfen lassen. Die Champignons in Scheiben schneiden.

2. Paprikaschoten halbieren, entstielen, entkernen und die weißen Scheidewände entfernen. Schoten abspülen, abtropfen lassen und in Stücke schneiden. Salbei abspülen und trocken tupfen.

3. Öl in einer Pfanne erhitzen. Nacheinander Möhren mit Salbei, Paprika und Champignons in der Pfanne andünsten, mit Salz und Pfeffer würzen, aus der Pfanne nehmen und vermischen.

4. Gemüsebrühe und Essig in der Pfanne verrühren, kurz erwärmen, mit Salz und Pfeffer abschmecken, etwas abkühlen lassen und auf das Gemüse träufeln. Gemüse mit Kürbiskernen bestreuen und mit dem Roastbeef-Aufschnitt anrichten. Brötchen dazureichen.

Rohkostplatte mit Schmand-Kräuter-Dip | Preiswert

4 Portionen

Pro Portion: E: 5,9 g, F: 15,0 g, Kh: 7,9 g, kJ: 791, kcal: 189, BE: 0,5

Für den Dip:

200 g Schmand (Sauerrahm, 24 % Fett)
1 TL Kräuteressig (5 g)
1 EL Olivenöl (10 g)
25 g TK-Kräutermischung
Salz
frisch gemahlener Pfeffer
1–2 Prisen Zucker

Außerdem:

200 g Staudensellerie
250 g Kohlrabi
250 g Cocktailtomaten
200 g braune Champignons
1 Bund Radieschen (etwa 250 g)

Zubereitungszeit: 20 Minuten

1. Für den Dip Schmand mit Essig, Öl und gefrorenen Kräutern verrühren, mit Salz, Pfeffer und Zucker würzen. Den Schmand-Kräuter-Dip zum Durchziehen beiseitestellen.

2. Inzwischen Sellerie putzen und die harten Außenfäden abziehen. Den Sellerie abspülen und abtropfen lassen. Sellerie in mundgerechte Stücke schneiden, dabei dicke Stangen evtl. längs halbieren. Kohlrabi schälen, abspülen, abtropfen lassen und erst in Scheiben, dann in Stifte schneiden.

3. Die Tomaten abspülen, abtrocknen, halbieren und die Stängelansätze herausschneiden. Champignons putzen, mit Küchenpapier abreiben, evtl. kurz abspülen und gut abtropfen lassen. Champignons in Scheiben schneiden.

4. Die Radieschen putzen und die Wurzelenden abschneiden. Die Radieschen abspülen, abtrocknen und in Scheiben schneiden.

5. Die Salatzutaten auf einer Platte anrichten. Den Schmand-Kräuter-Dip nochmals mit den Gewürzen abschmecken und dazuservieren.

Rosetten-Kuchen | Mit Alkohol

16 Stücke

Pro Stück: E: 4,4 g, F: 3,8 g, Kh: 38,2 g, kJ: 1248, kcal: 212, BE: 3,0

Zum Vorbereiten:

50 g Rosinen
1 EL Rum

Für die Füllung:

1 Pck. Backfeste Pudding-Creme
250 ml (1/4 l) fettarme Milch (1,5 % Fett)
150 g Crème légère
2 rote Äpfel (etwa 350 g)

Für den Hefeteig:

375 g Weizenmehl
1 Pck. Hefeteig Garant
100 g Zucker
1 Pck. Dr. Oetker Vanillin-Zucker
1 Prise Salz
1 Pck. Dr. Oetker Finesse Orangenschalen-Aroma
1 Ei (Größe M)
50 g Halbfett-Butter (39 % Fett)
150 ml fettarme Milch (1,5 % Fett)

Zum Bestreichen:

7 EL Ahornsirup

Zubereitungszeit: 40 Minuten, ohne Teiggehzeit
Backzeit: etwa 45 Minuten

1. Zum Vorbereiten Rosinen in Rum einweichen.

2. Für die Füllung die Backfeste Pudding-Creme mit Milch nach Packungsanleitung zubereiten, zuletzt Crème légère unterrühren.

3. Für den Teig Mehl in einer Rührschüssel mit Hefeteig Garant sorgfältig vermischen. Zucker, Vanillin-Zucker, Salz, Aroma, Ei, Butter und Milch hinzufügen. Die Zutaten mit Handrührgerät mit Knethaken zunächst kurz auf niedrigster, dann auf höchster Stufe in etwa 2 Minuten zu einem glatten Teig verarbeiten.

4. Den Teig leicht mit Mehl bestäuben, aus der Schüssel nehmen, auf der leicht bemehlten Arbeitsfläche nochmals kurz durchkneten und zu einem Rechteck (etwa 30 x 50 cm) ausrollen.

5. Den Hefeteig mit der Puddingmasse bestreichen. Äpfel waschen, abtrocknen, vierteln, entkernen und mit der Schale in kleine Würfel schneiden. Apfelwürfel mit den Rosinen mischen und auf der Puddingmasse verteilen, dabei einen etwa 1 cm breiten Rand frei lassen.

6. Den Teig von der längeren Seite aus aufrollen. Die Rolle in etwa 3 cm breite Stücke schneiden und mit der Schnittfläche nach oben eng nebeneinander in eine Springform (Ø 26 cm, mit Backpapier belegt) legen. Teig in der Form zugedeckt etwa 15 Minuten gehen lassen.

7. Den Backofen vorheizen.
Ober-/Unterhitze: etwa 180 °C
Heißluft: etwa 160 °C

8. Die Form auf dem Rost im unteren Drittel in den vorgeheizten Backofen schieben. Den Kuchen etwa 45 Minuten backen.

9. Den Kuchen aus der Form lösen und auf einen mit Backpapier belegten Kuchenrost legen. Den Kuchen sofort mit Ahornsirup bestreichen und erkalten lassen.

Rote-Grütze-Torte mit Amarettini | Ohne zu Backen

16 Stücke

Pro Stück: E: 4,3 g, F: 4,8 g, Kh: 18,9 g, kJ: 561, kcal: 134, BE: 1,5

Für die Creme:

30 g Puderzucker
2 EL Zitronensaft
250 g Magerquark
1 Pck. Sahnesteif
1 TL Zucker
200 g Schlagsahne

1 heller Biskuit-Obstboden (Ø 26–28 cm)
250 g Rote Grütze (aus dem Kühlregal)

25 g Amarettini (ital. Mandelmakronen)

Zubereitungszeit: 20 Minuten

1. Für die Creme Puderzucker mit Zitronensaft verrühren. Quark unterrühren.

2. Sahnesteif mit Zucker mischen. Die Sahne in einen hohen Rührbecher geben und mit Handrührgerät mit Rührbesen steif schlagen. Sahnesteif-Mischung dabei einrieseln lassen. Die Sahne unter die Quarkcreme heben.

3. Die Creme portionsweise in einen Spritzbeutel mit Lochtülle füllen. Den Obstboden auf eine Tortenplatte legen. Zuerst eine dichte Reihe Cremetupfen als Rand aufspritzen. Dann die übrige Creme in unterschiedlich dicken Tupfen mit Abstand auf den Boden spritzen. Rote Grütze in den Lücken verteilen.

4. Torte bis zum Servieren in den Kühlschrank stellen. Kurz vor dem Servieren die Torte mit den Amarettini garnieren.

Rote-Linsen-Salat

Zum Mitnehmen – fruchtig

2 Portionen

Pro Portion: E: 16,9 g, F: 13,6 g, Kh: 47,7 g, kJ: 1613, kcal: 385, BE: 3,5

150 g Zuckerschoten
200 ml Gemüsebrühe
100 g rote Linsen
2 Frühlingszwiebeln (etwa 100 g)
1 Dose Aprikosenhälften (Abtropfgewicht 130 g)
10 g frischer Ingwer oder ½ TL gemahlener Ingwer
1–2 EL Himbeeressig (10–20 g)
Salz, frisch gemahlener Pfeffer
1 EL Sonnenblumenöl (10 g)
1 ½ EL Nussöl (15 g)

Zubereitungszeit: 25 Minuten, ohne Durchziehzeit

1. Von den Zuckerschoten die Enden abschneiden. Die Schoten evtl. abfädeln, abspülen und abtropfen lassen.

2. Brühe in einem kleinen Topf zum Kochen bringen. Zuckerschoten darin kurz blanchieren und mit einer Schaumkelle herausnehmen. Die Schoten mit kaltem Wasser abschrecken, abtropfen lassen und halbieren.

3. Die Linsen in die Brühe geben, das Ganze wieder zum Kochen bringen und bei schwacher Hitze etwa 8 Minuten köcheln lassen, bis die Gemüsebrühe aufgesogen ist.

4. Frühlingszwiebeln putzen, abspülen, abtropfen lassen und schräg in Ringe schneiden. Frühlingszwiebelringe unter die heißen Linsen heben. Die Linsen-Zwiebel-Mischung abkühlen lassen.

5. Aprikosen in einem Sieb abtropfen lassen und in dünne Spalten schneiden.

6. Ingwer schälen und fein reiben. Essig mit Salz, Pfeffer und Ingwer verrühren. Sonnenblumen- und Nussöl unterschlagen. Die Salatsauce mit der Linsen-Zwiebel-Mischung vermengen. Aprikosenspalten und Zuckerschoten unterheben.

7. Den Rote-Linsen-Salat nochmals abschmecken und servieren. Oder noch besser zugedeckt kalt stellen und etwa 1 Stunde durchziehen lassen.

Beilage: Pro Portion 2 Scheiben Vollkorntoast (50 g) dazureichen (zusätzlich pro Portion: E: 2,2 g, F: 1,1 g, Kh: 10,5 g, kJ: 258, kcal: 61, BE: 1,0).

Rezeptvariante: Für einen **Rote-Linsen-Salat mit Erbsen und Ananas** (pro Portion: E: 19,1 g, F: 13,9 g, Kh: 52,8 g, kJ: 1747, kcal: 417, BE: 4,0) anstatt Zuckerschoten und Aprikosen 150 g TK-Erbsen und 1 kleine Dose Ananasscheiben (Abtropfgewicht 140 g) verwenden. Die Erbsen nach Packungsanleitung garen, dann abtropfen lassen. Die Ananasscheiben in einem Sieb abtropfen lassen und in kleine Stücke schneiden. Die Erbsen und Ananasstücke unter die Linsen-Zwiebel-Mischung geben, mit der Salatsauce verrühren und mit den Gewürzen abschmecken.

Salat mit Fischfilet und Frischkäse-Dressing | Für Gäste

4 Portionen

Pro Portion: E: 34,3 g, F: 10,1 g, Kh: 7,4 g, kJ: 1108, kcal: 266, BE: 0,5

Für das Frischkäse-Dressing:

1 Knoblauchzehe
100 g fettreduzierter Frischkäse (16 % Fett)
125 ml (1/8 l) Milch
1 TL Tomatenketchup (10 g)
1–1 1/2 TL mittelscharfer Senf
2–3 EL Zitronensaft
Salz, frisch gemahlener Pfeffer

600–800 g Tilapia- oder Pangasius-Filet
3 EL Zitronensaft

2 Frühlingszwiebeln
100 g rosé oder weiße Champignons
300 g Tomaten
1 Kopf Batavia-Salat
1/2 Bund Basilikum

2 EL Olivenöl (20 g)

Zubereitungszeit: 30 Minuten

1. Für das Frischkäse-Dressing Knoblauch abziehen und fein würfeln. Den Frischkäse mit Milch, Ketchup, Senf, Zitronensaft und Knoblauch in einen hohen Rührbecher geben und mit Handrührgerät mit Rührbesen verrühren. Das Dressing mit Salz und Pfeffer abschmecken.

2. Fischfilet unter fließendem kalten Wasser abspülen, trocken tupfen und mit Zitronensaft beträufeln.

3. Frühlingszwiebeln putzen, abspülen, gut abtropfen lassen und in feine Ringe schneiden. Champignons putzen, mit Küchenpapier abreiben, evtl. kurz abspülen und gut abtropfen lassen. Champignons vierteln oder in Scheiben schneiden. Die Tomaten abspülen, abtrocknen und halbieren, Stängelansätze herausschneiden. Tomaten entkernen, in Stücke schneiden.

4. Salat putzen, waschen und gut abtropfen lassen oder trocken schleudern. Den Salat in mundgerechte Stücke zupfen. Basilikum abspülen, trocken tupfen, die Blättchen von den Stängeln zupfen und sehr fein schneiden. Salatzutaten auf einer großen Platte oder 4 Tellern anrichten und mit dem Dressing beträufeln.

5. Fischfilet trocken tupfen und mit Salz und Pfeffer bestreuen. Öl in einer Pfanne erhitzen und die Filets je nach Dicke von jeder Seite 3–5 Minuten darin braten. Fischfilet in mundgerechte Stücke schneiden und auf dem Salat anrichten.

Tipps: Tilapia ist ein Speisefisch aus der Buntbarschfamilie und wird, wie auch Pangasius, seit einigen Jahren aus Zucht und Aquakultur aus Fernost angeboten. Sein festes Filet eignet sich besonders gut zum Braten, Dünsten oder auch Grillen. Bei Pangasius handelt es sich um eine schnell wachsende Welsart.

Salat mit gebratenem Hähnchenfilet | Raffiniert

4 Portionen

Pro Portion: E: 32 g, F: 9,6 g, Kh: 33,5 g, kJ: 1488, kcal: 357, BE: 2,0

350 g	*Hähnchenbrustfilet*
	Salz, frisch gemahlener Pfeffer
2 TL	*Speiseöl, (z. B. Olivenöl, 8 g)*
4 Scheiben	*Vollkornbrot (je 50 g)*
1 EL	*Speiseöl (z. B. Olivenöl, 10 g)*
1	*Knoblauchzehe*
300 g	*fettarmer Naturjoghurt (1,5 % Fett)*
2 TL	*frische, gehackte oder TK-Kräuter*
1 Bund	*Frühlingszwiebeln (etwa 250 g)*
2 Bund	*Radieschen (etwa 500 g)*
400 g	*Eisbergsalat*
300 g	*Kohlrabi*
2 EL	*ungesalzene Erdnusskerne*

Zubereitungszeit: 30 Minuten

1. Filet unter fließendem kalten Wasser abspülen, trocken tupfen und mit Salz und Pfeffer bestreuen. Speiseöl in einer Pfanne erhitzen. Filet darin von allen Seiten gut anbraten, unter gelegentlichem Wenden 8–10 Minuten braten. Hähnchenfilet aus der Pfanne nehmen.

2. Brot in kleine Würfel schneiden. Öl in der Pfanne erhitzen und die Brotwürfel darin unter Rühren knusprig braten.

3. Knoblauch abziehen und fein hacken. Joghurt mit Knoblauch und Kräutern verrühren, mit Salz und Pfeffer abschmecken.

4. Frühlingszwiebeln, Radieschen und Salat putzen, abspülen und gut abtropfen lassen. Kohlrabi schälen, abspülen und abtropfen lassen. Gemüse in kleine Stücke schneiden und mit dem Kräuterjoghurt gut vermischen.

5. Hähnchenfilet in Scheiben schneiden und mit dem Salat anrichten. Salat mit Erdnüssen und Brotwürfeln bestreut servieren.

Salat mit Hähnchenstreifen und grünem Dressing I

Einfach

4 Portionen

Pro Portion: E: 44,6 g, F: 15,0 g, Kh: 4,5 g, kJ: 1393, kcal: 333, BE: 0,1

Für das grüne Dressing:

15 g gestiftelte Mandeln
2 Bund Basilikum
1 Bund glatte Petersilie
2–3 EL Olivenöl (20–30 g)
75–100 ml Gemüsebrühe
2–3 EL Zitronensaft
Salz
frisch gemahlener Pfeffer
Zucker

Für die Hähnchenstreifen:

700 g Hähnchenbrustfilet
Salz, frisch gemahlener Pfeffer
2 EL Olivenöl (20 g)

Für den Salat:

175 g Cocktailtomaten
175 g Champignons
2 Frühlingszwiebeln
150 g Rucola (Rauke)

Zubereitungszeit: 30 Minuten

1. Für das grüne Dressing Mandeln in einer Pfanne ohne Fett goldbraun rösten und herausnehmen.

2. Kräuter abspülen, trocken tupfen und die Blättchen von den Stängeln zupfen.

3. Die Kräuterblättchen und Mandeln in einen hohen Rührbecher oder Mixer geben, Olivenöl und etwa die Hälfte der Brühe hinzufügen und das Ganze fein pürieren.

4. Nach und nach noch so viel Brühe hinzugießen und untermischen, dass ein cremiges Dressing entsteht. Dressing mit Zitronensaft, Salz, Pfeffer und Zucker abschmecken.

5. Für den Salat Hähnchenbrustfilet unter fließendem kalten Wasser abspülen, trocken tupfen und in Streifen schneiden. Hähnchenstreifen mit Salz und Pfeffer bestreuen.

6. Olivenöl in einer großen Pfanne erhitzen und die Hähnchenstreifen darin unter Wenden etwa 5 Minuten braten. Die Hähnchenstreifen in eine Schüssel geben und mit der Hälfte von dem Dressing vermischen, etwas abkühlen lassen.

7. Die Tomaten abspülen, abtrocknen und halbieren. Stängelansätze evtl. herausschneiden. Champignons putzen, mit Küchenpapier abreiben, evtl. abspülen und gut abtropfen lassen. Champignons in Scheiben schneiden. Frühlingszwiebeln putzen, waschen, abtropfen lassen und in dünne Ringe schneiden.

8. Rucola verlesen, Stängel abschneiden. Rucola waschen und trocken tupfen oder trocken schleudern. Rucola in mundgerechte Stücke zupfen, mit Champignonscheiben, Frühlingszwiebelringen und Tomatenhälften auf einer großen Platte anrichten.

9. Hähnchenstreifen darauf verteilen und restliches Dressing auf den Salat träufeln.

Rezeptvariante: Wer es gern etwas würziger mag, probiert einmal den **Salat mit Hähnchenstreifen und rotem Dressing** (pro Portion Salat mit rotem Dressing: E: 45,8 g, F: 14,7 g, Kh: 7,9 g, kJ: 1470, kcal: 351, BE: 0,5). Dazu 15 g gestiftelte Mandeln in einer Pfanne ohne Fett goldbraun rösten und herausnehmen. 1/2–1 kleine, rote Chilischote evtl. längs halbieren, entstielen und entkernen, Schote abspülen, abtropfen lassen und fein hacken. 60 g getrocknete Tomaten in Öl in einem Sieb abtropfen lassen und etwas kleiner schneiden. 2 Stängel glatte Petersilie abspülen, trocken tupfen und die Blättchen von den Stängeln zupfen. Dann Mandeln, Chilischoten- und Tomatenstücke, Petersilienblättchen und etwa 60 ml Gemüsebrühe in einen hohen Rührbecher geben und fein pürieren. Weitere 60 ml Gemüsebrühe nach und nach untermischen, sodass ein cremiges Dressing entsteht. 2–3 Esslöffel Zitronensaft und 2 Esslöffel Olivenöl (20 g) unterschlagen und mit Salz, Pfeffer und 1 Prise Zucker abschmecken.

Saltimbocca vom Schwein mit Kartoffeln und Salat

Raffiniert

4 Portionen

Pro Portion: E: 32,3 g, F: 8,4 g, Kh: 39,9 g, kJ: 1569, kcal: 375, BE: 2,5

1 kg festkochende Kartoffeln
1 TL Salz

400 g Schweinefilet
Salz, frisch gemahlener Pfeffer
8 Blätter frischer Salbei
8 Scheiben Parmaschinken (je 5 g)

600 g Zwiebeln
200 g Feldsalat
100 g Cocktailtomaten
200 g Champignons
4–6 EL Apfelessig (40–60 g)
1 TL flüssiger Honig
1 TL körniger Senf
1 EL Speiseöl (z. B. Olivenöl, 10 g)

1 EL Speiseöl (z. B. Olivenöl, 10 g)
200 ml Gemüsebrühe

Außerdem:
evtl. 8 Holzstäbchen

Zubereitungszeit: 30 Minuten

1. Kartoffeln schälen, abspülen und knapp mit Wasser bedeckt zum Kochen bringen. Salz hinzufügen und die Kartoffeln 20–25 Minuten kochen.

2. In der Zwischenzeit Filet mit Küchenpapier trocken tupfen, entfetten und evtl. entsehnen. Schweinefilet in 8 gleich dicke Scheiben schneiden. Jede Scheibe flach klopfen, mit etwas Salz und Pfeffer bestreuen, mit 1 Salbeiblatt belegen und mit 1 Scheibe Schinken umwickeln, evtl. mit 1 Holzstäbchen feststecken.

3. Die Zwiebeln abziehen und halbieren. 1 Zwiebelhälfte fein würfeln, die anderen in Ringe schneiden. Salat putzen, abspülen und gut abtropfen lassen. Die Tomaten abspülen, abtrocknen und halbieren. Champignons putzen, mit Küchenpapier abreiben, evtl. abspülen, gut abtropfen lassen und in Scheiben schneiden.

4. Essig mit Honig, Senf und Zwiebelwürfeln verrühren, mit Salz und Pfeffer abschmecken. Öl unterschlagen. Feldsalat, Tomatenhälften und Champignonscheiben mit der Salatsauce vermischen.

5. Öl in einer Pfanne erhitzen. Filetscheiben darin von jeder Seite 3–4 Minuten braten, herausnehmen und zugedeckt warm stellen. Zwiebelringe in die Pfanne geben, unter Rühren etwa 3 Minuten braten. Brühe hinzugießen und kurz aufkochen lassen, mit Salz und Pfeffer würzen.

6. Kartoffeln abgießen, mit Zwiebelgemüse, Saltimbocca und Salat anrichten.

Tipp: Nach Belieben das Gericht mit Salbeiblättchen garniert servieren.

Sauerkirschkuchen mit Kokosbröseln I

Fruchtig – für Gäste

20 Stücke

Pro Stück: E: 3,5 g, F: 2,2 g, Kh: 29,3 g, kJ: 639, kcal: 153, BE: 2,5

Zum Vorbereiten:

400 g frische Sauerkirschen oder 1 Glas Sauerkirschen (Abtropfgewicht 370 g)
100 g Kokos-Zwieback

Für den All-in-Teig:

300 g Weizenmehl
2 Pck. Dr. Oetker Pudding-Pulver Sahne-Geschmack
1 Pck. Dr. Oetker Backin
175 g Zucker
1 Prise Salz
1 Pck. Dr. Oetker Finesse Geriebene Zitronenschale
3 Eier (Größe M)
250 ml (1/4 l) Buttermilch

Zum Bestäuben:

evtl. etwa 5 g Puderzucker

Zubereitungszeit: 30 Minuten
Backzeit: 30–35 Minuten

1. Zum Vorbereiten Sauerkirschen waschen, gut abtropfen lassen, entstielen und entsteinen oder Sauerkirschen aus dem Glas in einem Sieb gut abtropfen lassen. Zwiebäcke in einen Gefrierbeutel geben. Den Beutel fest verschließen. Zwieback mit einer Teigrolle grob zerbröseln.

2. Den Backofen vorheizen.
Ober-/Unterhitze: etwa 200 °C
Heißluft: etwa 180 °C

3. Für den Teig Mehl mit Pudding-Pulver und Backpulver in einer Rührschüssel mischen. Zucker, Salz, Zitronenschale, Eier und Buttermilch hinzufügen. Die Zutaten in etwa 2 Minuten mit Handrührgerät mit Rührbesen erst kurz auf niedrigster, dann auf höchster Stufe zu einem glatten Teig verarbeiten.

4. Den Teig auf ein Backblech (30 x 40 cm, gefettet) geben und glatt streichen.

5. Die Hälfte der Zwiebackbrösel, danach die Sauerkirschen auf dem Teig verteilen. Die restlichen Zwiebackbrösel daraufstreuen. Das Backblech auf mittlerer Einschubleiste in den vorgeheizten Backofen schieben. Den Kuchen 30–35 Minuten backen.

6. Das Backblech auf einen Kuchenrost stellen. Den Kuchen erkalten lassen und in Stücke schneiden. Nach Belieben mit Puderzucker bestäuben.

Sauerkirsch-Schoko-Muffins

Beliebt

12 Stück

Pro Stück: E: 3,1 g, F: 3,4 g, Kh: 19,0 g, kJ: 503, kcal: 120, BE: 1,5

Zum Vorbereiten:

175 g Sauerkirschen (aus dem Glas)

Für den Teig:

100 g Zwieback
150 ml Kakaotrunk aus entrahmter Milch
30 g zerlassene, abgekühlte Halbfett-Butter (39 % Fett)
2 Eiweiß (Größe M)
1 Pck. Dr. Oetker Vanillin-Zucker
1 Prise Salz
2 Eigelb (Größe M)
40 g Zucker
4 EL warmes Wasser
40 g Weizenmehl
1 gestr. TL Dr. Oetker Backin
30 g geriebene Zartbitter-Schokolade

Außerdem:

12 Muffin-Papier-Backförmchen

Zubereitungszeit: 25 Minuten
Backzeit: 25–30 Minuten

1. Zum Vorbereiten die Kirschen in einem Sieb gut abtropfen lassen.

2. Den Backofen vorheizen.
Ober-/Unterhitze: etwa 180 °C
Heißluft: etwa 160 °C

3. Für den Teig den Zwieback in einen Gefrierbeutel geben, den Beutel fest verschließen. Zwieback mit einer Teigrolle fein zerbröseln. Zwiebackbrösel in eine Rührschüssel geben. Kakaotrunk und Butter hinzugeben und gut verrühren.

4. Das Eiweiß steif schlagen. Vanillin-Zucker und Salz einrieseln lassen und kurz unterschlagen. Eigelb mit Zucker und Wasser mit Handrührgerät mit Rührbesen in etwa 3 Minuten zu einer cremigen Masse aufschlagen.

5. Mehl mit Backpulver mischen und auf die Eigelbmasse geben, kurz unterschlagen. Die Butter-Brösel-Masse und geriebene Schokolade unterrühren. Zuletzt steif geschlagenes Eiweiß unterheben.

6. Teig in eine Muffinform (für 12 Muffins, mit Papierförmchen ausgelegt) füllen. Kirschen gleichmäßig auf dem Teig verteilen und leicht eindrücken. Die Form auf dem Rost bei mittlerer Einschubleiste in den vorgeheizten Backofen schieben. Die Muffins 25–30 Minuten backen.

7. Nach dem Backen die Muffins aus der Form nehmen und auf einem Kuchenrost erkalten lassen.

Tipps: Die Muffins halten sich in Frischhaltefolie gewickelt und kühl gestellt 2–3 Tage frisch. Sie können auch etwa 175 g aufgetaute TK-Sauerkirschen verwenden.

Sauerkirschtarte | Fruchtig

12 Stücke

Pro Stück: E: 5,7 g, F: 6,2 g, Kh: 32,8 g, kJ: 891, kcal: 213, BE: 2,5

Zum Vorbereiten:

1 Glas Sauerkirschen (Abtropfgewicht 370 g)

Für den Knetteig:

200 g Weizenmehl
50 g Zucker
½ Pck. Dr. Oetker Finesse Geriebene Zitronenschale
1 Prise Salz
1 Ei (Größe M)
100 g weiche Halbfett-Butter (39 % Fett)

Zum Bestreuen:

20 g Semmelbrösel

Für den Guss:

3 Eier (Größe M)
75 g Zucker
1 Pck. Dr. Oetker Vanillin-Zucker
½ Pck. Dr. Oetker Finesse Geriebene Zitronenschale
300 g fettarmer Naturjoghurt (1,5 % Fett)

Zubereitungszeit: 35 Minuten, ohne Abkühlzeit
Backzeit: etwa 50 Minuten

1. Zum Vorbereiten Sauerkirschen in einem Sieb gut abtropfen lassen.

2. Den Backofen vorheizen.
Ober-/Unterhitze: etwa 180 °C
Heißluft: etwa 160 °C

3. Für den Teig das Mehl in eine Rührschüssel geben. Zucker, Zitronenschale, Salz, Ei und Butter hinzufügen. Die Zutaten mit Handrührgerät mit Knethaken zunächst kurz auf niedrigster, dann auf höchster Stufe gut durcharbeiten. Den Teig auf der leicht bemehlten Arbeitsfläche kurz verkneten. (Sollte er kleben, ihn in Folie gewickelt eine Zeit lang in den Kühlschrank stellen.)

4. Den Teig auf der leicht bemehlten Arbeitsfläche zu einer runden Platte (Ø etwa 32 cm) ausrollen und in eine Tarte- oder Wähenform (Ø 28–30 cm, Boden gefettet) legen, den Rand dabei hochdrücken.

5. Teigboden mehrmals mit einer Gabel einstechen. Die Form auf dem Rost im unteren Drittel in den vorgeheizten Backofen schieben. Boden etwa 20 Minuten vorbacken.

6. Die Form auf einen Kuchenrost stellen. Den vorgebackenen Boden etwas abkühlen lassen und mit Semmelbröseln bestreuen.

7. Für den Guss Eier mit Zucker, Vanillin-Zucker, Zitronenschale und Joghurt verrühren.

8. Die Sauerkirschen auf den vorgebackenen Boden legen. Den Guss darauf verteilen. Die Form wieder auf dem Rost im unteren Drittel in den vorgeheizten Backofen schieben. Die Tarte **bei gleicher Backofeneinstellung weitere etwa 30 Minuten backen.**

9. Die Form auf einen Kuchenrost stellen. Die Tarte etwas abkühlen lassen, dann aus der Form lösen und lauwarm servieren.

Scharfer Mango-Glasnudel-Salat

Exotisch

4 Portionen

Pro Portion: E: 21,6 g, F: 12,5 g, Kh: 49,2 g, kJ: 1690, kcal: 405, BE: 4,0

150 g Glasnudeln
2 Bio-Limetten (unbehandelt, ungewachst)
1 Bio-Orange (unbehandelt, ungewachst)
1 rote Chilischote
1 reife Mango (etwa 400 g)
je 4–5 Stängel Basilikum und Koriander
2 EL Sesamöl (20 g)
Salz
frisch gemahlener Pfeffer
400 g Garnelen (roh, ohne Kopf, geschält und entdarmt)
2 EL Sonnenblumenöl (20 g)
1–1 ½ EL flüssiger Honig (etwa 15 g)

Zubereitungszeit: 30 Minuten

1. Die Glasnudeln nach Packungsanleitung zubereiten, dann abkühlen lassen.

2. Limetten und Orange heiß abspülen, abtrocknen. Von 1 Limette und der Orange die Schale getrennt abreiben. Den Saft getrennt auspressen. Die zweite Limette beiseitelegen.

3. Chilischote abspülen, abtrocknen, entstielen, längs halbieren, entkernen und in kleine Streifen schneiden. Das Fruchtfleisch der Mango vom Stein schneiden, schälen und in Streifen schneiden.

4. Basilikum und Koriander abspülen, trocken tupfen und die Blättchen von den Stängeln zupfen. Einige Blättchen beiseitelegen, restliche Blättchen getrennt in feine Streifen schneiden.

5. Orangensaft mit abgeriebener Orangenschale, Sesamöl und Chilistreifen verrühren. Marinade mit Salz und Pfeffer würzen.

6. Garnelen unter fließendem kalten Wasser abspülen und trocken tupfen. 1 Esslöffel Öl in einer Pfanne erhitzen. Garnelen hineingeben und unter Wenden darin braten, bis sie sich rot gefärbt haben.

7. Die Glasnudeln mit einer Küchenschere in mundgerechte Stücke schneiden. Mangostreifen, Orangenmarinade und Korianderblättchen unterrühren.

8. Übriges Öl mit Honig, abgeriebener Limettenschale, -saft und Basilikum verrühren, mit Salz und Pfeffer würzen. Marinade mit Garnelen vermischen, auf dem Mango-Glasnudel-Salat anrichten.

9. Beiseitegelegte Limette in Scheiben schneiden. Salat mit Limettenscheiben und beiseitegelegten Kräuterblättchen garnieren.

Ernährungstipp: Die Südfrucht Mango enthält neben Calcium und Magnesium vor allem Vitamin C und Beta-Carotin.

Einkaufstipp: Bei reifen Mangos gibt die Schale auf leichten Druck etwas nach. Die Schale hat meist kleine braune oder schwarze Flecken.

Schinken-Knäckebrot mit Ei I

Beliebt

8 Stück

Pro Stück: E: 10,4 g, F: 8,4 g, Kh: 16,1 g, kJ: 764, kcal: 182, BE: 1,5

½ Bund	*Schnittlauch*
1–2 TL	*Sahnemeerrettich*
75 g	*Joghurt-Salat-Creme*
8 Scheiben	*Knäckebrot mit Sesam*
16 Scheiben	*Knochenschinken (etwa 190 g)*
4	*hart gekochte, gepellte Eier*
1–2	*Frühlingszwiebeln*

Zubereitungszeit: 15 Minuten

1. Schnittlauch abspülen, trocken tupfen und in kleine Röllchen schneiden. Sahnemeerrettich mit Joghurt-Salat-Creme und Schnittlauchröllchen verrühren.

2. Knäckebrotscheiben mit der Creme bestreichen. Schinkenscheiben zu Tütchen aufrollen.

3. Eier vierteln und je ein Viertel in eine Schinkentüte geben. Je 2 gefüllte Schinkentütchen auf 1 Knäckebrotscheibe legen.

4. Frühlingszwiebeln putzen, abspülen, abtropfen lassen und in feine Ringe schneiden.

5. Die belegten Knäckebrote mit den Frühlingszwiebelringen garniert servieren.

Tipps: Sollten Sie sehr große Scheiben Knochenschinken bekommen, reichen auch 4 Scheiben, die Sie dann halbieren können. Knäckebrotschnittchen maximal 1 Stunde vor dem Verzehr zubereiten, damit sie nicht durchweichen. Statt Schnittlauch 1–2 Esslöffel gemischte, gehackte Kräuter mit Sahnemeerrettich und Joghurt-Salat-Creme verrühren.

Schnecken-Muffins mit Aprikosen-Quark-Füllung I

Für Kinder

10 Stück

Pro Stück: E: 10,4 g, F: 7,1 g, Kh: 43,1 g, kJ: 1190, kcal: 284, BE: 3,5

Zum Vorbereiten:

200 g getrocknete Aprikosen
50 ml Wasser oder Fruchtsaft (z. B. Apfelsaft)
1 Eigelb (Größe M)
250 g Magerquark
1 Eiweiß (Größe M)

Für den Quark-Öl-Teig:

300 g Weizenmehl
3 TL Dr. Oetker Backin
125 g Magerquark
100 ml fettarme Milch (1,5 % Fett)
5 EL Sonnenblumenöl (50 g)
75 g Zucker
1 Pck. Dr. Oetker Finesse Geriebene Zitronenschale

Zum Bestreuen:

1 Pck. Dr. Oetker Vanillin-Zucker
½ TL gemahlener Zimt
1 EL gehobelte Mandeln

Außerdem:

20 Muffin-Papier-Backförmchen

Zubereitungszeit: 40 Minuten
Backzeit: etwa 20 Minuten

1. Zum Vorbereiten Aprikosen klein schneiden, mit Wasser oder Saft mischen. Eigelb mit Quark verrühren. Eiweiß sehr steif schlagen und unterziehen. Die klein geschnittenen Aprikosen unterheben.

2. Den Backofen vorheizen.
Ober-/Unterhitze: etwa 180 °C
Heißluft: etwa 160 °C

3. Für den Teig Mehl mit Backpulver in einer Rührschüssel mischen. Quark, Milch, Sonnenblumenöl, Zucker und Zitronenschale hinzufügen. Die Zutaten mit Handrührgerät mit Knethaken auf höchster Stufe in etwa 1 Minute zu einem Teig verarbeiten (nicht zu lange, Teig klebt sonst).

4. Danach den Teig auf der leicht bemehlten Arbeitsfläche zu einer Rolle formen und zu einem Rechteck (etwa 25 x 48 cm) ausrollen. Aprikosen-Quark-Masse darauf verteilen, dabei am Rand etwa 2 cm frei lassen. Den Teig von der längeren Seite aus aufrollen.

5. Jeweils 2 ineinandergestellte Papierbackförmchen auf einem Backblech verteilen und die Teigrolle in 10 etwa 4 cm dicke Scheiben schneiden. Teigscheiben waagerecht in die Papierbackförmchen legen.

6. Zum Bestreuen Vanillin-Zucker mit Zimt mischen. Zimt-Zucker auf die Teigröllchen streuen. Mandeln darauf verteilen. Das Backblech auf mittlerer Einschubleiste in den vorgeheizten Backofen schieben. Die Muffins etwa 20 Minuten backen.

7. Die Schnecken mit den Papierbackförmchen auf einem Kuchenrost erkalten lassen.

Schoko-Bananen-Kuchen I

Für Kinder

15 Stücke

Pro Stück: E: 3,5 g, F: 9,2 g, Kh: 24,3 g, kJ: 812, kcal: 195, BE: 2,0

Für den Teig:

75 g Edelbitter-Schokolade (60 % Kakao)
125 g weiche Joghurt-Butter (65 % Fett)
2 kleine, feste Bananen (etwa 225 g Fruchtfleisch)
200 g Weizenmehl
2 gestr. TL Dr. Oetker Backin
120 g Zucker
1 Pck. Dr. Oetker Vanillin-Zucker
3 Eier (Größe M)
125 ml (1/8 l) Bananenfruchtnektar

Zubereitungszeit: 15 Minuten
Backzeit: 50–55 Minuten

1. Für den Teig Schokolade in Stücke brechen, mit der Butter in einem Topf im Wasserbad unter Rühren schmelzen lassen. Die Bananen schälen und in feine Würfel schneiden.

2. Den Backofen vorheizen.
Ober-/Unterhitze: etwa 180 °C
Heißluft: etwa 160 °C

3. Das Mehl mit Backpulver in einer Rührschüssel vermischen. Zucker und Vanillin-Zucker unterrühren. Eier und Bananenfruchtnektar hinzufügen und alles mit Handrührgerät mit Rührbesen zunächst kurz auf niedrigster, dann auf höchster Stufe in etwa 1 Minute verrühren. Butter-Schoko-Masse hinzufügen und in etwa 1 Minute zu einem glatten Teig verarbeiten. Bananenwürfel unterheben.

4. Den Teig in eine Kastenform (25 x 11 cm, gefettet) füllen. Die Form auf dem Rost im unteren Drittel in den vorgeheizten Backofen schieben. Den Kuchen 50–55 Minuten backen.

5. Den Kuchen nach dem Backen etwa 10 Minuten in der Form stehen lassen, dann auf einen mit Backpapier belegten Kuchenrost stürzen. Den Kuchen erkalten lassen.

Tipp: Nach Belieben den warmen Schoko-Bananen-Kuchen mit 50 g gehackter Vollmilch-Schokolade bestreuen. Schokolade leicht andrücken (zusätzlich pro Stück: E: 0,3 g, F: 1,1 g, Kh: 1,8 g, kJ: 75, kcal: 18, BE: 0,2).

Schoko-Kirsch-Kuchen | Beliebt

6 Stücke

Pro Stück: E: 5,8 g, F: 9,2 g, Kh: 45,4 g, kJ: 1226, kcal: 294, BE: 4,0

Für den Rührteig:

75 g weiche Halbfett-Butter (39 % Fett)
60 g Zucker
1 Prise Salz
4 Tropfen Bittermandel-Aroma (aus dem klassischen Röhrchen)
1 Ei (Größe M)
150 g Weizenmehl
1 gestr. TL Dr. Oetker Backin
2 TL Kakaopulver
7–8 EL fettarme Milch (1,5 % Fett, knapp 100 ml)

Für die Form:

1 EL Semmelbrösel (10 g)

Für die Füllung:

175 g Sauerkirschen (aus dem Glas)
200 ml Kirschsaft aus dem Glas
1 geh. EL Speisestärke (etwa 20 g)
1 TL Zucker

Zum Verzieren:

25 g weiße Kuvertüre

Zubereitungszeit: 30 Minuten, ohne Abkühlzeit
Backzeit: etwa 35 Minuten

1. Den Backofen vorheizen.
Ober-/Unterhitze: etwa 180 °C
Heißluft: etwa 160 °C

2. Für den Teig Halbfett-Butter mit Handrührgerät mit Rührbesen auf höchster Stufe geschmeidig rühren. Nach und nach Zucker, Salz und Aroma unter Rühren hinzufügen. So lange rühren, bis eine gebundene Masse entstanden ist. Ei in etwa ½ Minute unterrühren.

3. Mehl mit Backpulver und Kakao mischen und abwechselnd mit der Milch auf mittlerer Stufe kurz unterrühren. Den Teig in eine Springform (Ø 18 cm, gefettet, mit Semmelbröseln ausgestreut) füllen und glatt streichen. Die Form auf dem Rost im unteren Drittel in den vorgeheizten Backofen schieben. Gebäckboden etwa 35 Minuten backen.

4. Den Gebäckboden etwa 5 Minuten abkühlen lassen und dann aus der Form lösen. Gebäckboden auf einem Kuchenrost erkalten lassen und einmal waagerecht im oberen Drittel durchschneiden.

5. Für die Füllung die Kirschen in einem Sieb gut abtropfen lassen, dabei den Saft auffangen und 200 ml abmessen (evtl. mit Wasser auffüllen).

6. Die Speisestärke mit Zucker in einen kleinen Topf geben, Kirschsaft einrühren und unter Rühren zum Kochen bringen. Mischung kurz aufkochen lassen. Kirschen unterrühren und anschließend etwas abkühlen lassen.

7. Gesäuberten Springformrand um die untere dickere Gebäckhälfte stellen. Kirschfüllung auf den Gebäckboden geben und verstreichen. Oberen Gebäckboden darauflegen und vorsichtig andrücken.

8. Zum Verzieren Kuvertüre in kleine Stücke hacken und in einem kleinen Topf im Wasserbad zu einer geschmeidigen Masse verrühren. Die Kuchenoberfläche mit der Kuvertüre besprenkeln.

9. Kuchen kühl stellen. Springformrand lösen, entfernen und den Kuchen in 6 Stücke einteilen.

Tipp: Gut verpackt und kühl gestellt bleibt der Kuchen 2–3 Tage frisch.

Schokoladen-Preiselbeer-Torte I

Raffiniert – für Gäste

16 Stücke

Pro Stück: E: 3,5 g, F: 2,8 g, Kh: 28,4 g, kJ: 646, kcal: 154, BE: 2,5

Für den Biskuitteig:

2	*Eier (Größe M)*
75 g	*Zucker*
1 Pck.	*Dr. Oetker Vanillin-Zucker*
75 g	*Weizenmehl*
1 gestr. TL	*Dr. Oetker Backin*

Für den Belag:

1 Glas	*Wild-Preiselbeeren (Einwaage 400 g)*
4 Blatt	*weiße Gelatine*
2 Pck.	*Paradiescreme Schokoladen-Geschmack (Dessertpulver)*
500 ml (1/2 l)	*fettarme Milch (1,5 % Fett)*
25 g	*weiße Schokolade*

Zubereitungszeit: 40 Minuten, ohne Kühlzeit
Backzeit: etwa 25 Minuten

1. Den Backofen vorheizen.
Ober-/Unterhitze: etwa 180 °C
Heißluft: etwa 160 °C

2. Für den Teig Eier mit Handrührgerät mit Rührbesen auf höchster Stufe in etwa 1 Minute schaumig schlagen. Zucker und Vanillin-Zucker mischen, in etwa 1 Minute einstreuen, dann noch etwa 2 Minuten weiterschlagen.

3. Mehl mit Backpulver mischen, auf die Eiercreme geben und kurz auf niedrigster Stufe unterrühren.

4. Den Teig in eine Springform (Ø 26 cm, mit Backpapier belegt) geben und glatt streichen.

5. Die Form auf dem Rost im unteren Drittel in den vorgeheizten Backofen schieben. Den Boden etwa 25 Minuten backen.

6. Den Biskuitboden aus der Form lösen, mitgebackenes Backpapier abziehen. Biskuitboden auf einem Kuchenrost erkalten lassen. Den Biskuitboden auf eine Tortenplatte legen, einen Tortenring darumstellen.

7. Für den Belag Preiselbeeren (2 Esslöffel beiseitestellen) auf den Biskuitboden geben und glatt streichen, dabei einen etwa 1 cm breiten Rand frei lassen. Gelatine nach Packungsanleitung in kaltem Wasser einweichen. Dessertpulver mit 500 ml (1/2 l) Milch nach Packungsanleitung zubereiten.

8. Gelatine in einem kleinen Topf unter Rühren bei schwacher Hitze auflösen, mit 4 Esslöffeln von der Creme verrühren, dann unter die restliche Creme rühren.

9. Die Creme vom Rand aus auf den mit Preiselbeeren bestrichenen Boden geben und glatt streichen. Anschließend mit einem Teelöffel Spitzen ziehen. Torte mindestens 3 Stunden in den Kühlschrank stellen.

10. Schokolade in Stücke brechen, in einem kleinen Gefrierbeutel im Wasserbad bei schwacher Hitze schmelzen. Beutel abtrocknen, etwas durchkneten und eine kleine Ecke abschneiden. Ornamente auf Backpapier spritzen, fest werden lassen.

11. Vor dem Servieren Tortenring lösen und entfernen, und die beiseitegestellten Preiselbeeren in Klecksen auf die Tortenoberfläche geben. Die Torte mit den Schokoladenornamenten garnieren.

Schweinefilet mit Zuckerschotengemüse I

Klassisch – etwas teurer

4 Portionen

Pro Portion: E: 31,5 g, F: 6,5 g, Kh: 38,0 g, kJ: 1442, kcal: 344, BE: 3,0

800 g kleine, festkochende Kartoffeln
1 TL Salz
450 g Schweinefilet
Salz, frisch gemahlener Pfeffer
10 g Butterschmalz
25 g Tomatenmark
250 ml (1/4 l) Gemüsebrühe
1 Dose Gemüsemais (Abtropfgewicht 140 g)
200 g Zuckerschoten
10 g Halbfett-Butter (39 % Fett)
3 gestr. EL dunkler Saucenbinder (etwa 18 g)
1 TL Sojasauce

Zum Garnieren:

evtl. 2–3 Stängel Kerbel

Zubereitungszeit: 30 Minuten

1. Die Kartoffeln schälen, abspülen, abtropfen lassen. Kartoffeln knapp mit Wasser bedeckt in einem Topf zum Kochen bringen. Salz hinzugeben und die Kartoffeln zugedeckt in etwa 20 Minuten gar kochen.

2. In der Zwischenzeit das Schweinefilet mit Küchenpapier trocken tupfen, evtl. entfetten und enthäuten. Filet halbieren und mit Salz und Pfeffer würzen.

3. Butterschmalz in einer großen Pfanne erhitzen. Die Fleischstücke darin von allen Seiten gut anbraten. Das Tomatenmark mit Gemüsebrühe unter Rühren hinzugeben. Das Ganze kurz aufkochen lassen. Das Fleisch etwa 10 Minuten zugedeckt bei schwacher Hitze garen (dabei nach der Hälfte der Garzeit die Fleischstücke wenden).

4. Mais in einem Sieb gut abtropfen lassen. Von den Zuckerschoten die Enden abschneiden, die Schoten evtl. abfädeln, abspülen und gut abtropfen lassen. Die Schoten in kochendem Salzwasser zugedeckt etwa 4 Minuten gar kochen.

5. Dann die Schoten mit der Schaumkelle aus dem Topf nehmen, mit kaltem Wasser abspülen und gut abtropfen lassen. Butter in einem Topf zerlassen. Die Schoten mit dem Mais darin schwenken und mit Salz und Pfeffer würzen. Gemüse zugedeckt warm stellen.

6. Das Fleisch aus der Pfanne nehmen und ebenfalls zugedeckt warm stellen. Für die Sauce die Bratenflüssigkeit in der Pfanne aufkochen lassen und mit Saucenbinder nach Packungsanleitung andicken. Sauce mit Salz, Pfeffer und Sojasauce abschmecken.

7. Nach Belieben Kerbel abspülen, trocken tupfen und die Blättchen von den Stängeln zupfen. Die Hälfte der Blättchen fein hacken.

8. Das Schweinefilet in Scheiben schneiden. Filetscheiben mit Sauce, Kartoffeln und Zuckerschotengemüse auf Tellern anrichten, mit gehacktem Kerbel und Kerbelblättchen garniert servieren.

Tipps: Statt Kerbel können Sie auch glatte Petersilie nehmen. Statt frischen Zuckererbsen können Sie auch die gleiche Menge TK-Zuckererbsen verwenden, Dafür die Zuckererbsen nach Packungsanweisung garen. Gemüse gut abtropfen lassen und mit dem Mais in der Butter erwärmen. Wer mag, rührt zusätzlich 2 Esslöffel (etwa 60 g) Crème fraîche unter die Sauce (zusätzlich pro Portion: E: 0,4 g, F: 4,5 g, Kh: 0,6 g, kJ: 183, kcal: 44, BE: 0,0).

Scones, fruchtige | Einfach

12 Stück

Pro Stück: E: 2,9 g, F: 3,6 g, Kh: 21,7 g, kJ: 556, kcal: 133, BE: 2,0

50 g getrocknete Aprikosen

Für den Knetteig:

250 g Weizenmehl
3 gestr. TL Dr. Oetker Backin
100 g weiche Halbfett-Butter (39 % Fett)
40 g Zucker
½ TL Salz
1 Pck. Dr. Oetker Finesse Orangenschalen-Aroma
100 ml fettarme Milch (1,5 % Fett)

etwas fettarme Milch (1,5 % Fett)

Zubereitungszeit: 20 Minuten
Backzeit: etwa 15 Minuten

1. Die Aprikosen in feine Würfel schneiden.

2. Den Backofen vorheizen.
Ober-/Unterhitze: etwa 200 °C
Heißluft: etwa 180 °C

3. Für den Teig Mehl mit Backpulver in einer Rührschüssel mischen. Butter, Zucker, Salz, Aroma und Milch hinzufügen.

4. Die Zutaten mit Handrührgerät mit Knethaken zunächst kurz auf niedrigster, dann auf höchster Stufe gut durcharbeiten.

5. Den Teig mit den Aprikosenstückchen auf der leicht bemehlten Arbeitsfläche kurz verkneten.

6. Den Teig zu einer Rolle formen. Die Teigrolle in 12 gleich große Stücke teilen und je zu einer Kugel formen. Teigkugeln jeweils zu einem Kreis (Ø etwa 4 cm) flach drücken, auf ein Backblech (mit Backpapier belegt) legen und mit Milch bestreichen.

7. Das Backblech auf mittlerer Einschubleiste in den vorgeheizten Backofen schieben. Die Scones etwa 15 Minuten backen.

8. Die Scones mit dem Backpapier vom Backblech auf einen Kuchenrost ziehen. Scones etwas abkühlen lassen und lauwarm servieren.

Tipp: Die Scones noch lauwarm mit etwa 125 g Magerquark und 75 g Marmelade bestrichen servieren (zusätzlich pro Stück: E: 1,4 g, F: 0,0 g, Kh: 4,6 g, kJ: 104, kcal: 25, BE: 0,5).

Seelachs auf Zitronenspinat mit Möhrenreis | Raffiniert

4 Portionen

Pro Portion: E: 35,7 g, F: 10,6 g, Kh: 37,8 g, kJ: 1679, kcal: 401, BE: 3,0

600 g TK-Blattspinat
200 ml Gemüsebrühe
Salz
frisch geriebene Muskatnuss
4 Möhren (etwa 400 g)
1 Zitrone
600 g Seelachsfilet oder 4 Seelachsfilets (je etwa 150 g)
frisch gemahlener Pfeffer
10 g Butter
2 EL Speiseöl (z. B. Sonnenblumenöl, 20 g)
160 g Langkornreis
1 Zitrone
400 ml Gemüsebrühe

Zubereitungszeit: 30 Minuten
Garzeit: etwa 15 Minuten

1. Den Backofen vorheizen.
Ober-/Unterhitze: etwa 200 °C
Heißluft: etwa 180 °C

2. Den Spinat mit der Brühe in einem Topf unter gelegentlichem Rühren bei mittlerer Hitze erwärmen, bis der Spinat aufgetaut ist. Spinat mit Salz und Muskat würzen.

3. In der Zwischenzeit Möhren putzen, schälen, abspülen, abtropfen lassen und fein würfeln. Zitrone so schälen, dass die weiße Haut mitentfernt wird, und in Scheiben schneiden.

4. Spinat in einer großen Auflaufform (gefettet) verteilen. Zitronenscheiben darauflegen.

5. Fischfilet unter fließendem kalten Wasser abspülen, trocken tupfen, mit Salz und Pfeffer bestreuen und in die Auflaufform legen. Butter zerlassen und den Fisch damit bestreichen.

6. Die Form auf dem Rost im unteren Drittel in den vorgeheizten Backofen schieben. Seelachs auf Spinat etwa 15 Minuten garen.

7. Öl in einem Topf erhitzen. Möhrenwürfel und Reis hinzufügen und unter Rühren bei mittlerer Hitze kurz andünsten. Zitrone halbieren und auspressen. Brühe mit Zitronensaft verrühren, zur Möhren-Reis-Mischung gießen, unter gelegentlichem Rühren zum Kochen bringen. Den Reis bei schwacher Hitze zugedeckt in etwa 15 Minuten ausquellen lassen.

8. Seelachs mit Zitronenspinat und Möhrenreis servieren.

Tipp: Nach Belieben können Sie das Gericht zusätzlich mit Zitronenschalenstreifen garnieren. Dazu eine unbehandelte Bio-Zitrone einkaufen. Diese vor dem Schälen heiß abwaschen und abtrocknen. Die dünn abgeschälte Schale in feine Streifen schneiden.

Ernährungstipp: Seelachs gehört in der Gruppe der Salzwasserfische zu den fettarmen Fischen. 100 g von seinem Filet haben nur knapp 1 g Fett. So ist er gut für eine fettarme Ernährung geeignet. Das Spurenelement Jod, das die Funktion der Schilddrüse unterstützt, nehmen wir mit dem Verzehr von Seelachs ebenfalls zu uns.

Seelachsfilet mit Ofentomaten I

Einfach

4 Portionen

Pro Portion: E: 31,6 g, F: 14,8 g, Kh: 2,6 g, kJ: 1132, kcal: 270, BE: 0,0

400 g Cocktailtomaten
3 EL Olivenöl (30 g)
frisch gemahlener Pfeffer, Salz

4 Seelachsfilets (je etwa 150 g)
2 EL Olivenöl (20 g)
8 dünne Scheiben Pancetta (italienischer Bauchspeck, etwa 80 g)
10 g Butter
einige Stängel Basilikum

Zubereitungszeit: 25 Minuten
Garzeit: etwa 15 Minuten

1. Den Backofen vorheizen.
Ober-/Unterhitze: etwa 160 °C
Heißluft: etwa 140 °C

2. Die Cocktailtomaten abspülen, abtropfen lassen, halbieren und evtl. die Stängelansätze herausschneiden. Die Tomatenhälften auf einem Backblech (gefettet) verteilen.

3. Die Tomaten mit Olivenöl beträufeln, mit Pfeffer und Salz bestreuen. Das Backblech auf mittlerer Einschubleiste in den vorgeheizten Backofen schieben. Die Tomaten etwa 15 Minuten garen.

4. In der Zwischenzeit Fischfilets unter fließendem kalten Wasser abspülen, trocken tupfen, mit Pfeffer und ein wenig Salz (da der Speck salzig ist) bestreuen.

5. Öl in einer Pfanne erhitzen. Die Speckscheiben darin kross ausbraten, dann aus der Pfanne nehmen und auf Küchenpapier legen.

6. Die Butter zum Bratfett in die Pfanne geben. Fischstücke darin von jeder Seite etwa 4 Minuten braten.

7. Das Basilikum abspülen, abtropfen lassen und die Blättchen von den Stängeln zupfen. Das Fischfilet mit dem krossen Speck und den Ofentomaten auf vorgewärmten Teller anrichten. Die Tomaten mit Basilikumblättern bestreuen.

Beilage: Servieren Sie dazu frisch getoastete Scheiben Ciabatta-Brot (250 g in Scheiben geschnitten, zusätzlich pro Portion: E: 6,3 g, F: 0,6 g, Kh: 32,5 g, kJ: 682, kcal: 161, BE: 2,5).

Sesamkartoffeln mit Dip

Vegetarisch

4 Portionen

Pro Portion: E: 25,0 g, F: 9,8 g, Kh: 44,8 g, kJ: 1598, kcal: 382, BE: 3,0

1 kg kleine, festkochende Kartoffeln

500 g Möhren
500 g Staudensellerie
4 eingelegte Gewürzgurken (etwa 200 g)
500 g Magerquark
100 g saure Sahne (10 % Fett)
1 TL flüssiger Honig
1 TL gemischte, gehackte TK-Kräuter
Salz, frisch gemahlener Pfeffer

1 EL Sonnenblumenöl (10 g)
30 g Sesamsaat
frisch geriebene Muskatnuss

Zubereitungszeit: 30 Minuten

1. Kartoffeln gründlich waschen und abbürsten. Die Kartoffeln knapp mit Wasser bedeckt in einem Topf zum Kochen bringen und zugedeckt in 20 Minuten gar kochen.

2. Inzwischen Möhren schälen, abspülen, abtropfen lassen und in fingerlange schmale Streifen schneiden. Den Sellerie putzen, die harten Außenfäden abziehen, abspülen, abtropfen lassen und ebenfalls in Streifen schneiden. Gurken abtropfen lassen.

3. Quark, saure Sahne und Honig glatt rühren. Kräuter unterrühren. Den Dip mit Salz und Pfeffer würzen. Dip in die Mitte eines großen Tellers häufen. Gemüse rundum anordnen.

4. Das Öl in einer großen Pfanne erhitzen. Die garen Kartoffeln abgießen, mit Sesam in die Pfanne geben und kurz von allen Seiten bräunen. Kartoffeln mit Salz und Muskatnuss würzen, zum Gemüse reichen.

Sommergemüse mit Schupfnudeln | Vegetarisch

4 Portionen

Pro Portion: E: 12,7 g, F: 12,9 g, Kh: 56,0 g, kJ: 1658, kcal: 393, BE: 4,0

30 g	*Sonnenblumenkerne*
1	*kleiner Spitzkohl (etwa 600 g)*
4–5	*Möhren (400–500 g)*
300 g	*Zucchini*
15 g	*Butter oder Margarine*
1 TL	*Zucker (5 g)*
	Salz, frisch gemahlener Pfeffer
	frisch geriebene Muskatnuss
1 EL	*Zitronensaft*
500 g	*Schupfnudeln (aus dem Kühlregal)*
150 g	*saure Sahne (10 % Fett)*
100 ml	*Wasser*
2 gestr. EL	*heller Saucenbinder (etwa 12 g)*

Zubereitungszeit: 30 Minuten

1. Sonnenblumenkerne in einer Pfanne ohne Fett unter Rühren anrösten und auf einen Teller geben.

2. Spitzkohl putzen, abspülen, gut abtropfen lassen und in fingerbreite Streifen schneiden. Möhren putzen, schälen, abspülen und abtropfen lassen. Zucchini abspülen, abtrocknen und die Enden abschneiden. Möhren und Zucchini in feine Stifte schneiden.

3. Dann jeweils etwas Butter oder Margarine in einer großen Pfanne zerlassen. Kohlstreifen, Möhren- und Zucchinistifte darin portionsweise unter Rühren andünsten. Gemüse mit Zucker, Salz, Pfeffer und Muskat würzen. Zitronensaft und etwa 4 Esslöffel Wasser hinzugeben und zum Kochen bringen. Das Gemüse zugedeckt etwa 5 Minuten bei schwacher Hitze garen, dabei gelegentlich umrühren.

4. Den Deckel abnehmen. Das Gemüse bei starker Hitze braten, bis die Flüssigkeit fast verdampft ist. Schupfnudeln hinzugeben und unter vorsichtigem Wenden anbraten. Saure Sahne mit Wasser und dem Saucenbinder verrühren, unter vorsichtigem Rühren unter die Gemüse-Schupfnudel-Mischung rühren und kurz aufkochen lassen.

5. Die Sommergemüse-Pfanne nochmals mit Salz, Pfeffer und Muskat abschmecken, mit Sonnenblumenkernen bestreut sofort servieren.

Spargel, marinierter | Für Gäste

4 Portionen

Pro Portion: E: 3,6 g, F: 10,4 g, Kh: 5,2 g, kJ: 543, kcal: 129, BE: 0,1

1 kg weißer Spargel
500 ml (1/2 l) Wasser
1 TL Butter
1 TL Salz
1 Prise Zucker

Für die Marinade:

1 rote Zwiebel
1 Bund Kerbel
1 EL Weißweinessig oder Zitronensaft (10 g)
4 EL Spargelfond
4 EL Olivenöl (40 g)
1/2 gestr. TL Salz
frisch gemahlener Pfeffer
1/2 TL Zucker

Zubereitungszeit: 30 Minuten, ohne Marinierzeit

1. Den Spargel von oben nach unten schälen. Darauf achten, dass die Schalen vollständig entfernt, die Köpfe aber nicht verletzt werden. Die unteren Enden abschneiden (holzige Stellen vollkommen entfernen). Spargel abspülen und abtropfen lassen.

2. Wasser, Butter, Salz und Zucker in einem hohen Topf zum Kochen bringen. Den Spargel hinzufügen, zum Kochen bringen und zugedeckt in 8–10 Minuten bissfest oder in 12–15 Minuten weich kochen.

3. In der Zwischenzeit für die Marinade Zwiebel abziehen, fein würfeln. Kerbel abspülen, trocken tupfen. Die Blättchen von den Stängeln zupfen, fein hacken.

4. Den Spargel in einem Sieb abtropfen lassen, dabei den Spargelfond auffangen und 4 Esslöffel davon abnehmen. Den Spargel zugedeckt warm stellen.

5. Essig oder Zitronensaft mit dem Spargelfond verrühren. Das Olivenöl unterschlagen. Marinade mit Salz, Pfeffer und Zucker abschmecken. Die Zwiebelwürfel und den Kerbel unterrühren. Die Marinade auf den warmen Spargelstangen verteilen. Den Spargel etwa 30 Minuten marinieren, dann servieren.

Tipp: Den marinierten Spargel mit kleinen Butterkartoffeln servieren. Dazu 750 g kleine, festkochende Kartoffeln garen und in 25 g zerlassener Butter schwenken (zusätzlich pro Portion: E: 3,5 g, F: 5,4 g, Kh: 25,0 g, kJ: 699, kcal: 167, BE: 2,0).

Spätzle-Gurken-Pfanne mit Kochschinken | Einfach

4 Portionen

Pro Portion: E: 20,2 g, F: 11,6 g, Kh: 53,6 g, kJ: 1688, kcal: 400, BE: 4,5

1 Schmorgurke (etwa 500 g)
1 Schalotte
150 g Pfifferlinge oder
1 Dose Pfifferlinge (Abtropfgewicht 290 g)
1 EL Sonnenblumenöl (etwa 10 g)
125 ml (1/8 l) Gemüsebrühe
Salz
frisch gemahlener Pfeffer

3 l Wasser
2–3 gestr. TL Salz
etwa 300 g Spätzle (z. B. Vollkorn-Spätzle)

150 g Crème légère
1 EL mittelscharfer Senf (etwa 20 g)
150 g Kochschinken
1–2 Stängel Dill

Zubereitungszeit: 30 Minuten

1. Gurke schälen und längs halbieren. Die Kerne mit einem Löffel herausschaben. Gurkenhälften in fingerdicke Stücke schneiden. Schalotte abziehen und klein würfeln.

2. Pfifferlinge putzen, mit Küchenpapier abreiben, evtl. kurz abspülen und auf Küchenpapier gut abtropfen lassen. Große Pfifferlinge halbieren. Oder Pfifferlinge aus der Dose in einem Sieb abtropfen lassen.

3. Sonnenblumenöl in einer großen Pfanne erhitzen. Schalottenwürfel und Pfifferlinge darin unter Rühren kräftig anbraten. Gurkenstücke hinzugeben, unter Rühren mit anbraten.

4. Gemüsebrühe hinzugießen, unterrühren. Die Zutaten zum Kochen bringen und zugedeckt 10–15 Minuten bei schwacher bis mittlerer Hitze schmoren. Das Gemüse mit Salz und Pfeffer würzen.

5. In der Zwischenzeit das Wasser in einem großen Topf zugedeckt zum Kochen bringen. Dann Salz und Spätzle hinzugeben, im geöffneten Topf bei mittlerer Hitze nach Packungsanleitung kochen lassen, dabei gelegentlich umrühren. Anschließend die Spätzle in ein Sieb geben, mit heißem Wasser abspülen und abtropfen lassen.

6. Crème légère mit Senf verrühren und unter die Pilz-Gurken-Mischung rühren, nochmals kurz unter Rühren aufkochen lassen.

7. Schinken in Streifen schneiden. Dill abspülen und trocken tupfen. Die Spitzen von den Stängeln zupfen. Spitzen klein schneiden. Spätzle und Schinkenstreifen zu der Gemüsemasse geben, kurz durchschwenken.

8. Spätzle-Gurken-Pfanne nochmals mit Salz und Pfeffer abschmecken und sofort mit Dill garniert servieren.

Spätzle-Pfifferlings-Salat

Etwas Besonderes

4 Portionen

Pro Portion: E: 18,5 g, F: 8,6 g, Kh: 39,0 g, kJ: 1308, kcal: 313, BE: 3,0

2 l Gemüsebrühe
1 gestr. TL Salz
200 g Spätzle

Für die Vinaigrette:
1 Dose Pfifferlinge (Abtropfgewicht 225 g)
1 Stange Porree (Lauch)
2 EL Speiseöl (z. B. Rapsöl, 20 g)
175 ml Gemüsebrühe
3 EL Balsamico-Essig (30 g)
1 TL körniger Senf
frisch gemahlener Pfeffer

200 g geräucherter Putenbrustaufschnitt
200 g Cocktailtomaten
1 Bund Petersilie

Zubereitungszeit: 25 Minuten

1. Brühe in einem großen Topf zugedeckt zum Kochen bringen. Salz und Spätzle hinzugeben. Spätzle im geöffneten Topf bei mittlerer Hitze nach Packungsanleitung garen, dabei gelegentlich umrühren.

2. Für die Vinaigrette die Pfifferlinge in einem Sieb abtropfen lassen. Porree putzen. Die Stange längs halbieren, gründlich waschen, abtropfen lassen und in sehr feine Streifen schneiden.

3. Die garen Spätzle in ein Sieb geben, mit kaltem Wasser abspülen und abtropfen lassen.

4. Speiseöl in einer Pfanne erhitzen. Porreestreifen und Pfifferlinge darin andünsten. Brühe hinzugießen. Essig und Senf unterrühren, mit Salz und Pfeffer würzen. Spätzle in einer großen Salatschüssel mit der Vinaigrette vermischen.

5. Putenbrustaufschnitt in Streifen schneiden. Tomaten abspülen, abtrocknen und halbieren. Stängelansätze herausschneiden. Petersilie abspülen und trocken tupfen. Die Blättchen von den Stängeln zupfen.

6. Putenbruststreifen, Tomatenhälften und Petersilienblättchen unter die Spätzle heben. Salat nochmals mit Salz, Pfeffer und evtl. etwas Essig abschmecken.

Spitzkohlsalat mit Souflaki

Einfach

4 Portionen

Pro Portion: E: 31,7 g, F: 15,5 g, Kh: 43,0 g, kJ: 1312, kcal: 314, BE: 2,5

600 g Spitzkohl
2 rote Paprikaschoten (je 200 g)
2 Zwiebeln (130 g)
1 Bund glatte Petersilie

Für die Kümmel-Vinaigrette:

3 EL Weißweinessig (30 g)
½–1 TL gemahlener Kümmel
Salz, frisch gemahlener Pfeffer
4 EL Olivenöl (40 g)

500 g Schweinefilet
2 TL Gyros-Gewürzmischung
2–3 EL Olivenöl (20–30 g)

Außerdem:

2 Holz- oder Schaschlikspieße

Zubereitungszeit: 30 Minuten

1. Von dem Spitzkohl die äußeren Blätter entfernen, den Kohl vierteln und den Strunk herausschneiden. Kohl abspülen, abtropfen lassen und in dünne Streifen schneiden.

2. Die Paprikaschoten halbieren, entstielen, entkernen und die weißen Scheidewände entfernen. Die Schoten abspülen, abtropfen lassen und in Streifen schneiden. Zwiebeln abziehen, halbieren und in Ringe schneiden.

3. Petersilie abspülen, trocken tupfen und die Blättchen von den Stängeln zupfen. Spitzkohl- und Paprikastreifen mit Zwiebelringen und Petersilienblättchen vermengen.

4. Für die Vinaigrette Essig mit Kümmel verrühren und mit Salz und Pfeffer abschmecken. Öl unterschlagen. Vinaigrette mit den Salatzutaten vermischen.

5. Schweinefilet trocken tupfen, evtl. entfetten, entsehnen und in etwa 1 ½ cm breite Scheiben schneiden. Fleischscheiben flach auf 2 Holz- oder Schaschlikspieße stecken und mit der Gyros-Gewürzmischung bestreuen.

6. Olivenöl in einer beschichteten Pfanne erhitzen. Spieße darin unter Wenden etwa 5 Minuten braten und die Spieße mit dem Salat anrichten.

Tipp: Wer mag, kann die Spitzkohlstreifen auch noch blanchieren.

Stachelbeertorte mit Mandel-Baiser-Haube

Preiswert

16 Stücke

Pro Stück: E: 4,1 g, F: 2,8 g, Kh: 25,3 g, kJ: 606, kcal: 145, BE: 2,0

Zum Vorbereiten:

1 Glas Stachelbeeren (Abtropfgewicht 360 g)

Für den All-in-Teig:

200 g Weizenmehl
25 g Speisestärke
3 gestr. TL Dr. Oetker Backin
100 g Zucker
1 Pck. Dr. Oetker Vanillin-Zucker
3 Eigelb (Größe M)
2 Eier (Größe M)
150 g fettarmer Naturjoghurt (1,5 % Fett)

Für das Baiser:

3 Eiweiß (Größe M)
60 g Zucker

1 EL gehobelte Mandeln

Zubereitungszeit: 30 Minuten, ohne Kühlzeit
Backzeit: etwa 45 Minuten

1. Zum Vorbereiten Stachelbeeren in einem Sieb gut abtropfen lassen.

2. Den Backofen vorheizen.
Ober-/Unterhitze: etwa 180 °C
Heißluft: etwa 160 °C

3. Für den Teig Mehl mit Speisestärke und Backpulver in einer Rührschüssel mischen. Restliche Zutaten hinzufügen und alles mit Handrührgerät mit Rührbesen zunächst kurz auf niedrigster, dann auf höchster Stufe in etwa 2 Minuten zu einem glatten Teig verarbeiten. Den Teig in eine Springform (Ø 26 cm, mit Backpapier belegt) geben und glatt streichen. Stachelbeeren darauf verteilen.

4. Die Form auf dem Rost im unteren Drittel in den vorgeheizten Backofen schieben. Die Torte etwa 30 Minuten backen.

5. Die Form auf einen Kuchenrost stellen, die Torte etwas abkühlen lassen. Für das Baiser Eiweiß mit Handrührgerät mit Rührbesen auf höchster Stufe steif schlagen. Der Schnee muss so fest sein, dass ein Messerschnitt sichtbar bleibt, Zucker nach und nach kurz unterschlagen. Die Baisermasse in einen Spritzbeutel mit Sterntülle geben und Tuffs auf die Tortenoberfläche spritzen.

6. Mandeln daraufstreuen. Die Form wieder auf dem Rost im unteren Drittel in den vorgeheizten Backofen schieben und die Baisermasse **bei gleicher Backofeneinstellung etwa 15 Minuten überbacken.**

7. Die Torte aus der Form lösen und auf einem Kuchenrost erkalten lassen.

Suppe nach Peking Art

Beliebt

4 Portionen

Pro Portion: E: 16,9 g, F: 6,6 g, Kh: 11,8 g, kJ: 735, kcal: 176, BE: 1,0

etwa 15 g getrocknete Mu-Err-Pilze
1 Hähnchenbrustfilet (etwa 180 g)
50 g Bambusstreifen (aus der Dose)
2 Möhren (etwa 230 g)
1 l Hühnerbrühe
2 EL Apfelessig (20 g)
1 TL Sambal Oelek (etwa 5 g)
1 EL süße Sojasauce (etwa 10 g)
1 EL Sojasauce (etwa 10 g)
2 gestr. TL Salz
2 gestr. EL Zucker
2 gestr. EL Speisestärke
2 Eier (Größe M)
1 EL Sesamöl (10 g)

Zubereitungszeit: 30 Minuten

1. Mu-Err-Pilze nach Packungsanleitung einweichen. Hähnchenbrustfilet unter fließendem kalten Wasser abspülen, trocken tupfen und in sehr feine Streifen schneiden.

2. Die Bambusstreifen in einem Sieb abtropfen lassen und evtl. in kleine Stücke schneiden. Möhren putzen, schälen, abspülen, abtropfen lassen und in feine Stifte schneiden.

3. Mu-Err-Pilze abtropfen lassen, evtl. harte Stellen abschneiden und die Pilze in feine Streifen schneiden.

4. Hühnerbrühe in einem Wok oder Topf zum Kochen bringen. Hähnchenstreifen, Gemüse und Pilze dazugeben. Suppe zum Kochen bringen und etwa 3 Minuten kochen lassen. Suppe mit Essig, Sambal Oelek, beiden Sojasaucen, Salz und Zucker abschmecken.

5. Stärke mit 5 Esslöffeln Wasser verrühren und in die Suppe einrühren. Suppe nochmals kurz aufkochen lassen. Eier verschlagen und in die noch kochende Suppe einrühren. Die Suppe mit Sesamöl servieren.

Süßes Streuselbrot

Gefriergeeignet

15 Stücke

Pro Stück: E: 4,1 g, F: 8,4 g, Kh: 36,5 g, kJ: 1017, kcal: 243, BE: 3,0

Für die Streusel:

150 g Weizenmehl
70 g Zucker
100 g weiche Butter

Für den Hefeteig:

300 g Weizenmehl
1 Pck. Hefeteig Garant
30 g Zucker
1 Pck. Dr. Oetker Vanillin-Zucker
1 Prise Salz
1 Ei (Größe M)
125 ml (1/8 l) fettarme Milch (1,5 % Fett)
30 g weiche Butter oder Margarine

Zum Bestreichen:

150 g rote Konfitüre (z. B. Erdbeerkonfitüre)
2 EL Milch

Zubereitungszeit: 35 Minuten, ohne Teiggehzeit
Backzeit: etwa 35 Minuten

1. Für die Streusel Mehl, Zucker und Butter in eine Rührschüssel geben. Die Zutaten mit Handrührgerät mit Rührbesen zunächst kurz auf niedrigster, dann auf höchster Stufe zu feinen Streuseln verarbeiten.

2. Für den Teig Mehl in einer Rührschüssel mit Hefeteig Garant sorgfältig vermischen. Zucker, Vanillin-Zucker, Salz, Ei, Milch und Butter oder Margarine hinzufügen. Die Zutaten mit Handrührgerät mit Knethaken zunächst kurz auf niedrigster, dann auf höchster Stufe in etwa 2 Minuten zu einem glatten Teig verarbeiten

3. Den Hefeteig leicht mit Mehl bestäuben, aus der Schüssel nehmen, auf der leicht bemehlten Arbeitsfläche nochmals kurz durchkneten und zu einem Rechteck (etwa 25 x 40 cm) ausrollen. Die Konfitüre glatt rühren, auf den Teig streichen, dabei rundherum einen etwa 2 cm breiten Rand frei lassen. Die Hälfte der Streusel darauf verteilen.

4. Den Teig von der langen Seite aus aufrollen und mit der Naht nach unten in eine Kastenform (25 x 11 cm, gefettet) legen. Den Teiglaib mit Milch bestreichen, mit den restlichen Streuseln bestreuen und zugedeckt etwa 15 Minuten gehen lassen.

5. Den Backofen vorheizen.
Ober-/Unterhitze: etwa 180 °C
Heißluft: etwa 160 °C

6. Die Form auf dem Rost im unteren Drittel in den vorgeheizten Backofen schieben. Das Streuselbrot etwa 35 Minuten backen.

7. Das Streuselbrot etwa 5 Minuten in der Form auf einem Kuchenrost abkühlen lassen. Dann das Streuselbrot auf den Kuchenrost stürzen, wieder umdrehen und erkalten lassen.

Tipp: Wer auf die Konfitüre verzichten möchte, bestreicht den Teig mit 30 g zerlassener Butter und verteilt darauf die Hälfte der Streusel (pro Stück: E: 4,1 g, F: 10,0 g, Kh: 30,0 g, kJ: 968, kcal: 231, BE: 2,5).

Süßkartoffeln mit Chili aus dem Wok | Vegetarisch

4 Portionen

Pro Portion: E: 4,0 g, F: 11,2 g, Kh: 49,9 g, kJ: 1346, kcal: 321, BE: 4,0

1 kg rotfleischige Süßkartoffeln
2 Knoblauchzehen
2 Chilischoten
4 große Schalotten (etwa 110 g)

4 EL Erdnussöl (40 g)
Salz
½ Bund Koriander

Zubereitungszeit: 25 Minuten

1. Süßkartoffeln schälen, abspülen und in etwa 1 cm große Würfel schneiden. Knoblauch abziehen und fein würfeln. Chilischoten entstielen, entkernen, abspülen, abtropfen lassen und in feine Ringe schneiden. Schalotten abziehen und in Ringe schneiden.

2. Erdnussöl in einem Wok oder einer großen Pfanne erhitzen. Die Kartoffelwürfel darin unter Wenden langsam braten. Nach etwa 5 Minuten Knoblauch, Chili, Schalotten und etwas Salz hinzufügen, alles weitere 6–8 Minuten unter Rühren fertig braten.

3. Koriander abspülen und trocken tupfen. Die Blättchen von den Stängeln zupfen, fein schneiden, unter die Kartoffeln heben und alles servieren.

Tipp: Rote Süßkartoffeln sind äußerlich von den weißen, aber eher mehligen Süßkartoffeln kaum zu unterscheiden. Fragen Sie im Zweifel Ihren Gemüsehändler.

Süßkartoffelsuppe mit Backobst und Bacon | Raffiniert

4 Portionen

Pro Portion: E: 5,3 g, F: 8,1 g, Kh: 29,6 g, kJ: 912, kcal: 218, BE: 2,5

100 g	*Zwiebeln*
20 g	*frischer Ingwer*
300 g	*Süßkartoffeln*
8	*Pimentkörner*
5	*Wacholderbeeren*
30 g	*Butter*
150 ml	*Möhrensaft*
100 ml	*Orangensaft*
500 ml (1/2 l)	*Geflügelbrühe*
	Salz
40 g	*Meerrettichwurzel*
1/2 Bund	*Schnittlauch*
50 g	*gemischtes Backobst*
4 Scheiben	*Bacon (Frühstücksspeck)*
je 1 TL	*fein abgeriebene Bio-Orangen- und -Zitronenschale (unbehandelt, ungewachst)*

Zubereitungszeit: 25 Minuten
Garzeit: etwa 20 Minuten

1. Zwiebeln abziehen. Ingwer schälen. Zwiebeln und Ingwer in kleine Würfel schneiden.

2. Süßkartoffeln dick schälen, abspülen, abtropfen lassen und in grobe Würfel schneiden. Pimentkörner und Wacholderbeeren grob zerstoßen.

3. Butter in einem Topf zerlassen. Die vorbereiteten Zutaten darin kräftig unter Rühren andünsten. Möhren-, Orangensaft und Brühe hinzugießen, mit Salz würzen.

4. Die Zutaten zum Kochen bringen und etwa 20 Minuten ohne Deckel kochen lassen.

5. Den Meerrettich schälen, abspülen und abtropfen lassen. Schnittlauch abspülen, trocken tupfen und in feine Röllchen schneiden. Backobst in kleine Würfel schneiden.

6. Die Baconscheiben nebeneinander in einer erwärmten Pfanne von beiden Seiten knusprig ausbraten, herausnehmen und auf Küchenpapier abtropfen lassen.

7. Die Suppe fein pürieren und anschließend durch ein feines Sieb in einen Topf gießen. Die Rückstände im Sieb gut ausdrücken. Orangen- und Zitronenschale unterrühren. Die Suppe evtl. nochmals mit Salz abschmecken.

8. Die Suppe nochmals erhitzen. Backobstwürfel hineingeben. Die Suppe anrichten. Meerrettich daraufreiben und mit Schnittlauchröllchen bestreuen. Baconscheiben dazureichen.

Thaispargel mit Rindfleisch im Wok | Für Gäste

4 Portionen

Pro Portion: E: 28,1 g, F: 14,7 g, Kh: 18,7 g, kJ: 1347, kcal: 322, BE: 1,5

400 g Rinderhüftsteak
1 ½ EL Speisestärke (etwa 10 g)
2 EL Sojasauce (20 g)
1 gestr. TL Dr. Oetker Backin
2–3 EL Sesamöl (20–30 g)

2 rote Chilischoten
3 Ananasscheiben (aus der Dose)
12 Maiskölbchen (aus dem Glas)
1 rote Paprikaschote (etwa 200 g)
300 g frischer Thai- oder Wildspargel

6 EL Kokosmilch (aus der Dose)
10 EL Gemüse- oder Fleischbrühe
frisch gemahlener Pfeffer

2–3 Stängel Koriander
evtl. Salz

10 g geröstete Kokosraspel oder gehobelte, geröstete Kokosnuss

Zubereitungszeit: 30 Minuten, ohne Marinierzeit

1. Das Fleisch unter fließendem kalten Wasser abspülen und trocken tupfen. Das Fleisch quer zur Faser zuerst in Scheiben, dann in feine Streifen schneiden. Fleischstreifen mit Speisestärke, 2 Esslöffeln Sojasauce, Backpulver und 2 Esslöffeln Sesamöl vermengen, zugedeckt etwa 1 Stunde in den Kühlschrank stellen.

2. Chilischoten abspülen, abtrocknen, längs halbieren und entkernen. Die Chilischoten in Würfel schneiden. Ananascheiben in einem Sieb abtropfen lassen und vierteln. Maiskölbchen ebenfalls abtropfen lassen, evtl. halbieren.

3. Paprikaschote halbieren, entstielen, entkernen und die weißen Scheidewände entfernen. Schote abspülen, abtropfen lassen und in kleine Würfel schneiden. Von dem Thai- oder Wildspargel die unteren Enden abschneiden. Spargel abspülen, abtropfen lassen und nach Belieben in längere Stücke schneiden.

4. Restliches Sesamöl in einem Wok erhitzen. Fleischstreifen darin unter Rühren anbraten, dann am Wokrand hochschieben oder herausnehmen und warm halten.

5. Chili-, Paprikawürfel, Ananas, Spargel und Maiskölbchen in den Wok geben. Die Zutaten ebenfalls kurz anbraten.

6. Kokosmilch, Brühe, restliche Sojasauce und Pfeffer mit den Fleischstreifen unterrühren, nochmals kurz erhitzen.

7. Koriander abspülen und trocken tupfen. Die Blättchen von den Stängeln zupfen. Das Wokgericht evtl. mit etwas Salz abschmecken, mit Korianderblättchen garnieren und mit Kokosraspeln oder -hobeln bestreut servieren.

Tipps: Dazu nach Belieben zusätzlich Basmatireis in ½ Kokosnuss servieren. Pro Person jeweils 50 g einplanen (zusätzlich pro Portion: E: 4,3 g, F: 0,3 g, Kh: 38,0 g, kJ: 731, kcal: 172, BE: 3,0). Wenn Sie keinen Thaispargel bekommen, können Sie auch dünnen grünen Spargel verwenden.

Tigerrolle | Für Kinder

16 Stücke

Pro Stück: E: 3,7 g, F: 2,9 g, Kh: 18,4 g, kJ: 485, kcal: 116, BE: 1,5

Für den Biskuitteig:

3 Eier (Größe M)
100 g Zucker
1 Pck. Dr. Oetker Vanillin-Zucker
½ Pck. Dr. Oetker Finesse Geriebene Zitronenschale
100 g Weizenmehl
¼ TL Dr. Oetker Backin

1 TL gesiebtes Kakaopulver

Für die Füllung:

6 Blatt weiße Gelatine
1 Dose Pfirsichhälften (Abtropfgewicht 250 g)
2 EL Zitronensaft
150 ml Multivitaminsaft
200 g fettreduzierter Frischkäse mit Joghurt (13 % Fett)
40 g gesiebter Puderzucker

Zubereitungszeit: 40 Minuten, ohne Kühlzeit
Backzeit: 10–15 Minuten

1. Den Backofen vorheizen.
Ober-/Unterhitze: etwa 200 °C
Heißluft: etwa 180 °C

2. Für den Teig Eier mit Handrührgerät mit Rührbesen auf höchster Stufe in etwa 1 Minute schaumig schlagen. Zucker mit Vanillin-Zucker und Zitronenschale mischen, in etwa 1 Minute einstreuen, die Masse dann noch etwa 2 Minuten weiterschlagen.

3. Mehl mit Backpulver mischen, auf die Eiercreme geben, kurz auf niedrigster Stufe unterrühren. Für den dunklen Teig ein Drittel des Teiges abnehmen und Kakaopulver kurz unterrühren.

4. Den dunklen Teig mit einem Esslöffel in unregelmäßigen Querstreifen auf ein Backblech (30 x 40 cm, gefettet, mit Backpapier belegt) geben. Hellen Teig in die Teigzwischenräume geben und mit einer Teigkarte vorsichtig glatt streichen. Heller und dunkler Teig sollen das Muster eines Tigerfells ergeben.

5. Das Backblech auf mittlerer Einschubleiste in den vorgeheizten Backofen schieben. Die Biskuitplatte 10–12 Minuten backen.

6. Biskuitplatte 3–5 Minuten nach dem Backen mit dem Backpapier von der langen Seite aus aufrollen und auf einem Kuchenrost erkalten lassen.

7. Für die Füllung Gelatine nach Packungsanleitung in kaltem Wasser einweichen.

8. Pfirsichhälften in einem Sieb gut abtropfen lassen. Pfirsiche fein würfeln.

9. Gelatine leicht ausdrücken und mit Zitronensaft in einem kleinen Topf unter Rühren bei schwacher Hitze erwärmen, bis sie völlig gelöst ist.

10. Zuerst die Hälfte des Multivitaminsaftes unterrühren, dann mit dem restlichen Multivitaminsaft verrühren. Die Saft-Gelatine-Mischung in den Kühlschrank stellen.

11. Frischkäse und Puderzucker mit Handrührgerät mit Rührbesen auf höchster Stufe kurz aufschlagen.

12. Sobald die Saft-Gelatine-Mischung anfängt dicklich zu werden, Frischkäse unterrühren und die Pfirsichwürfel unterheben.

13. Biskuitrolle vorsichtig abrollen. Die Füllung auf der Biskuitplatte verstreichen, dabei an den kurzen Seiten und an der oberen langen Seite einen Rand frei lassen.

14. Die Biskuitplatte von der längeren Seite mithilfe des Backpapiers aufrollen und dabei das Backpapier gleichzeitig lösen. Tigerrolle mindestens 2 Stunden in den Kühlschrank stellen und vor dem Servieren in Scheiben einteilen.

Tipps: Nach Belieben mit Minzeblättchen garnieren. Im Kühlschrank hält die Tigerrolle 2–3 Tage frisch.

Tiramisu-Rolle | Für Gäste

16 Stücke

Pro Stück: E: 6,9 g, F: 5,0 g, Kh: 18,7 g, kJ: 623, kcal: 149, BE: 1,5

Für den Biskuitteig:

4 Eier (Größe M)
1 Eigelb (Größe M)
65 g Zucker
1 Pck. Dr. Oetker Vanillin-Zucker
80 g Weizenmehl
1 Msp. Dr. Oetker Backin
1 geh. EL Kakaopulver
1 Portionstütchen Espressopulver (2 g)

Für die Füllung:

200 g fettreduzierter Frischkäse mit Joghurt (13 % Fett)
250 ml (1/4 l) fettarme Milch (1,5 % Fett)
250 g Magerquark
2 Pck. Tiramisu (Cremepulver)

1 geh. EL Puderzucker
2 TL Kakaopulver

Außerdem:

etwa 1 EL Zucker zum Stürzen

Zubereitungszeit: 30 Minuten, ohne Kühlzeit
Backzeit: etwa 10 Minuten

1. Den Backofen vorheizen.
Ober-/Unterhitze: etwa 200 °C
Heißluft: etwa 180 °C

2. Für den Teig Eier und Eigelb mit Handrührgerät mit Rührbesen auf höchster Stufe in etwa 1 Minute schaumig schlagen. Zucker und Vanillin-Zucker mischen, in etwa 1 Minute einstreuen, dann noch etwa 2 Minuten weiterschlagen.

3. Mehl mit Backpulver, Kakao und Espressopulver mischen, auf die Eiercreme geben und kurz auf niedrigster Stufe unterrühren. Den Teig auf ein Backblech (30 x 40 cm, gefettet, mit Backpapier belegt) geben und glatt streichen. Das Backblech im unteren Drittel in den vorgeheizten Backofen schieben. Die Biskuitplatte etwa 10 Minuten backen.

4. Die Biskuitplatte sofort nach dem Backen vom Rand lösen, auf mit Zucker bestreutes Backpapier stürzen und mit dem Backpapier erkalten lassen.

5. Für die Füllung Frischkäse mit Milch und Quark in einen mit heißem Wasser ausgespülten Rührbecher geben und glatt rühren. Cremepulver hinzufügen und mit Handrührgerät mit Rührbesen zunächst kurz auf niedrigster, dann auf höchster Stufe in etwa 3 Minuten aufschlagen.

6. Das mitgebackene Backpapier vorsichtig von der Biskuitplatte abziehen. Die Biskuitplatte gleichmäßig mit der Creme bestreichen, dabei an den kurzen Seiten und an der oberen langen Seite einen Rand frei lassen. Die Biskuitplatte von der langen Seite aus mithilfe des Backpapiers aufrollen, dabei das Backpapier gleichzeitig lösen. Die Biskuitrolle mindestens 1 Stunde in den Kühlschrank stellen.

7. Die Tiramisu-Rolle vor dem Servieren mit Puderzucker bestäuben. Anschließend Kakao in Querstreifen daraufstäuben.

Tomaten mit Reis-Hack-Füllung I

Beliebt

4 Portionen

Pro Portion: E: 23,4 g, F: 15,9 g, Kh: 44,9 g, kJ: 1764, kcal: 418, BE: 3,0

8 große Tomaten (je etwa 125 g)
Salz
frisch gemahlener Pfeffer
1 Zwiebel (65 g)
1 TL Speiseöl (z. B. Sonnenblumenöl, 4 g)
350 g Gehacktes vom Rind
Paprikapulver edelsüß
1 Knoblauchzehe
200 g Basmatireis
1 geh. TL TK-Petersilie

Zubereitungszeit: 30 Minuten
Grillzeit: etwa 12 Minuten

1. Tomaten abspülen und trocken tupfen. Von den Tomaten jeweils einen Deckel abschneiden und beiseitelegen. Das Fruchtfleisch vorsichtig mit einem Teelöffel auslösen. Das Fruchtfleisch etwas kleiner schneiden und in eine Schüssel geben.

2. Die ausgehöhlten Tomaten innen mit etwas Salz und Pfeffer bestreuen.

3. Die Zwiebel abziehen und fein würfeln. Öl in einer Pfanne erhitzen. Die Zwiebelwürfel darin andünsten. Gehacktes hinzufügen und unter Rühren darin anbraten, dabei die Klümpchen zerdrücken. Gehacktes mit Salz, Pfeffer und Paprika würzen. Knoblauch abziehen, durch die Knoblauchpresse drücken und unterrühren.

4. Tomatenfruchtfleisch unterrühren und das Ganze etwa 5 Minuten unter gelegentlichem Rühren bei mittlerer Hitze ohne Deckel einkochen lassen, bis die Flüssigkeit verdampft ist.

5. In der Zwischenzeit Basmatireis nach Packungsanleitung zubereiten. Den Backofengrill vorheizen (auf etwa 240 °C).

6. Fertig gegarten Reis abgießen. 2 Esslöffel Reis davon abnehmen und mit der Petersilie unter die Gehacktesmasse rühren. Die Gehacktesmasse mit den Gewürzen abschmecken. Restlichen Reis zugedeckt warm stellen.

7. Die Gehacktesmasse in die ausgehöhlten Tomaten füllen und die Tomatendeckel darauflegen. Tomaten in eine Auflaufform (gefettet) setzen. Die Form auf dem Rost auf mittlerer Einschubleiste unter den vorgeheizten Backofengrill schieben. Die Tomaten etwa 12 Minuten grillen.

8. Die gegrillten Tomaten mit Reis auf Tellern anrichten und servieren.

Tipps: Nach Belieben vor dem Servieren etwas Petersilie über die Tomatendeckel streuen. Wenn Sie keinen Backofengrill haben, die gefüllten Tomaten bei Ober-/Unterhitze: etwa 220 °C (Heißluft: etwa 200 °C) im vorgeheizten Backofen 10–13 Minuten garen.

Tomatenfisch auf Gurkengemüse

Raffiniert

4 Portionen

Pro Portion: E: 29,3 g, F: 10,8 g, Kh: 4,7 g, kJ: 995, kcal: 237, BE: 0,0

4 Pangasius- oder Seelachsfilets (je etwa 150 g)
1 Zwiebel (65 g)
1 Knoblauchzehe
2 Tomaten (etwa 200 g)
2 Salatgurken (etwa 800 g)
2 EL Speiseöl (z. B. Sonnenblumenöl, 20 g)
Salz
frisch gemahlener Pfeffer
40 g geriebener Parmesan-Käse
einige Dillspitzen

Außerdem:

1 Stück Bratschlauch (etwa 60 cm)

Zubereitungszeit: 25 Minuten
Garzeit: etwa 20 Minuten

1. Filets unter fließendem kalten Wasser abspülen und trocken tupfen. Zwiebel und Knoblauch abziehen, fein würfeln. Tomaten abspülen, abtrocknen und die Stängelansätze herausschneiden. Tomaten in Scheiben schneiden.

2. Gurken schälen oder abspülen und abtrocknen, die Enden abschneiden. Gurken längs halbieren. Kerne mit einem Teelöffel herausschaben. Gurken in schmale Streifen schneiden.

3. Den Backofen vorheizen.
Ober-/Unterhitze: etwa 200 °C
Heißluft: etwa 180 °C

4. Öl in einem Topf erhitzen. Zwiebel- und Knoblauchwürfel darin andünsten. Gurkenstreifen hinzufügen, kurz mitdünsten, dabei ab und zu umrühren. Gurkengemüse mit Salz und Pfeffer würzen.

5. Dann den Bratschlauch an einer Seite verschließen (Packungsanleitung beachten) und auf ein Backblech legen. Gurkengemüse in den Bratschlauch legen. Die Fischfilets mit Salz und Pfeffer würzen, auf das Gemüse legen. Die Tomatenscheiben darauf verteilen und mit Käse bestreuen.

6. Zweite Seite des Bratschlauchs fest verschließen und nach Packungsanleitung einschneiden. Das Backblech im unteren Drittel in den vorgeheizten Backofen schieben. Den Tomatenfisch mit dem Gurkengemüse etwa 20 Minuten garen, bis der Fisch gar und der Käse zerlaufen ist.

7. Dillspitzen abspülen und trocken tupfen. Den Bratschlauch vorsichtig aufschneiden. Den Tomatenfisch auf Gurkengemüse anrichten und mit Dill bestreut servieren.

Beilagen: Dazu können Sie etwa 250 g frisches Baguette (zusätzlich pro Portion: E: 4,6 g, F: 0,8 g, Kh: 31,7 g, kJ: 649, kcal: 155, BE: 2,5) oder 750 g Salzkartoffeln (zusätzlich pro Portion: E: 3,7 g, F: 0,2 g, Kh: 26,7 g, kJ: 538, kcal: 129, BE: 2,0) reichen.

Tipps: Wer keine Extra-Beilage reichen möchte, bereitet einfach mehr Gurkengemüse zu. Dann insgesamt 3 Salatgurken (etwa 1,2 kg, pro Portion: E: 29,7 g, F: 11,0 g, Kh: 5,9 g, kJ: 1031, kcal: 246, BE: 0,0) zubereiten. Beim Garen im Bratschlauch können Sie fast ganz auf Fett verzichten, trotzdem gart alles aromatisch und saftig.

Tomatenfisch auf Mangold

Raffiniert

4 Portionen

Pro Portion: E: 37,6 g, F: 10,2 g, Kh: 9,5 g, kJ: 1217, kcal: 292, BE: 0,0

4	*Seelachs- oder Tilapiafilets (je etwa 150 g)*
	Saft von
1	*Zitrone*
1 1/4 kg	*Mangold*
1–2	*Knoblauchzehen*
1–2 EL	*Olivenöl (10–20 g)*
	Salz
	frisch gemahlener Pfeffer
2	*große Tomaten (250 g)*
50 g	*geriebener Parmesan-Käse*

Außerdem:

1 Stück	*Bratschlauch (etwa 60 cm)*

Zubereitungszeit: 25 Minuten
Garzeit: 25–30 Minuten

1. Die Fischfilets unter fließendem kalten Wasser abspülen und trocken tupfen. Die Filets mit Zitronensaft beträufeln.

2. Mangold putzen, gründlich waschen und abtropfen lassen. Stängel von den Blättern schneiden. Die Blätter in grobe Streifen schneiden. Die Stängel in Streifen schneiden.

3. Knoblauch abziehen und durch eine Knoblauchpresse drücken.

4. Öl in einem Topf erhitzen. Mangoldstiele und Knoblauch unter Rühren darin etwa 5 Minuten andünsten, dann die Blätterstreifen unterrühren und kurz mitdünsten. Mangold mit Salz und Pfeffer würzen.

5. Tomaten abspülen, abtrocknen, halbieren und die Stängelansätze herausschneiden. Tomaten in Scheiben schneiden.

6. Den Backofen vorheizen.
Ober-/Unterhitze: etwa 200 °C
Heißluft: etwa 180 °C

7. Dann den Bratschlauch an einer Seite verschließen (Packungsanleitung beachten) und auf ein Backblech legen. Mangold in den Bratschlauch füllen. Die Fischfilets mit Salz und Pfeffer würzen, auf dem Mangold verteilen. Tomatenscheiben darauflegen und mit Käse bestreuen. Zweite Seite des Bratschlauchs fest verschließen und nach Packungsanleitung einschneiden.

8. Das Backblech im unteren Drittel in den vorgeheizten Backofen schieben. Tomatenfisch auf Mangold 25–30 Minuten garen.

9. Bratschlauch vom Backblech nehmen und vorsichtig aufschneiden. Gemüse und Fischfilets auf Tellern anrichten und servieren.

Tomatensalat nach korsischer Art | Einfach

4 Portionen

Pro Portion: E: 2,8 g, F: 12,4 g, Kh: 7,8 g, kJ: 658, kcal: 156, BE: 0,0

4 Fleischtomaten (etwa 800 g)
2 Zwiebeln (etwa 130 g)
4 Knoblauchzehen
½ Bund glatte Petersilie
2 EL Kapern (etwa 30 g)
10 schwarze Oliven ohne Stein (etwa 50 g)
3 EL Olivenöl (30 g)
Salz
frisch gemahlener Pfeffer

Zubereitungszeit: 20 Minuten

1. Tomaten abspülen, abtrocknen, halbieren und die Stängelansätze herausschneiden. Tomaten in Scheiben schneiden und auf einer Platte anrichten.

2. Zwiebeln abziehen und fein würfeln, Knoblauch abziehen und fein würfeln oder in dünne Scheiben schneiden.

3. Petersilie abspülen, trocken tupfen und die Blättchen von den Stängeln zupfen. Die Blättchen hacken. Kapern und Oliven abtropfen lassen.

4. Zwiebeln und Knoblauch mit Petersilie, Kapern und Oliven auf die Tomatenscheiben geben. Das Ganze mit Olivenöl beträufeln und mit Salz und Pfeffer bestreuen.

Beilage: Dazu können Sie etwa 250 g frisches Baguette (zusätzlich pro Portion: E: 4,6 g, F: 0,8 g, Kh: 31,7 g, kJ: 649, kcal: 155, BE: 2,5) reichen.

Tomatensuppe | Beliebt

4 Portionen

Pro Portion: E: 4,2 g, F: 7,2 g, Kh: 11,8 g, kJ: 554, kcal: 131, BE: 0,0

1 1/2 kg	*Fleischtomaten*
2	*Zwiebeln (130 g)*
1	*Knoblauchzehe*
2–3 EL	*Olivenöl (20–30 g)*
500 ml (1/2 l)	*Gemüsebrühe*
1 Prise	*Zucker*
	Salz, frisch gemahlener Pfeffer
1/4 TL	*Cayennepfeffer*
1	*Lorbeerblatt*

Zubereitungszeit: 20 Minuten
Garzeit: etwa 15 Minuten

1. Tomaten abspülen, abtropfen lassen, vierteln und die Stängelansätze herausschneiden. Die Tomaten in Stücke schneiden.

2. Zwiebeln und Knoblauch abziehen. Zwiebeln fein würfeln. Knoblauchzehen zerdrücken oder ebenfalls fein würfeln.

3. Öl in einem Topf erhitzen. Zwiebelwürfel und Knoblauch darin andünsten. Tomatenstücke hinzufügen und mit andünsten.

4. Gemüsebrühe, Zucker, Salz, Pfeffer, Cayennepfeffer und Lorbeerblatt hinzufügen, wieder zum Kochen bringen und etwa 15 Minuten bei schwacher Hitze zugedeckt kochen. Anschließend das Lorbeerblatt herausnehmen.

5. Die Suppe mit dem Pürierstab pürieren. Die Suppe nochmals aufkochen lassen und mit den Gewürzen abschmecken.

Tipp: Soll die Tomatensuppe besonders fein werden, die Suppe nicht pürieren, sondern durch ein Sieb streichen oder die Tomaten vorher enthäuten und entkernen.

Toskana-Kartoffel-Salat

Einfach

4 Portionen

Pro Portion: E: 7,5 g, F: 14,4 g, Kh: 28,7 g, kJ: 1169, kcal: 281, BE: 2,5

Für die Sauce:

175 ml heiße Gemüsebrühe
3–3 ½ EL Zitronensaft
2 ½ EL Olivenöl (25 g)
Salz, frisch gemahlener Pfeffer
1 Prise Zucker

Für den Salat:

750 g gegarte, mittelgroße Pellkartoffeln (z. B. vom Vortag)
300 g gemischte Antipasti (z. B. Paprika, Tomaten, Zucchini, Zwiebeln, aus dem Kühlregal oder aus der Kühltheke)

Zum Bestreuen:

etwa 6 Stängel Basilikum
40 g frisch geraspelter Parmesan-Käse

Zubereitungszeit: 20 Minuten, ohne Durchziehzeit

1. Für die Sauce Brühe mit Zitronensaft in einer großen Salatschüssel verrühren. Olivenöl unterschlagen. Sauce mit Salz, Pfeffer und Zucker würzen.

2. Pellkartoffeln pellen, in Spalten schneiden und unter die Sauce mischen. Den Salat etwa 5 Minuten durchziehen lassen, dabei gelegentlich umrühren.

3. Antipasti-Gemüse in einem Sieb abtropfen lassen. Größere Stücke evtl. klein schneiden. Antipasti-Gemüse unter den Kartoffelsalat heben. Salat mit Salz und Pfeffer abschmecken.

4. Basilikum abspülen und trocken tupfen. Die Blättchen von den Stängeln zupfen. Blättchen evtl. in grobe Streifen schneiden. Den Salat mit geraspeltem Parmesan-Käse und Basilikum bestreuen.

Tipps: Zum Mitnehmen den Salat und Käse getrennt verpacken. Die Pellkartoffeln am Vortag garen, abgießen und kalt stellen. Wer es besonders eilig hat, kann auch vorgegarte Pellkartoffeln aus dem Kühlregal nehmen.

Einkaufstipp: Für Pellkartoffeln eignen sich am besten vorwiegend festkochende oder festkochende Kartoffelsorten.

Rezeptvariante: Für einen **Bohnen-Kartoffel-Salat** (pro Portion: E: 8,7 g, F: 10,1 g, Kh: 27,5 g, kJ: 1012, kcal: 242, BE: 2,5). statt der gemischten Antipasti die gleiche Menge TK-Brechbohnen verwenden. Dann zuerst die Bohnen nach Packungsanleitung garen, abgießen und etwas abkühlen lassen.

Vanille-Kirsch-Quark

Für Kinder

4 Portionen

Pro Portion: E: 17,9 g, F: 1,2 g, Kh: 38,3 g, kJ: 1042, kcal: 250, BE: 3,0

370 g	*Sauerkirschen (aus dem Glas)*
250 ml (1/4 l)	*Kirschsaft aus dem Glas*
2 TL	*Speisestärke (etwa 6 g)*
1–2 EL	*Zucker (10–20 g)*
500 g	*Magerquark*
4 EL	*fettarme Milch (1,5 % Fett)*
4 EL	*Zitronensaft*
2 EL	*Puderzucker (etwa 8 g)*
1 Pck.	*Dr. Oetker Bourbon-Vanillin-Zucker*

Zubereitungszeit: 25 Minuten, ohne Abkühlzeit

1. Kirschen in einem Sieb abtropfen lassen, dabei die Flüssigkeit auffangen und 250 ml (1/4 l) Fruchtsaft abmessen, evtl. mit Wasser auffüllen.

2. 4 Esslöffel von der abgemessenen Flüssigkeit abnehmen und mit der Speisestärke verrühren. Restlichen Saft bzw. die Saft-Wasser-Mischung mit Zucker in einen Topf geben, auf höchster Stufe unter Rühren kurz aufkochen lassen.

3. Angerührte Stärke unter Rühren dazugeben und unter Rühren nochmals aufkochen lassen. Kirschen dazugeben und alles etwa 1/2 Minute köcheln lassen. Kompott in eine Schüssel umfüllen und auskühlen lassen.

4. Quark, Milch, Zitronensaft, Puderzucker und Vanille-Zucker verrühren. Quarkcreme und Kirschkompott im Wechsel in Dessertgläser schichten und sofort servieren.

Vollkornbrot „rot-grün“ I

Zum Mitnehmen

2 Portionen

Pro Portion: E: 9,1 g, F: 5,4 g, Kh: 37,9 g, kJ: 1006, kcal: 241, BE: 3,0

4 Scheiben Vollkornbrot mit Sonnenblumenkernen (je etwa 45 g)
2 EL fettreduzierter Frischkäse mit Joghurt (13 % Fett)
2 große Salatblätter
2 Möhren (je 100 g)

Zubereitungszeit: 10 Minuten

1. Brote mit Frischkäse bestreichen. Die Salatblätter waschen, trocken tupfen und auf je 1 Frischkäsebrot legen.

2. Die Möhren putzen, schälen, abspülen, abtropfen lassen und der Länge nach in dünne Scheiben schneiden. Möhrenscheiben auf den Salatblättern anrichten und mit den restlichen bestrichenen Brotscheiben bedecken.

Tipp: Die Möhren lassen sich am besten mit einem Sparschäler in dünne Scheiben schneiden.

Vollkornbrote zum Mitnehmen |

Einfach

je 2 Portionen

Lachsbrot mit Gurke

(im Foto vorn)

Pro Portion: E: 21,8 g, F: 7,0 g, Kh: 44,3 g, kJ: 1389, kcal: 332, BE: 3,5

1 kleiner Apfel (etwa 150 g, möglichst mit roter Schale)
100 g Salatgurke
4 Salatblätter (z. B. Kopf- oder Eichblattsalat)
4 Scheiben Vollkornbrot (je 45 g)
2 geh. TL geriebener Meerrettich (aus dem Glas, etwa 16 g)
150 g Räucherlachs in Scheiben
1–2 Stängel Dill
frisch gemahlener Pfeffer

Zubereitungszeit: 10 Minuten

1. Apfel, Gurke und Salatblätter abspülen und trocken tupfen. Apfel vierteln, entkernen und in dünne Spalten schneiden. Gurke in dünne Scheiben schneiden.

2. Brotscheiben mit Meerrettich bestreichen. 2 bestrichene Brotscheiben mit Salatblättern, Lachsscheiben, Apfelspalten und Gurkenscheiben belegen.

3. Dill abspülen, trocken tupfen und die Spitzen von den Stängeln zupfen, grob hacken. Brote mit Dill und Pfeffer bestreuen, mit den restlichen Brotscheiben zudecken.

Tipp: Wer den typischen scharfen Meerrettichgeschmack nicht mag, kann die Brote mit 2 gehäuften Teelöffeln (etwa 15 g) Joghurt-Salat-Creme (pro Portion: E: 21,7 g, F: 8,6 g, Kh: 44,5 g, kJ: 1451, kcal: 347, BE: 3,5) bestreichen.

Ernährungstipp: Vollkornbrot ist Broten aus Weiß- oder Auszugsmehl vorzuziehen, da es durch seinen höheren Gehalt an Ballast- und Mineralstoffen zu einer gesunden Ernährung beiträgt.

Forellenfilet in Vollkornbrot

(im Foto hinten)

Pro Portion: E: 21,1 g, F: 4,0 g, Kh: 36,9 g, kJ: 1155, kcal: 276, BE: 3,0

2 Salatblätter (z. B. Kopf- oder Römersalat)
2 geräucherte Forellenfilets (je 60–70 g)
2 große Gewürzgurken (je 100 g)
4 Scheiben Vollkornbrot (je 45 g)
2 geh. TL geriebener Meerrettich (aus dem Glas, etwa 16 g)
frisch gemahlener Pfeffer

Zubereitungszeit: 5 Minuten

1. Salatblätter waschen und trocken tupfen. Forellenfilets in Stücke teilen. Die Gewürzgurken längs in 3–4 Scheiben schneiden.

2. Brotscheiben dünn mit Meerrettich bestreichen. 2 bestrichene Brotscheiben mit Salatblättern, Fischfiletstücken und Gurkenscheiben belegen. Alles mit Pfeffer bestreuen und mit den restlichen Brotscheiben zudecken, leicht andrücken.

Rezeptvariante: Für **Makrelenfilet in Vollkornbrot** (pro Portion: E: 19,9 g, F: 9,8 g, Kh: 36,9 g, kJ: 1351, kcal: 323, BE: 3,0) statt geräuchertem Forellenfilet die gleiche Menge geräucherte Makrele verwenden. Makrelenfilet ist zwar fetter als Forelle, enthält dafür aber mehr ungesättigte Fettsäuren.

Waldmeistertörtchen | Für Kinder

12 Stück

Pro Stück: E: 2,3 g, F: 7,8 g, Kh: 14,0 g, kJ: 568, kcal: 136, BE: 1,0

Für den All-in-Teig:

65 g *Weizenmehl*
1 TL *Dr. Oetker Backin*
60 g *Zucker*
½ Pck. *Dr. Oetker Vanillin-Zucker*
2 *Eier (Größe M)*
1½ EL *Speiseöl (z. B. Sonnenblumenöl, 15 g)*
knapp 1 EL *Obstessig (etwa 10 g)*

20 g *Haselnuss-Krokant*

Für die Creme:

200 g *Schlagsahne*
1 Pck. *Sahnesteif*
½ TL *Zucker*
½ Pck. *Dr. Oetker Vanillin-Zucker*
125 g *Götterspeise Waldmeister-Geschmack (aus dem Kühlregal)*

Außerdem:

12 *Muffin-Papier-Backförmchen*

Zubereitungszeit: 15 Minuten, ohne Abkühlzeit
Backzeit: etwa 15 Minuten

1. Den Backofen vorheizen.
Ober-/Unterhitze: etwa 180 °C
Heißluft: etwa 160 °C

2. Für den Teig das Mehl mit dem Backpulver in einer Rührschüssel gut vermischen. Zucker, Vanillin-Zucker, Eier, Speiseöl und Obstessig hinzufügen und alles mit Handrührgerät mit Rührbesen erst kurz auf niedrigster, dann auf höchster Stufe in etwa 2 Minuten zu einem glatten Teig verarbeiten.

3. Teig gleichmäßig in einer Muffinform (für 12 Muffins, mit Papierbackförmchen ausgelegt) verteilen, etwas glatt streichen und mit Haselnuss-Krokant bestreuen.

4. Die Form auf dem Rost auf mittlerer Einschubleiste in den vorgeheizten Backofen schieben. Die Törtchen etwa 15 Minuten backen.

5. Nach dem Backen die Form auf einen Kuchenrost stellen und die Gebäckböden etwas abkühlen lassen. Dann die Gebäckböden mit den Papierförmchen aus der Form nehmen und auf einem Kuchenrost erkalten lassen.

6. Für die Creme Sahne mit Sahnesteif, Zucker und Vanillin-Zucker steif schlagen. Götterspeise mit einem Löffel in dem Becher zerkleinern und unter die Sahne heben. Die Creme auf den Gebäckböden verteilen.

Tipp: Die kleinen Törtchen in den bunten Papierbackförmchen servieren.

Weintraubenwähe | Einfach
12 Stücke

Pro Stück: E: 4,1 g, F: 6,6 g, Kh: 28,3 g, kJ: 800, kcal: 191, BE: 2,5

300 g TK-Blätterteig (4 rechteckige Platten)

Zum Blindbacken:
Hülsenfrüchte (z. B. Erbsen, Linsen)

Für den Belag:
400 ml fettarme Milch (1,5 % Fett)
1 Pck. Dr. Oetker Pudding-Pulver Vanille-Geschmack
40 g Zucker
100 g Magerquark
600 g kernlose, blaue und grüne Weintrauben

Für den Guss:
1 Pck. ungezuckerter Tortenguss, klar
2 EL Zucker (20 g)
125 ml (1/8 l) Apfelsaft
125 ml (1/8 l) Wasser

Zubereitungszeit: 45 Minuten, ohne Auftau-, Ruhe- und Abkühlzeit
Backzeit: etwa 25 Minuten

1. Für den Boden Blätterteigplatten nebeneinander nach Packungsanleitung auftauen lassen.

2. Den Backofen vorheizen.
Ober-/Unterhitze: etwa 180 °C
Heißluft: etwa 160 °C

3. Die Blätterteigplatten wieder aufeinanderlegen, auf einer leicht bemehlten Arbeitsfläche zu einer runden Platte (Ø etwa 35 cm) ausrollen und auf ein Backblech (30 x 40 cm, gefettet, mit Backpapier belegt) legen. Teigränder zu einem kleinen Rand nach innen rollen und gut andrücken. Teigboden mehrmals mit einer Gabel einstechen, etwa 30 Minuten ruhen lassen. Teigboden mit Backpapier belegen. Die Hülsenfrüchte daraufgeben. Das Backblech auf mittlerer Einschubleiste in den vorgeheizten Backofen schieben und den Boden etwa 15 Minuten vorbacken.

4. Dann das Backpapier mit den Hülsenfrüchten entfernen und den Boden weitere etwa 10 Minuten backen. Das Backblech auf einen Kuchenrost stellen. Den Blätterteigboden erkalten lassen und auf eine Kuchenplatte legen.

5. Für den Belag einen Pudding aus Milch, Pudding-Pulver und Zucker nach Packungsanleitung (aber mit den hier angegebenen Zutaten) zubereiten. Pudding etwas abkühlen lassen, dann den Quark unterrühren. Die Pudding-Quark-Masse auf den Blätterteigboden geben, glatt streichen und erkalten lassen. Weintrauben waschen, abtropfen lassen, entstielen und trocken tupfen. Größere Weintrauben halbieren. Weintrauben auf der Pudding-Quark-Masse verteilen.

6. Für den Guss aus Tortengusspulver, Zucker, Apfelsaft und Wasser nach Packungsanleitung einen Guss zubereiten. Den Guss vorsichtig mit einem Esslöffel auf dem Kuchen verteilen. Guss fest werden lassen. Wähe sofort servieren.

Tipp: Die Wähe möglichst am gleichen Tag verzehren, da der Boden schnell durchweicht.

Wrap-Dreierlei | Beliebt

8 Stück

Pro Stück Hot-Taco-Wrap: E: 16,6 g, F: 5,1 g, Kh: 28,8 g, kJ: 979, kcal: 234, BE: 2,0

Pro Stück Hähnchen-Wrap: E: 10,1 g, F: 3,6 g, Kh: 32,4 g, kJ: 879, kcal: 210, BE: 2,5

Pro Stück Mozzarella-Tomaten-Wrap: E: 16,4 g, F: 15,4 g, Kh: 24,2 g, kJ: 1284, kcal: 307, BE: 2,0

8 Blätter Eisbergsalat
3 Möhren (etwa 300 g)
8 Wraps (Tortilla-Weizenmehl-Fladen, je etwa 45 g)
8 EL Crème légère mit frischen Kräutern (125 g)
Salz
frisch gemahlener Pfeffer

6 Aprikosenhälften (aus der Dose)
Currypulver
6 Scheiben Hähnchenaufschnitt (etwa 75 g)
1 gelbe Paprikaschote (etwa 200 g)
3 EL Taco-Sauce (Fertigprodukt, etwa 40 g)
3 dünne Scheiben Kochschinken (etwa 150 g)
2 Tomaten (etwa 100 g)
125 g Mozzarella-Käse

Zubereitungszeit: 25 Minuten

1. Salatblätter abspülen und trocken tupfen. Möhren putzen, schälen, abspülen, trocken tupfen und grob raspeln. Die Wraps auf der Arbeitsfläche auslegen. Jeden Fladen mit 1 Esslöffel Crème légère bestreichen, mit Salz und Pfeffer bestreuen.

2. Für die **Hähnchen-Wraps** Aprikosen gut abtropfen lassen. Aprikosen fein würfeln. 3 Wraps jeweils mit etwas Curry bestreuen. Jeweils 1 Salatblatt, den Hähnchenaufschnitt, die Aprikosen und die Hälfte der Möhrenraspel darauf verteilen.

3. Für die **Hot-Taco-Wraps** Paprika halbieren, entstielen, entkernen und die weißen Scheidewände herausschneiden. Schotenhälften abspülen, trocken tupfen und in feine Streifen schneiden. 3 Wraps mit der Taco-Sauce bestreichen und mit je 1 Salatblatt, Schinken, Paprika und den restlichen Möhrenraspeln belegen.

4. Für die **Mozzarella-Tomaten-Wraps** Tomaten abspülen, abtrocknen, halbieren und die Stängelansätze herausschneiden. Die Tomaten entkernen. Das Fruchtfleisch in Würfel schneiden. Mozzarella abtropfen lassen und in dünne Scheiben schneiden. Die restlichen beiden Wraps mit je 1 Salatblatt, Tomatenwürfeln und Mozzarella-Scheiben belegen.

5. Die Wraps fest aufrollen, evtl. schräg halbieren und fest in Butterbrotpapier wickeln.

Tipp: Die fertigen Wraps aus der Packung schmecken auch prima, wenn man sie nacheinander in einer heißen Pfanne ohne Fett je Seite etwa 1 Minute bei mittlerer Hitze röstet. Dann sofort füllen und genießen.

Wurst-Zwiebel-Teller | Gut vorzubereiten

4 Portionen

Pro Portion: E: 19,9 g, F: 14,8 g, Kh: 22,3 g, kJ: 1285, kcal: 308, BE: 1,5

Für die Marinade:

4	*Zwiebeln (etwa 250 g)*
8 EL	*Weißweinessig (80 g)*
150 ml	*Gemüsebrühe*
2	*Lorbeerblätter*
1 TL	*Salz*
	frisch gemahlener Pfeffer
1 EL	*Rapsöl (10 g)*
2–3	*Gewürzgurken (etwa 200 g)*
150 g	*Geflügel-Fleischwurst (15 % Fett)*
150 g	*fettreduzierter Gouda-Käse (17 % Fett)*
1/2 Bund	*Schnittlauch*
4 Scheiben	*Vollkornbrot (je etwa 45 g)*

Zubereitungszeit: 20 Minuten, ohne Abkühl- und Durchziehzeit

1. Für die Marinade Zwiebeln abziehen, halbieren und in Ringe schneiden.

2. Essig mit Brühe, Lorbeerblättern, Salz und Pfeffer verrühren und in einem Topf zum Kochen bringen. Zwiebelringe hinzufügen und kurz aufkochen lasen. Dann den Topf von der Kochstelle nehmen. Marinade abkühlen lassen und Öl unterrühren.

3. Gewürzgurken und Wurst in dünne Scheiben schneiden. Käse in feine Stifte schneiden, mit den Wurstscheiben unter die Marinade rühren und etwa 30 Minuten durchziehen lassen.

4. Schnittlauch abspülen, trocken tupfen und in Röllchen schneiden. Salat nochmals mit Salz und Pfeffer abschmecken und auf 4 Tellern anrichten, mit den Schnittlauchröllchen bestreuen. Dazu das Vollkornbrot reichen.

Zander auf Tomaten-Fenchel-Gemüse | Für Gäste

4 Portionen

Pro Portion: E: 44,0 g, F: 10,5 g, Kh: 12,6 g, kJ: 1362, kcal: 324, BE: 0,5

2 Bio-Zitronen (unbehandelt, ungewachst)
1 kg Fenchelknollen
1 kleine Zucchini (200 g)
2 Fleischtomaten (etwa 300 g)
6 Schalotten
2 EL Speiseöl (z. B. Olivenöl, 20 g)
Salz, frisch gemahlener Pfeffer
2 Msp. gemahlener Piment
800 g Zanderfilet
1–2 EL Thymianblättchen
1 EL Halbfett-Butter (39 % Fett)

Zubereitungszeit: 30 Minuten
Garzeit: etwa 15 Minuten

1. Die Zitronen heiß abwaschen, abtrocknen und halbieren. 1 Hälfte auspressen, die anderen in Scheiben schneiden. Von den Fenchelknollen die Stiele dicht oberhalb der Knollen abschneiden.

2. Fenchel, Zucchini und Tomaten abspülen, abtropfen lassen. Von der Zucchini die Enden abschneiden. Die Tomaten halbieren. Stängelansätze herausschneiden. Das Gemüse in etwa 1 cm dicke Scheiben schneiden. Schalotten abziehen und in dünne Spalten schneiden.

3. Den Backofen vorheizen.
Ober-/Unterhitze: etwa 200 °C
Heißluft: etwa 180 °C

4. Öl in einer Pfanne erhitzen. Schalottenspalten darin andünsten. Fenchel- und Zucchinischeiben hinzufügen und unter Rühren etwa 10 Minuten dünsten. Tomaten unterrühren. Das Gemüse mit Salz, Pfeffer und Piment abschmecken.

5. Fischfilet unter fließendem kalten Wasser abspülen, trocken tupfen, mit Zitronensaft beträufeln, mit Salz und Pfeffer würzen.

6. Gemüse in eine Auflaufform (gefettet) geben, mit Thymian bestreuen. Fischfilet darauflegen. Butter zerlassen. Den Fisch damit bestreichen und mit Zitronenscheiben belegen.

7. Die Form auf dem Rost auf mittlerer Einschubleiste in den vorgeheizten Backofen schieben. Das Ganze etwa 15 Minuten garen.

Zitronen-Preiselbeer-Schnecken | Einfach

20 Stück

Pro Stück: E: 4,3 g, F: 3,3 g, Kh: 35,6 g, kJ: 1097, kcal: 193, BE: 3,0

Für den Hefeteig:

500 g Weizenmehl
1 Pck. Hefeteig Garant
50 g Zucker
1 Pck. Dr. Oetker Vanillin-Zucker
1 Prise Salz
2 Pck. Dr. Oetker Finesse Geriebene Zitronenschale
2 Eier (Größe M)
150 ml fettarme Milch (1,5 % Fett)
100 g weiche Halbfett-Butter (39 % Fett)

Für die Füllung:

1 Pck. Backfeste Pudding-Creme
250 ml (1/4 l) fettarme Milch (1,5 % Fett)
300 g Wild-Preiselbeeren (aus dem Glas)

Zum Aprikotieren:

4 EL Aprikosenkonfitüre (etwa 120 g)
2 EL Wasser

Zubereitungszeit: 30 Minuten, ohne Ruhezeit
Backzeit: 15–20 Minuten je Backblech

1. Für den Teig Mehl in eine Rührschüssel geben, mit Hefeteig Garant sorgfältig vermischen. Zucker, Vanillin-Zucker, Salz, Zitronenschale, Eier, Milch und Butter hinzufügen. Die Zutaten mit Handrührgerät mit Knethaken zunächst kurz auf niedrigster, dann auf höchster Stufe in etwa 2 Minuten zu einem glatten Teig verarbeiten.

2. Den Hefeteig leicht mit Mehl bestäuben, aus der Schüssel nehmen, auf der leicht bemehlten Arbeitsfläche nochmals kurz durchkneten und zu einem Rechteck (etwa 30 x 40 cm) ausrollen.

3. Für die Füllung Pudding-Creme mit Milch nach Packungsanleitung zubereiten, Preiselbeeren unterrühren. Die Creme auf dem Teig verteilen, dabei einen etwa 1 cm breiten Rand frei lassen.

4. Den Teig von der längeren Seite aus aufrollen und in etwa 2 cm dicke Scheiben schneiden (am besten mit einem Sägemesser). Teigscheiben auf Backbleche (gefettet, mit Backpapier belegt) legen. Die Teigscheiben etwa 15 Minuten ruhen lassen.

5. Den Backofen vorheizen.
Ober-/Unterhitze: etwa 180 °C
Heißluft: etwa 160 °C

6. Die Backbleche nacheinander (bei Heißluft zusammen) im unteren Drittel in den vorgeheizten Backofen schieben. Schnecken 15–20 Minuten je Backblech backen.

7. Die Backbleche auf je einen Kuchenrost stellen. Zum Aprikotieren Konfitüre durch ein Sieb streichen, mit Wasser in einem Topf unter Rühren etwas einkochen lassen. Schnecken sofort damit bestreichen.

8. Schnecken mit dem Backpapier von den Backblechen auf Kuchenroste ziehen. Schnecken erkalten lassen.

Zucchini-Fisch-Ragout | Einfach

4 Portionen

Pro Portion: E: 31,3 g, F: 9,2 g, Kh: 34,6 g, kJ: 1477, kcal: 353, BE: 2,5

150 g Naturreis

1 Zucchini (200 g)
1 Bund Frühlingszwiebeln (etwa 250 g)
2 Knoblauchzehen
½ rote Pfefferschote (etwa 5 g)
2 EL Olivenöl (20 g)
Salz
2 gestr. TL Currypulver

600 g Schollenfilet
Saft von
1 Zitrone
frisch gemahlener Pfeffer

½ Bund glatte Petersilie
2 EL fettarmer Naturjoghurt (1,5 % Fett)

Zubereitungszeit: 30 Minuten

1. Naturreis nach Packungsanleitung zubereiten.

2. In der Zwischenzeit Zucchini abspülen, abtrocknen und die Enden abschneiden. Zucchini in dünne Scheiben schneiden. Frühlingszwiebeln putzen, abspülen, abtropfen lassen und in Ringe schneiden. Knoblauch abziehen und würfeln. Die Pfefferschote abspülen, abtropfen lassen, halbieren, entstielen, entkernen und in Streifen schneiden.

3. Olivenöl in einer Pfanne erhitzen. Zuerst Knoblauch und Frühlingszwiebeln darin andünsten, dann Zucchini und Pfefferschote hinzufügen und unter Rühren anbraten. Gemüse mit Salz und Currypulver würzen.

4. Fischfilet unter fließendem kalten Wasser abspülen, trocken tupfen und in mundgerechte Stücke schneiden. Fischstücke mit Zitronensaft beträufeln und mit Pfeffer bestreuen.

5. Fischstücke vorsichtig unter das Gemüse rühren und etwa 5 Minuten bei mittlerer Hitze garen lassen.

6. Petersilie abspülen, trocken tupfen und die Blättchen von den Stängeln zupfen. Den Reis abgießen und abtropfen lassen. Joghurt und Petersilienblättchen unter das Ragout rühren, mit dem Reis servieren.

Zucchinisuppe mit gerösteten Sonnenblumenkernen | Vegetarisch

4 Portionen

Pro Portion: E: 6,0 g, F: 8,9 g, Kh: 6,9 g, kJ: 558, kcal: 133, BE: 0,1

1 kg Zucchini
1 Zwiebel (65 g)
1 Knoblauchzehe
1 EL Olivenöl (10 g)
600 ml Gemüsebrühe
Salz, frisch gemahlener Pfeffer
frisch geriebene Muskatnuss
gemahlener Kümmel oder Koriander
30 g Sonnenblumenkerne
1 EL fein gehackte Petersilie
4 TL Schlagsahne (30 % Fett)

Zubereitungszeit: 30 Minuten

1. Zucchini abspülen, abtrocknen und die Enden abschneiden. Zucchini in Würfel schneiden. Zwiebel und Knoblauch abziehen, in feine Würfel schneiden.

2. Öl in einem Topf erhitzen. Zwiebel- und Knoblauchwürfel darin andünsten. Zucchiniwürfel hinzugeben und unter Rühren kurz mit andünsten. Brühe hinzugießen und mit Salz, Pfeffer, Muskat und Kümmel oder Koriander würzen. Die Zutaten zum Kochen bringen und zugedeckt etwa 15 Minuten bei schwacher Hitze kochen lassen.

3. Sonnenblumenkerne in einer Pfanne ohne Fett unter Rühren leicht bräunen und herausnehmen.

4. Die Suppe mit einem Pürierstab fein pürieren und nochmals kurz erhitzen. Suppe mit Salz und Pfeffer abschmecken.

5. Die Suppe mit Petersilie und Sonnenblumenkernen in 4 tiefen Tellern anrichten und je 1 Teelöffel Sahne daraufgeben.

Rezeptvariante: Nach dem gleichen Rezept kann auch eine **Kürbissuppe** (pro Portion: E: 5,1 g, F: 8,4 g, Kh: 10,6 g, kJ: 585, kcal: 140, BE: 1,0) zubereitet werden. Dann werden die Zucchiniwürfel durch die gleiche Menge Kürbiswürfel ersetzt. Gewürzt wird die Suppe mit gemahlenem Koriander oder Currypulver.

Zuckerkuchen | Einfach

20 Stücke

Pro Stück: E: 2,9 g, F: 7,0 g, Kh: 24,6 g, kJ: 739, kcal: 177, BE: 2,0

Für den Hefeteig:

375 g	*Weizenmehl*
1 Pck.	*Hefeteig Garant*
75 g	*Zucker*
1 Pck.	*Dr. Oetker Vanillin-Zucker*
1 Prise	*Salz*
1	*Ei (Größe M)*
150 ml	*fettarme Milch (1,5 % Fett)*
50 g	*weiche Butter*

Für den Belag:

75 g	*kalte Butter*
120 g	*Zucker*
150 g	*saure Sahne (10 % Fett)*

Zubereitungszeit: 20 Minuten, ohne Abkühlzeit
Backzeit: etwa 20 Minuten

1. Für den Teig Mehl in einer Rührschüssel sorgfältig mit Hefeteig Garant vermischen. Den Zucker, Vanillin-Zucker, Salz, Ei, Milch und Butter hinzufügen.

2. Die Zutaten mit Handrührgerät mit Knethaken zunächst kurz auf niedrigster, dann auf höchster Stufe in etwa 2 Minuten zu einem glatten Teig verarbeiten.

3. Den Teig dann auf der leicht bemehlten Arbeitsfläche zu einer Rolle verkneten und auf einem Backblech (30 x 40 cm, gefettet) ausrollen.

4. Den Backofen vorheizen.
Ober-/Unterhitze: etwa 200 °C
Heißluft: etwa 180 °C

5. Für den Belag die Butter in Flöckchen gleichmäßig auf dem Teig verteilen. Den Zucker daraufstreuen.

6. Das Backblech auf mittlerer Einschubleiste in den vorgeheizten Backofen schieben. Den Kuchen etwa 20 Minuten backen.

7. Etwa 5 Minuten vor dem Ende der Backzeit das Gebäck gleichmäßig mit saurer Sahne bestreichen und fertig backen.

8. Das Backblech auf einen Kuchenrost stellen und den Kuchen erkalten lassen.

Tipps: Der Zuckerkuchen eignet sich zum Einfrieren, schmeckt aber am besten frisch. Zusätzlich können noch 50 g gehobelte Mandeln (zusätzlich pro Stück: E: 0,5 g, F: 1,4 g, Kh: 0,1 g, kJ: 60, kcal: 14, BE: 0,0) oder 50 g gehackte Haselnusskerne (zusätzlich pro Stück: E: 0,3 g, F: 1,5 g, Kh: 0,3 g, kJ: 67, kcal: 16, BE: 0,0) auf den Teig gestreut werden.

Zuckerschotensalat mit Jakobsmuscheln | Etwas teurer

2 Portionen

Pro Portion: E: 10,0 g, F: 10,9 g, Kh: 20,9 g, kJ: 931, kcal: 222, BE: 1,5

250 g Zuckerschoten
Salz
1 rote Chilischote
2 EL Sesamöl (20 g)
2 EL Fischsauce (aus dem Asialaden bzw. aus der Spezialitätenabteilung vom Supermarkt)
2 EL Ketjap Manis (süße Sojasauce)
frisch gemahlener Pfeffer

6 Jakobsmuscheln (ausgelöstes Muschelfleisch, etwa 60 g)
2 EL Rapsöl (20 g)

einige Stängel Koriander

Zubereitungszeit: 30 Minuten

1. Von den Zuckerschoten die Enden abschneiden, evtl. abfädeln. Zuckerschoten abspülen und in kochendem Salzwasser etwa 2 Minuten blanchieren. Anschließend mit eiskaltem Wasser abschrecken und abtropfen lassen. Zuckerschoten in lange, dünne Streifen schneiden.

2. Chilischote längs halbieren, entkernen, abspülen und trocken tupfen. Chilischotenhälften ebenfalls in dünne Streifen schneiden.

3. Zuckerschoten- und Chilistreifen in einer Schüssel mischen. Sesamöl mit Fischsauce und Ketjap Manis verrühren, mit Salz und Pfeffer würzen. Die Marinade zu der Zuckerschoten-Chilistreifen-Mischung geben und untermengen.

4. Die Jakobsmuscheln kurz unter fließendem kalten Wasser abspülen und trocken tupfen. Rapsöl in einer Pfanne erhitzen. Muscheln von jeder Seite 2–3 Minuten anbraten, herausnehmen und mit Salz und Pfeffer würzen.

5. Koriander abspülen und trocken tupfen. Die Blättchen von den Stängeln zupfen. Den Zuckerschotensalat auf 2 Tellern anrichten. Je 3 Muscheln darauf anrichten und großzügig mit den Korianderblättchen garniert servieren.

Tipp: Wenn Sie nur TK-Jakobsmuscheln bekommen, tauen Sie diese bitte nach Packungsanleitung auf.

Leichter Genuss

Eine maßvolle und abwechslungsreiche Ernährung, die eine optimale Versorgung mit Nährstoffen wie Mineralien, Spurenelementen und Vitaminen garantiert, ist sehr wichtig.
Die Nährstoffe in unseren Lebensmitteln liefern uns Energie, die unser Körper zur Erhaltung der Körperfunktionen, der Körpertemperatur, der Stoffwechselprozesse und der körperlichen Aktivität benötigt. Wird jedoch mehr Nahrungsenergie zugeführt als der Körper verbraucht, machen sich bald die ersten Fettpölsterchen bemerkbar.
Deshalb möchten wir Ihnen neben unseren fett- und kalorienarmen Koch- und Backrezepten auch Tipps zum Kaloriensparen mit auf den Weg geben.

Kalorienspartipps aus der Genussküche

Eine ausgewogene, fettarme Ernährung ist die beste Voraussetzung, um dauerhaft schlank, fit und gesund zu bleiben. Deshalb sollten Sie beim Einkauf, der Zubereitung und dem täglichen Genuss von Lebensmitteln einige Tipps und Tricks zum Kaloriensparen beachten. Setzen Sie auf leichte, aber abwechslungsreiche Rezepte. Die einfachste Methode: Wählen Sie Ihre und die Lieblings-Rezepte Ihrer Familie aus unserem Buch aus und bauen Sie diese so oft wie möglich in Ihren Speiseplan ein.
Wir zeigen Ihnen auch, dass es möglich ist, gelegentlich ein Stück Kuchen ohne Reue zu genießen.

So einfach lassen sich Kalorien sparen

- Sichtbares Fett, z. B. an Schinken, Fleisch oder Geflügel, einfach entfernen.
- Da sie die meisten Kalorien liefern: Fette und Öle immer genau abmessen.
- Streichfette rechtzeitig aus dem Kühlschrank nehmen – weich lassen sie sich besser portionieren und verstreichen. So nimmt man weniger.
- Beim Dämpfen, Grillen und Braten in einer beschichteten Pfanne kann auf zusätzliches Fett verzichtet werden.
- Wer feinen Buttergeschmack oder das Aroma von Olivenöl liebt: einfach einige Tropfen zum Schluss über die fertigen Speisen träufeln.
- Statt Sahne oder Schmelzkäse eignet sich saure Sahne (10 % Fett) zum Verfeinern von Saucen, Suppen oder Gemüse. Einige Hersteller bieten auch fettreduzierte Alternativen zu Crème fraîche & Co. an, z. B. Crème légère.
- Von Brühen und Saucen stets das Fett abschöpfen, z. B. mit einem speziellen Fettabschöpfer (Haushaltswarenladen). Oder die Gerichte abkühlen lassen und abgesetztes Fett von der Oberfläche entfernen.

- Mayonnaise ganz oder zum großen Teil durch saure Sahne oder Joghurt ersetzen.
- Beim Überbacken von Gratins oder Aufläufen auf üppige Käsekrusten verzichten. Häufig reichen schon 2–3 Esslöffel geriebener Parmesan-Käse, gemischt mit 1 Esslöffel Semmelbröseln, um eine ebenso würzige Kruste zu bekommen.

- Beim Backen fettarme Teige wie Hefeteig, Biskuit oder Brandteig bevorzugen, bei deren Zubereitung nur wenig oder kein Fett verwendet wird.

• Ergänzen Sie die Kuchenböden mit Obst und/oder leichten Füllungen aus fettarmen Milchprodukten.
• Halbfett-Butter und Joghurt-Butter sind für viele Backrezepte eine optimale Alternative, mit der sich im Handumdrehen Fett sparen lässt. Achten Sie dabei beim Einkauf auf die Herstellerhinweise: Einige Sorten lassen sich nur als Brotaufstrich verwenden, andere können Sie problemlos zum Backen nehmen.
• Antihaft-beschichtete Backformen brauchen heutzutage nur noch ganz wenig Fett zum Einfetten. Etwa 4 g Halbfett-, Joghurt-Butter oder Backmargarine reichen aus, um die fettarmen Kuchen und Tortenböden nach dem Backen problemlos aus der Springform (Ø 26 cm) zu lösen.
• Für die fettlose Variante können Sie die Backformen mit Backpapier oder Muffinformen mit Muffin-Papier-Backförmchen auslegen.

Für unterwegs – im Büro, der Schule oder im Restaurant

Was nützen die besten Vorsätze für bewusstes Einkaufen und gesundes Zubereiten zu Hause, wenn die tägliche Hauptmahlzeit außer Haus, z. B. in der Kantine oder der Schule, gegessen wird?
Aber auch hier können Sie mit einigen Kniffen Kalorienfallen geschickt umgehen:
• An der Salatbar der Kantine sind Sie richtig: Eine große Portion Blattsalate, Rohkostsalate, Champignons, Möhren oder Paprika usw. sollte immer auf Ihrem Speiseplan stehen.
• Salat nur mit wenig Dressing genießen (evtl. selbst gemachtes oder fettarmes Fertig-Dressing von zu Hause mitbringen).
• Pellkartoffeln, Salzkartoffeln, Reis oder Nudeln sind ideale Beilagen, die Ihnen sättigende Kohlenhydrate, aber nur wenig Fettkalorien liefern. Bratkartoffeln, Pommes, Rösti oder Gratins dagegen, belasten Ihr Kalorienkonto unnötig.
• Gönnen Sie sich einen üppigen Teller gedünstetes Beilagen-Gemüse mit Kartoffeln, Nudeln oder Reis.

• Bevorzugen Sie mageres Fleisch, z. B. Steak oder Filet, Fisch oder Geflügel ohne Haut, und verzichten Sie auf gehaltvolle Saucen.
• Fertigdesserts sind häufig echte Kalorienbomben. Wählen Sie deshalb lieber eine Portion frisches Obst oder fruchtiges Gelee.

• Nehmen Sie, so oft es geht, eine vorzubereitende, zum Mitnehmen geeignete Mahlzeit aus unserem Buch mit.
• Trinken Sie reichlich Mineralwasser. Das dämpft den ersten Hunger und löscht den Durst.
• Etwa 1½–2 Liter Flüssigkeit pro Tag sollte ein Erwachsener trinken, um den Flüssigkeitsverlust im Körper zu ersetzen und alle Körperfunktionen optimal in Gang zu halten.
• Ein idealer Durstlöscher ohne Kalorien ist Wasser, ganz gleich ob es sich um Trinkwasser aus der Leitung oder Mineralwasser handelt. Aber auch ungesüßte Kräuter- und Früchtetees eignen sich bestens, um Ihren Durst zu löschen.

Suppen und Eintöpfe

Salate

Vegetarisches

Mit Fleisch

Mit Fisch und Meeresfrüchten

Beilagen

Zum Mitnehmen

Süße Mahlzeiten

Kuchen, Torten und Co.

Für Fragen, Vorschläge oder Anregungen steht Ihnen der Verbraucherservice der Dr. Oetker Versuchsküche Telefon: 00800 71 72 73 74 Mo.–Fr. 8:00–18:00 Uhr (gebührenfrei in Deutschland) oder die Mitarbeiter des Dr. Oetker Verlages Telefon: +49 (0) 521 520645 Mo.-Fr. 9:00–15:00 Uhr zur Verfügung.

Schreiben Sie uns an Dr. Oetker Verlag KG, Am Bach 11, 33602 Bielefeld oder besuchen Sie uns im Internet unter www.oetker-verlag.de, www.facebook.com/Dr.OetkerVerlag oder www.oetker.de.

Umwelthinweis Dieses Buch und der Einband wurden auf FSC®-zertifiziertem, chlorfrei gebleichtem Papier gedruckt. Die Einschrumpffolie – zum Schutz vor Verschmutzung – ist aus umweltfreundlichem und recyclingfähigem PE-Material.

MIX
Papier aus verantwortungsvollen Quellen
FSC www.fsc.org
FSC® C004592

Redaktion Andrea Gloß

Innenfotos Walter Cimbal, Hamburg (S. 65, 266, 272)
Fotostudio Diercks (Thomas Diercks, Kai Boxhammer, Christiane Krüger), Hamburg (S. 9, 11, 13, 16–21, 23, 26–28, 32–36, 38, 41, 43–45, 47, 48, 51–54, 57–60, 63, 64, 72, 73, 74, 76, 79, 81, 82, 84, 86, 87, 90–92, 95, 98, 99, 105, 107, 108, 114, 116–119, 123, 124, 127, 129, 131, 133, 136, 137, 139, 140, 144, 146, 149, 150, 155, 156, 158, 161, 166, 175, 178, 180, 184, 187, 188, 190, 196, 198, 200, 202, 203, 207, 211, 213, 215, 219, 220, 223, 226, 227, 229, 230, 232, 235–238, 240, 242, 244–246, 249, 250, 252, 258, 259, 262, 263, 271, 275, 277, 279, 280, 281)
Ulli Hartmann, Halle/Westf. (S. 42, 88, 89, 93, 101, 104, 138, 167, 195, 243, 267, 269, 270, 273, 281)
Bernd Lippert (S. 31, 46, 120, 159, 174, 192, 239, 254)
Janne Peters, Hamburg (S. 68, 151, 204, 209, 253)
Antje Plewinski, Berlin (S. 5, 6, 15, 24, 25, 29, 49, 50, 55, 56, 61, 70, 78, 83, 85, 96, 97, 100, 103, 109, 110, 112, 113, 126, 130, 132, 134, 135, 141, 143, 147, 152–154, 157, 160, 163, 164, 171, 173, 177, 181–183, 189, 191, 193, 194, 197, 199, 201, 205, 206, 208, 216, 217, 221, 228, 234, 241, 251, 255, 256, 261, 264, 268, 274, 276, 278)
Hans-Joachim Schmidt, Hamburg (S. 37, 39, 40, 62, 67, 69, 77, 94, 111, 115, 185, 212, 222, 225, 247, 248, 265)
Axel Struwe, Bielefeld (S. 30, 106, 125, 128, 145, 169, 176, 214, 218, 231)
Norbert Toelle, Bielefeld, (S. 10, 22, 71, 210)
Brigitte Wegner, Bielefeld (S. 8, 12, 66, 75, 121, 165, 172, 179, 233, 260, 280)

Rezeptberatung Irmgard Radke, Calden

Lektorat no:vum, Susanne Noll, Leinfelden-Echterdingen

Wir danken für die freundliche Unterstützung Henkell & Co., Wiesbaden
Seeberger, Ulm

Nährwertberechnungen Nutri Service, Hennef

Grafisches Konzept und Gestaltung MDH Haselhorst, Bielefeld
Titelgestaltung kontur:design GmbH, Bielefeld
Satz MDH Haselhorst, Bielefeld
Druck und Bindung Firmengruppe APPL, aprinta Druck, Wemding

ISBN: 978–3–7670–1343–8